제주도에서 아이들과
한 달 살기

제주도에서 아이들과 한 달 살기

전은주(꽃님에미) 지음

북하우스

차례

PROLOGUE ✿ 008

01 남편은 어떻게 하고 제주도 가? ✿ 016
제주항, 용두암

02 한가롭고 푸른 여름날 바닷가 ✿ 024
애월-한담해안도로, 한림공원, 금릉 해수욕장

03 해야 할 일 첫 번째. 아무것도 하지 않기 ✿ 032
한라도서관

04 비밀로 하고 싶어, 아일랜드 조르바 ✿ 040
김녕 미로공원, 아일랜드 조르바, 월정리 바다

05 처음 보는 아이와 친구가 되다 ✿ 050
한라수목원

06 아이들을 사로잡은 건? ✿ 060
제주마 방목지, 산굼부리, 삽나무길, 정석 항공관, 루마인 카페, 종달리 바닷가

07 일정 짜기 놀이 ✿ 072
한라도서관

08 체험, 얼마만큼 할까? ☼ 080
비오토피아 방주교회, 포도호텔 유리의 성

09 아빠의 재발견 ☼ 090
성산일출봉, 섭지코지, 휘닉스 아일랜드, 민트 레스토랑

10 제주도 한 달 사는데 얼마나 들었어요? ☼ 100
한라도서관, 곽지 과물 해수욕장

11 기나긴 밤, 뭐하고 놀지? ☼ 110

12 서귀포에서 보낸 하루 ☼ 118
주상절리, 외돌개, 서귀포 기적의 도서관, 정방폭포, 이중섭 거리, 미루나무 카페

13 얘들아, 천사였던 거 기억나? ☼ 132
탐라도서관, 이호 테우 해수욕장

14 엄마, 구름이 텔레비전보다 더 재밌어 ☼ 144
한라도서관, 애월 한담 소공원

15 잠잠히 머물 것 ☼ 152
늘푸른교회, 이호 테우 해수욕장

16 육아의 첫 번째 원칙, 익히되 잊으라 ✿ 160
애월 한담 산책로

17 태풍 속의 제주도 ✿ 170
제주 민속자연사 박물관, 제주 기적의 도서관

18 내 안에 들어온 아부오름 ✿ 178
아부오름, 바람도서관

19 제주 민속 오일장에 가다 ✿ 188
제주오일장

20 우도 3경과 세 가지 탈 것 ✿ 198
우도봉, 검멀레 해안, 서빈백사 해안

21 제주도 여행은 몇 살이 좋을까? ✿ 210
김녕 미로공원, 김녕 해수욕장

22 매일매일 체험학습? ✿ 218

23 친구가 와서 더 좋아 ✿ 228
애월 해안도로, 애월 한담 산책로

24 끝내 걷지 못한 애월 한담 산책로 ☼ 238
애월 한담 산책로

25 1100도로에서 하루 보내기 ☼ 246
제주도립미술관, 서귀포 자연휴양림, 법정악 전망대, 거린 전망대, 산방산, 송악산

26 도전! 올레길 트레킹 ☼ 260
쇠소깍, 보목 항구, 제주마 방목지

27 반짝반짝 빛나는 제주의 추억 ☼ 270
월정리 바다, 신재생에너지 홍보관, 별빛누리 공원

28 제주도의 완벽한 마지막 밤 ☼ 286
휴애리 자연생활농원, 더마파크, 5월의 꽃

EPILOGUE ☼ 292
REVISED EDITION EPILOGUE ☼ 298

가족 여행자를 위한 든든한 정보들 ☼ 303
제주도에서 방 구하기 | 이 책에 제주도가 나와요 | 아이와 걷기 좋은 길 | 제주도의 멋진 도서관 | 아이와 갈 만한 카페 | 아이들과 자주 갔던 식당 | 관광객은 몰라서 못 가는 제주도의 이곳 | 한 달 살기 준비물 후기

PROLOGUE

제주도에 월세 방을 얻었어.
여름방학 내내 제주도에 있을 거야.
가서 뭐하긴. 매일매일 물놀이 할 거야.
벌써 그늘막도 콤지막한 걸로 샀는걸. 더우면 바다에 뛰어들고.
배고프면 밥 먹고. 졸리면 자고. 그냥. 그러려고.
오늘은 꼭 어디 가고 언제까지 뭐해야 한다는 거.
그런 거 좀 없이 살아보려고.
여름방학 때 시골 가는 거, 어렸을 때부터 내 꿈이었어.
우리 할머니는 도시에 사셨거든.

제주도에 도착한 다음날 아침. 눈이 반짝 떠졌습니다. 아직 어둑어둑한 걸 보니 다섯 시도 안 됐나 봅니다. 드디어. 드디어. 드디어 제주도! 그런데 좀 이상하네요. 피식피식 웃음이 날 줄 알았는데, 웃음은커녕 오히려 살짝 비장한 기분입니다. 어? 제주도 첫날 아침에 이럴 것이라고 기대한 기분은 이런 게 아니었는데. 왜 이런 거지? 신나서, 재미나서, 행복해서 어쩔 줄 몰라야 하는 거 아니야? 웬 비장함? …… 가만 생각해보니 동네 이웃들 때문이더라고요. 제주도에 방 얻었다니까 이웃들 반응이 장난이 아니었습니다. 도대체 어떻게 그런 아이디어를 생각해냈냐며, 듣고 보니 자기도 못할 일이 아닌데 왜 지금껏 그렇게 할 생각을 못했는지 모르겠다며 좋겠다, 부럽다, 멋지다를 넘어 "흥, 이제 너랑 안 놀아"까지 있었다니까요.

이웃들의 반응이 너무 뜨거워 깜짝 놀랐습니다. 빈둥빈둥 시골생활을 꿈꿨지만 아는 시골이 없어서 제주도를 선택한 저로서는 "왜들 이렇게 부러워하는 거지?" 하다가, 그만 어깨가 무거워져버린 겁니다.

벌떡 일어나 지도를 펴고 갖고 온 두 권의 가이드북을 지도에 옮겨 적기 시작했습니다. 어딜 가야 더 알차고 더 덧지고 더 재미있게 지낼 수 있는 거지? 나 혼자 엉뚱한 데 가서 돈 버리고 시간 버리는 거 아니야? 나는 우리 동네 대표선수로 온 건데!

한두 시간 그랬나요? 문득 어깨에 힘이 쭉 빠졌습니다. 너 지금 뭐하는 거니? 빈둥빈둥할 거라며? 매일 반드시 해야 하는 무언가가 있는 게 싫다고 여기 온 거 아니었니? 애들에게 "얘들아, 빨리 가자. 엄마 먼저 간다?" 이 소리 좀 안 해보려고. 그런데 지금 이게 뭐야. 그냥, 원래대로 하자. 물놀이 스무 번. 그게 계획이었잖아. 가긴 어딜 가니. 그냥, 바다에 가. 금릉 해수욕장, 어때? 물빛이 그렇게나 이쁘다잖아.

그제야 웃음이 나기 시작했습니다. 갑자기 막 가슴이 두근거렸어요. 결론부터 말하자면, 제주도 한 달 동안 물놀이를 스무 번까지는 못했습니다. 제주도엔 볼거리, 할거리가 너무 많았던 겁니다! 여기저기 구경거리도 많이 찾아다녔고, 도서관에 열다섯 번 갔고, 하염없이 앉아 있기를 생각보다 자주 했고, 여기저기 걸어 다녔습니다. 아홉 살, 다섯 살 아이들은 자주 싸웠고, 빨리 화해했고, 많이 친해졌고요. 처음엔 샌들 모양대로 얼룩덜룩 발이 탔는데, 바닷가에서 맨발로 노는 날이 많아지면서 점차 신발자국이 없어졌어요. 딸아이 머리를 빗어주다가 가르마도 까맣게 탄다는 걸 처음 알았습니다. 가르마 옆 두피만 하얗게 빛나는 걸 보니, 키득키득 웃지 않을 수 없더라고요.

"얘들아. 제주도는 삼다도라고 부른단다. 셋 삼. 많을 다. 섬 도. 세 가지가 많아서 삼다도야. 그게 뭐게? 돌, 바람, 그리고 여자야. 우리는 제주도를 삼무도로 만드는 거 어때? 셋 삼. 없을 무. 섬 도. 컴퓨터, 텔레비전, 장난감이 없는 거야."

말은 이렇게 했지만 과연 텔레비전 없이 사는 게 가능할까? 비상진압용으로 DVD 몇 장을 챙길까 말까 걱정했던 엄마와 달리 아이들은 딱 이틀 만에 삼무도에 적응했습니다. 이웃 블로그에 무슨 얘기가 올라왔을까 궁금한 엄마가 제일 힘들었죠. 장난감도 없이 기나긴 밤에 무얼 하나 걱정했는데, 아이들은 둘이서 온갖 이야기를 다 지어냈고, 각종 쇼를 하느라 바빴습니다. 아침엔 도서관 첫 손님으로 들어가, 해가 뜨거워졌다 싶으면 바다로 갔습니다. 어떤 날은 세상에 급한 것 없이 빈둥거렸고, 또 어떤 날은 2박 3일 패키지여행을 온 사람처럼 빡빡하게 밤까지 돌아다녔어요. 올 땐 한 달이 길 줄 알았는데, 갈 때 보니 순간이네요. 짧은 여름 동안 아이들은 자주 웃었다, 라기보다 웃지 않는 순간이 별로 없었습니다. 아마, 저도 그랬던 것 같아요. 그러면서 조금씩, 모든 것이 변했습니다.

꽃님이가 달라진 건 제주도에 머무른 지 불과 며칠 후부터였습니다. 꽃님이는 낯가림이 많은 아이입니다. 2학년이나 되도록 식당에서 "물 좀 더 주세요"를 못한다면 말 다했죠.

그런데, 어? 꽃님이의 표정이 나날이 달라지는 거예요. 정말, 적어도 느낌표 세 개는 찍어야 합니다. 꽃님이가, 달라졌어요!!! 낯선 사람이 있거나 낯선 곳에선 표정이 굳어졌는데, 어느 순간 봤더니 어디서건 헤벌쭉 웃고 있는 거예요. 처음 보는 아이와도 잘 놀고요. 매일매일 더 순해졌고, 잘 웃었고, 명랑해졌습니다. 딴 사람이 있어도 우리끼리만 있을 때처럼 설렁덜렁 까불이가 됐고, 자신의 실수에도 다른 사람의 실수에도 너그러워졌어요. 종알종알 말수도 늘었고요. 한마디로 편안해 보였습니다. 허허. 도대체 이거 왜 이런 거야? 제주도에 뭐가 있길래? 제주도에서 뭘 했길래? 뭘 하지 않았길래?

'학원 뺑뺑이'를 돈다든지 공부 스트레스가 많다든지 하다가 쉬는 시간을 많이 주면 아이가 바뀌더라, 하는 얘기는 가끔 들어봤습니다. 하지만 꽃님이는 피아노와 피겨스케이트 외엔 다니는 학원도 없어요. 엄마가 잔소리를 많이 하는 편도 아니고, 같이 노는 거 하나는 정말 자신 있거든요. 뭐, 인정합니다. 혼자서도 잘 노는 꽃봉이랑은 잘 안 놀아요. 놀이책을 냈을 정도로 누나랑 열심히 놀았던 역사에 비하면, 정말 꽃봉이에게 미안하죠. 하지만 꽃님이는 지금까지도 정말 얼마나 오냐오냐 어르고 달래면서 키우는지 모른답니다. 그런데도 걸핏하면 긴장을 하고 있어서 엄마의 애간장을 녹이더니, 저 편한 표정은 도대체 뭐냐고요. 원래 제주도의 하늘이, 구름이, 바람이, 물이 특별한 걸까요? 그런 걸까요? 꽃님이를 물끄러미 쳐다보는 시간이 늘어났습니다. 제게 제주도에서 제일 재미났던 것은, 제일 신기한 것은 꽃님이였습니다. 매일 더 잘 놀고, 더 즐거워하더라는 게 변화의 내용입니다.

두 아이의 관계도 바뀌었습니다. 스물네 시간 한순간도 떨어지지 않고 한 달을 부비고 나더니 둘이 아주 친해졌어요. 뭐라고 해야 할까요. 이제 두 아이는 '동거인'이 아니라 '가족'이 되었달까요? 서로 더 많이 찾고, 더 많이 웃고, 더 많이 싸우고, 더 빨리 화해하고, 더 의지합니다. 주말마다 제주도에 오는 아이들 아빠가 그러더라고요.

"애들이 지난주보다 더 친해진 거 같아."

"우와, 쟤네들, 완전 한편이야."

기껏 한 달의 시간으로 무언가가 바뀔 거라고 기대하지 않았고, 뭘 바꾸려고 찾아간 것도 아닌데, 제주도에서 딱 한 달 여름을 보낸 후, 참 많은 것이 바뀌었습니다. 제주도에서 집으로 돌아와 딸칵, 현관을 열고 꽃님이가 제일 먼저 한 말은 "엄마, 우리집이 이렇게 넓었어?"였어요. 그러게요. 작은 오피스텔에 있다 와서 그런지 제 눈에도 우리집이 참 넓었습니다. 반바지 한 장, 티셔츠 두 벌로 한 달을 보내고 나니 그동안 외출 때마다 입을 옷이 없다며 애꿎은 남편만 들볶았던 게 미안해졌습니다. 제 옷장엔 옷이 너무 많았습니다. 책도 너무 많고요. 제주도에선 늘 입던 옷에, 똑같은 반찬으로 지내도 괜찮았습니다. 애초에 삶이 지루하지 않으니 옷이나 메뉴 따위로 변화를 줄 필요가 없는 거죠. 무엇보다, 사실은 시간도 많이 갖고 있다는 것을 알게 되었습니다.

바빠 죽겠다는 말을 입에 달고 산 게 몇 년일까요. 직장맘일 땐 전업주부가 되면 좀 나아질 줄 알았는데, 아이들이 크면 좀 나아질 줄 알았는데 그것도 아니었어요. 오히려 아이들이 자라 아이의 스케줄이 바빠질수록 로드 매니저 엄마는 더 바빠졌습니다. 그랬는데 확, 깨닫게 된 것입니다. 시간이 많은데도 내가 바빴던 이유는 내가 바쁘기를 선택했기 때문이구나.

간단했어요. 스케줄을 줄이니까 갑자기 시간이 넉넉해졌어요. 덜 갖기로 하고, 덜 누리기로 하고, 덜 해내기로 하면 되는 거였어요!

순하고 명랑한, 사이좋은 남매와 지내는 가을은 정말 평화롭고 즐거웠습니다. 느긋한 방학이 가져온 아이들의 변화가 너무나 드라마틱해 동네방네 제주도 자랑을 하다못해 책까지 내기로 했습니다. 그리고 만나는 사람마다 "이번엔 제주도 안 가?"라고 묻는 겨울이 되었습니다. 하지만 책은 한 줄도 쓸 수 없었습니다. 제주도 찬가를 써야 할 제가 그만 슬럼프에 푹, 아주 푸욱 빠져버린 겁니다. 이 집 저 집 방학계획표를 보면서 점점 마음이 무거워지더니, 다른 아이들이 읽는 영어책 두께를 보고 나니 마음 한쪽에서 바람이 빠져나가는 소리가 들리더군요. 알고 있습니다. 여름 한 번 다르게 보냈다고 영어실력이 확 줄거나, 확 늘어나는 게 아니라는 걸요. 방학 동안 놀고 말고의 문제가 아니라, 애초에 엄마의 생각 자체가 잘못된 게 아닌가 하는 의심에 빠진 거죠.

원래 저는 무슨 철학이 있어서 애들을 놀리는 엄마가 못 됩니다. 이 말을 들으면 이 말이 맞는 것 같고, 저 말을 들으면 또 저 말도 맞는 것 같죠. 아이다운 아이가 어른다운 어른이 된다니까 실컷 놀면서 큰 그릇이 돼서 알아서 공부도 잘해주면 딱 좋겠는데, 큰 그릇이 됐는지 안 됐는지는 훗날에나 밝혀질 일이고, 당장의 현실은 방학 동안 구구단 안 외워 온 건 꽃님이밖에 없어서 나머지 공부를 해야 한다는 것일 때, 마음이 간장 종지만 한 엄마의 마음은 갈팡질팡하는 거죠. 이거, 내가 잘하고 있는 거 맞나? 애들은 노는 게 당연하다고 쉽게만 생각했는데, 그게 아니면 어떡하지? 노는 것도 적당히 놀아야지, 이게 뭐야. 남들은 너보다 애들 덜 사랑해서 뺑뺑이 돌리는 줄 알아? 어쩌면 그게 진짜 사랑인지도 몰라. 꽃님이가 몇 년 후에 엄마 원망하면 어떡할래? 똑똑한 우리 애들이 엄마 잘못 만나 바보 되는구나. 엉엉엉.

여름방학과는 달리 꽃님이는 태어나 가장 빡빡한 스케줄의 겨울방학을 보냈습니다. 도서관에서도 꽃님이가 읽고 싶은 것보다 엄마 생각에 읽어야 할 것 같은 책들을 빌려 왔고, 이런저런 특강들로 바빠 할머니 댁도 못 갔습니다. 다섯 살 꽃봉이도 예외일 순 없죠. 아직 글자를 몰라 어떡하냐며 한글 떼기 백일 작전에 들어갔습니다.

그리고 다시 봄이 왔습니다. 그렇게 겨울을 보낸 지금, 꽃님이부터 말하자면, 별 변화 없습니다. 여전히 순하고 명랑하고요, 학원 스케줄 많다고 괴로워하지도 않습니다. 여전히 팔랑귀 엄마만 괴롭습니다. 남들하고 비교하면서 괴로워했으니, 이제 남들처럼 지내니까 괴롭지 않아야 하는데, 또 괴로운 건 왜일까요? 바빠도 불평하지 않는 딸을 보고 예전이라면 '역시 모범생'이라고 감탄했을 텐데, 이젠 의심을 합니다. 흠. 원래 스스로 시간을 조절하는 게 제일 힘든 건데, 생각할 필요도 없고 엄마가 스케줄 정해준 대로 쫓아가기만 하니까 편해서 불만이 없는 거 아냐? 엄마보다 강하고 여유로운 딸에게 별 트집을 다 잡습니다. 어쩌면 아직은 '제주도 약발'로 꽃님이가 버티는 것일 뿐, 이대로 가면 아이가 다시 변할지도 모른다는 생각도 드는 겁니다. 옆집 아이를 보면서 초조해하는 것도 괴롭지만, 바빠서 동생과 놀 시간도 없는 아이를 보면서 불안함을 느끼는 건 더 괴롭더군요. 아니, 놀고 싶으면 놀면 되고, 공부하고 싶으면 공부하면 되지, 아니 놀기도 하고 공부도 하면 되지 뭘 그리 주절주절 말이 많으냐고 자책도 듭니다. 그러게요. 왜 그게 심플하지 않을까요. 휴우.

어쨌거나 제 마음은 거의 지난 여름 때만큼 회복되었습니다. 팔랑귀의 장점이 회복도 빠르다는 거죠. "그래, 어떤 게 맞는지는 모르겠지만, 지금의 나는 이러이러할 때 행복한 사람이야" 하고 제 자신을 받아들이니 편해지네요. 이렇게도 해보고, 저렇게도 해보니 저 자신을 좀 알겠습니다. 그래서 다시 스케줄을 줄이기로 했습니다. 좀 우스운 표현입니다만, 이미 돌아올 수 없는 강을 건너버렸다는 느낌이랄까요? 이미 제가 제주도의 맛을 봐버린 사람이라는 걸 받아들인 거죠. 뭐, 이렇게 슬럼프도 겪고 회복기간도 있고, 시행착오도 겪고, 천장도 치고 바닥도 치고 하다 보면 조금씩 틀이 잡혀가겠죠. 하고 싶은 일과 해야 하는 일 두 가지 다 즐겁게 할 수 있는 날이 언젠가 오겠지라고 명랑하게 생각하기로 했습니다.

며칠 전, 한창 수수께끼에 빠져 있는 꽃님이가 물었습니다.

"세상에서 가장 달콤한 것은?"

"글쎄. 사랑? 초콜릿?"

"아니. 잠이래. 근데 엄마. 나는 이 답이 틀린 거 같아요."

"왜? 네 생각엔 뭐가 답 같은데?"

"세상에서 가장 달콤한 것은 음, '나눔'인 거 같아."

그때 생각했습니다. 음, 그 강을 건너길 잘했구나. 고마워, 딸.

지금은 사실 제주도 생각이 별로 나지 않습니다. 마음이 이랬다저랬다 갈대처럼 흔들리느라 그리워할 여유가 없었거든요. 하지만 10년쯤 후, 저는 틀림없이 지난 여름을 그리워하겠죠. 어쩌면 제가 그리워하는 건 제주도가 아닐지도 모르겠어요. 피곤하고, 단순하고, 행복하고, 지치고, 텅 빈, 충만한, 하루 스물네 시간 한순간도 떨어지지 않고 한 달 동안 아이들과 온전히 부대끼며 지낸 이 여름을 그리워하겠죠. 아이도 자라고, 엄마도 자랐던, 그 여름 말입니다. 그리고 그 여름, 우리는 제주도에 있었다는 걸 떠올리겠죠. 아아, 제주도.

01

ONE DAY
JEJU ISLAND

7. 25.

남편은 어떻게 하고
제주도 가?

☼

제주항, 용두암

문득 아이들과 온 제주도가 10여 년 전 꽃님아빠와 둘이 왔을 때와
얼마나 다른 곳일지 기대가 되기 시작했다.
아이들은 늘 새로운 걸 찾아내니까.

제주도에 월세 방 구해서 방학 동안 가 있을 거라고 하자 이웃들의 반응은 둘 중 하나였다. "방 어떻게 구했어?" 혹은 "남편은?" 마누라가 밥도 안 해주고 한 달이나 집을 비운다는데, 또 재롱떠는 아이들을 못 보는 건데 남편이 허락(!)해줬냐는 뜻이기도 하고, 애 아빠도 없이 혼자 어떻게 한 달이나 애 둘을 돌볼 거냐는 뜻이기도 했다. 남편에게 사람들이 그렇게 묻더라는 얘길 전하며 큰소리를 쳤다.

"남들은 애 키우는 데 그렇게나 남편이 하는 일이 많다는 얘기잖아. 반성 좀 해!"

그러자 꽃님아빠가 당황한 표정으로 대답했다.

"내 주변 사람들은 다 뭐라는 줄 알아? '너, 바보냐?' 이런다. 고마운 줄 아시죠."

바보 맞다. "나 애들 데리고 제주도 한 달 가 있을까봐" 하자마자 "우와, 좋겠다! 나도 주말마다 갈게!"라고 해준 바보 남편. 바보 아빠. 어떻게 안 고맙겠어? 세상에서 제일 멋져요.

이번 여름 동안 꽃님아빠는 제주도에 다섯 번 오기로 했다. 그 중에 일주일 휴가도 있으니까 따져보면 집에 있을 때보다 아빠와 보내는 시간이 더 많다. 사람들은 남편과 너무 오래 떨어져 있는 거 아니냐고 했지만, 오히려 나는 이번 여름이 아이들에게 두 가지 키워드로 기억되기를 바란다. 바다, 그리고 아빠! 거의 대부분의 가정이 그렇겠지만, 꽃님아빠 역시 직장생활로 바빠 아침에 나가면 주로 다음날 귀가를 한다. 자정을 넘겨 날짜가 바뀌어야 퇴근을 하니, 아빠 얼굴 보는 시간은 아침밥 먹을 때가 고작이다. 그나마 주말도 특근이며 각종 경조사 때문에 아빠를 아침부터 밤까지 독차지하는 행운은 극히 드물다. 그런데 일단 제주도로 들어오면 못 나가니 꽃봉이 말마따나 "아빠 완죤 내 꺼!" 아니겠는가.

차는 가져가기로 했다. 자동차 렌트비도 엄청날뿐더러 한 달 살림을 살아야 하는 짐을 가져갈 방도가 없다. 짐은 택배로 부치고, 대중교통을 이용할까도 잠시 생각했지만, 더운 여름날 바닷가 물놀이를 하고 나오면서 지친 아이들과 물놀이 짐을 들고 버스 타는 모습을 상상해보니 도저히 엄두가 나지 않아 금방 포기했다.

짐을 챙겨보니 생각보다 훨씬 많다. 김치 한 통과 물놀이 도구, 모자 등이 한 짐이고, 예상 외로 부피가 큰 게 신발. 운동화와 샌들, 등산화를 챙겼더니 엄청나다. 사실 가장 많은 짐은 아이들 놀잇감이다. 일단 미술 재료가 장바구니 하나 가득이다. 크레용, 유성펜, 사인펜, 색깔물풀, 색종이 두 박스, 스케치북 세 권 등등에다 가베 세트까지 챙겼기 때문이다. 그것뿐이랴. 꽃님이 킥보드와 꽃봉이 씽씽카, 유모차까지! 가베는 좀 심하다 싶지만, 어쩔 수 없다. 여자, 돌, 바람이 많은 삼다도 제주도에서 컴퓨터, 장난감, 텔레비전 없는 삼무도로 지내자고 아이들과 약속을 했기 때문에 밤에 갖고 놀 것이 뭐라도 필요하다. 마음 같아선 레고 한 박스를 가져가고 싶었지만 그건 참고 그간 썩히고 썩힌, 이제 거기서 귀신 한 부대가 나와도 할 말 없는 가베를 가져가서 콘전도 찾고 놀이도 하겠다는 엄마의 강력한 의지인 것이다! 흠.

자, 이제 제주도로 출발! 목포 할머니 덕에서 하루 묵고, 다음날 목포항으로 가 제주로 가는 퀸메리 호(2011년 이후 씨스타크루즈 호로 바뀌었다)에 탔다. 아침 아홉 시 출발인데 한 시간 전까지 항구로 오라고 해서 서둘렀다.

아이들 데리고 배를 타는 건 처음이라 멀미를 하면 어떡하나, 다섯 살 꽃봉이가 다른 사람들에게 폐를 끼치면 어떡하나, 그냥 가족실에 탈

제주도에서
아이들과 한 달 살기

까도 생각했는데, 막상 타보니 단체실에 앉아 있을 시간이 없다. 목포에서 제주항까지 네 시간 삼십 분 정도 걸리는데, 퀸메리 호가 워낙 커서 아이들도 멀미를 하지 않았고, 배에 식당과 목욕탕이 있다는 것만 해도 신기한지 돌아다니며 한참을 놀았다. 갑판에서도 오래 놀고, 필리핀 악단의 선상 라이브쇼도 보고, 노래방도 갔다!

어느새 멀리 보이는 빨간 등대. 아, 제주도다!

짐작보다 훨씬 더웠다. 후끈 더워지는 느낌에 마음도 확 달아오른다. 제주시 신시가지 노형동에 있는 오피스텔 메르헨하우스는 생각보다 더 깨끗하고 좋았다. 꽃님아빠도 숙소를 직접 보니 안심이 되나 보다. 얼른 짐을 풀고 용두암으로 나갔다. 첫날이니 쉬어도 좋겠지만, 그럴 수가 없다. 들뜬 마음에 뭐라도 봐야지, 제주도인데! 그러고 보니 지난번 꽃님아빠와 둘이 제주도 왔을 때도 용두암이 첫 번째 방문지였다. 지난번이라고 하기 좀 그렇다. 결혼한 다음해였으니 11년 전인가, 12년 전인가. 그때도 유명세에 비해 시시하다고 생각했던 용두암은 이번에 봐도 시시했다. 이래서 용두암은 도착 첫날 봐야 한다니깐. 다른 데랑 비교되지 않게, 라는 말을 10년 전에도 우리끼리 했던 기억이 난다.

하지만 용두암에 도착한 꽃님이, 꽃봉이는 즐겁기만 하다. 용두암이 왜 용두암인지, 저 바위 어디를 봐야 용 같다는 건지는 모르는 눈치였지만, 한발 내딛을 때마다 바위에서 후르륵 흩어지는 갯강구와 작은 게들을 보느라 길에서 용두암 뷰포인트까지 가는 데만 한 시간이 걸렸다. 남들은 3분이면 가는데 말이다. 문득 아이들과 온 제주도가 10여 년 전 꽃님아빠와 둘이 왔을 때와 얼마나 다른 곳일지 기대가 되기 시작했다. 아이들은 늘 새로운 걸 찾아내니까. 늘 그랬듯이 꽃님이, 꽃봉이는 가장 볼 만한 것이라고 생각했던 것도 우습게 만들고, 쓸데없다고 생각한 것도 흥미진진한 무언가로 만드는 재주가 있으니까 말이다.

　　용두암에서 꽃님아빠는 서울로 돌아가고 우리끼리 '15층 제주도 우리 집'으로 돌아왔다. 잠자기 전, 세수를 하느라 잔뜩 비누칠을 하고선 나도 모르게 수도꼭지를 찾아 더듬더듬했다. 늘 쓰던 샴푸에 늘 쓰던 비누라 집이라고 착각했나 보다. 암만 냄새가 똑같아도, 여긴 낯선 곳인데. 덜컥 겁이 났다. 어쩌자고 이 낯선 곳에 아이들만 데리고 왔니 그래. 한 번도 꽃님아빠 없이 한 달 보내는 것에 대해 걱정하지 않았는데, 오히려 남편 아침밥 차릴 부담이 덜어지니 한 달 휴가 받은 양 가뿐했는데, 겁난다. 어떡하지? 저 얇은 벽 너머엔 뭐가 있는지도 모르는데, 이 작은 방 안에 엄마만 믿고 있는 아기들 둘과 나만 있구나. 배에서 아이들을 달래줄 만한 놀잇거리를 하나도 준비하지 않았는데도 아이들이 지루하다 소리 않고 잘 지낸 아침이 생각났다. '역시 아이들의 적응력은 뛰어난가봐. 아무것도 없는 갑판에서 제일 신나게 놀았잖아?'라며 뿌듯해했는데, 아, 이제야 깨달았다. 갑판엔 제일 큰 게 있었지. 아빠! 아이고, 꽃님아빠. 간 지 한 시간 됐는데, 너무너무 보고 싶소. 엉엉.

한 달 끝날 때쯤 남편이 털어놓은 말. "젊은 사람들은 당신이 애들만 데리고 제주도에 갔다니까 나도 멋지고, 당신도 멋지대. 나이가 좀 있는 사람들은 나더러 등신이라더라. 그런데 나중엔 다들 뭐랬는 줄 알아? 더도 덜도 말고 딱 한 달 자유라고, 좋겠다더라!"

한가롭고 푸른
여름날 바닷가
☼

애월-한담 해안도로, 한림 공원, 금릉 해수욕장

금릉이든 협재든 혹은 제주도가 아닌 다른 곳이라도, 이미 나의 행복은 장소와 상관없었으니까.
물빛 연한 바다에서 부드러운 모래를 발가락 사이에 느끼면서 튜브 두 개의 줄을 잡고 뜨고 있자니
아이들 깔깔거리는 소리에 머리가 텅 비워졌다.

협재 해수욕장 옥색 물빛이 그렇게나 곱다는데, 코끼리를 삼킨 보아뱀 같은 비양도가 코앞이라 더더욱 운치 있다는데, 구태여 협재 해수욕장을 놔두고 그 옆 금릉 해수욕장을 오늘의 목적지로 삼은 이유는 어느 가이드북에선가 본 한 줄 때문이었다. '사람들은 협재에 가느라고 숨어 있는 금릉을 잘 모르지만'. 오호라. 사람들이 잘 모른다고? 그래. 여길 가야겠어. 한 달이나 살러 왔는디 남들 잘 모르는 데를 가야지 2박 3일 여행이랑 똑같은 델 가면 되겠어?

민망하지만, 나는 우쭐해 있었다. 누가 쫓아오는 것도 아닌데 늘 쫓기듯 저 혼자 바쁘게 뛰고, 저 혼자 지쳐 있던 내게 '한 달'은 참 대단하게 느껴졌다. 아무것도 하지 않아도 되고, 아무것도 시키지 않아도 되는 한 달이라니! 그 시간을 냈다는 것만으로도 어쩐지 내가 우아한 인간이 된 것 같았던 것이다. 인생을 볼 줄 아는 여유로운 인간이라면, 그래. '남들은 모르는' 금릉으로! 하지만 점심시간이 지나도록 금릉 해수욕장에 도착하지 못했다. 애월–한담 해안도로를 따라가야 하는데, 도무지 속도를 못 내겠는 거다. 우와, 제주도가 이런 곳이었구나!

바다랑 도로랑 이렇게 가까워도 되는 거야? 바다 물빛, 막 저래도 되는 거야? 여기가 무슨 남태평양도 아닌데, 저래도 되는 거야? 풍경 좋다 싶은 곳에선 몇 번이나 속도를 줄였지만, 도무지 여긴 그냥 지나가면 안 되겠다 싶은 곳이 있었다. 마침 한적한 주차장도 있어서 차를 획 세웠다. 노출 콘크리트 외벽의 근사한 건물이 있는 걸 보니, 카페인가? 풍경 구경 좀 하고 여기서 커피 한 잔 마시지 뭐, 했다가 꽈당. 넘어질 뻔했다.

내가 카페라고 생각한 곳이 화장실인 거다. 다락쉼터 화장실! 하하하. 다락쉼터는 다락빌레 위에 있는 작은 소공원이다. 용암이 흐르다 넓적하게 굳은 데를 빌레라고 하는데, 다락쉼터는 다락처럼 높다란 곳에 있다고 다락빌레란다. 올레길 16코스라는데, 바닷가 절벽에 위험하지 말라고 울타리도 깔끔하게 만들어놓고, 쉬었다 가라고 예쁜 정자까지 만들어놓은 곳이었다. 그곳에서 보는 바다가 어찌나 아름다운지! 엄마는 우와우와 혼자 감탄하고 감상에 빠지는 동안 아이들은 아이들끼리 논다.

다락쉼터에서 꽤 오래 놀다가 드디어 금릉 해수욕장에 가려는데, 방해물이 또 나타났다! 이번엔 한림 공원이다. 협재, 금릉 해수욕장과 딱 붙어 있네. 암만 급해도 이만큼 유서 깊은(!) 관광지는 들러줘야지. 피식 웃음이 나왔다. '우아한 한 달 체류자'답게 유명 관광지 앞에서 증명사진 찍기만큼은 하고 싶지 않았지만, 이렇게 신기한 게 많고, 멋진 곳이 많은데 어떻게 쿨한 척 우아한 척하겠냔 말이다. 남들 모르는 데는커녕, 남들 다 아는 데도 안 가봤으면서 말이지.

한림 공원은 어떤 취향의 방문객이라도 만족시킬 만큼 예쁘고 볼거리가 많은 곳이다. 다양한 식물군은 기본이고, 작은 동물원과 민속촌까지 아기자기한 볼거리가 잔뜩 있다. 입장료가 하나도 아깝지 않다. 무슨 사막 날씨처럼 햇볕은 뜨거워도 그늘에 들어오면 언제 그랬냐는 듯 딱 시원해지는 것마저도 신기해서 아이들과 호들갑을 떨며 감탄했다. 이런, 초보 여행자 같으니라고.

우리 초보 여행자들은 협재굴, 쌍용굴이 어찌나 시원한지 좋아 죽을 뻔했다. 얘들아, 굴속은 1년 내내 온도가 일정해서 여름엔 시원하고 겨울엔 따뜻하게 느껴진다는구나. 진짜 신기하지 않니? 우우우우~ 소리를 내 메아리를 느껴보기도 하고, 잠자던 괴물이 깨어났다며 술래잡기하느라 동굴 안에서도 꽤 오래 놀았다. 어느새 아이들은 굴 밖으로 뛰어나가고 나 혼자 어둠 속에 있다. 환한 빛 속으로 뛰어가는 아이들. 나중에도 이렇게 기쁘게 보내줄 수 있어야 할 텐데. 어쩐지 내가 조금 늙은 것 같은 기분. 찰칵. 사진을 찍었다.

　출구 가까이 왔을 때 작은 분수가 있었다. 분수라기보다 스프링클러 같았는데, 아이들이 보자마자 확 뛰어들었다. 둘이 한참 물을 맞으며 놀고 있으려니 다른 아이들이 꽤 기웃거렸다. 갈 길 급한 부모들이 재촉을 하자 꽃봉이가 지나가는 형아에게 소리쳤다. "형아 엄마는 이렇게 안 해주냐? 울 엄마는 해준다." 헉. 분수 보자마자 망설임 없이 뛰어들기에 아직 옷 버리면 안 된다는 것도 모르는 저 아기를 우짤꼬 했는데, 다 알고 있었구나 싶다. 이럴 땐 좋아해야 하는 건가, 아닌가. 어쨌거나 애들아. 너희가 웃으니까, 엄마는 참 좋구나. 정말 좋구나.

　오후가 되어서야 비로소 금릉으로 갔다. 간이분수에서 충분히 물놀이를 한 꽃봉군은 그늘막에서 푹 잠들었다. 금릉 바다는 정말 소문대로 아름다웠지만 사진은 한 장도 찍지 못했다. 애 둘 튜브 잡아주면서 사진까지 찍을 순 없었다. 잠든 꽃봉이 지키느라 멍하니 있으면서도 사진을 찍지 않은 건, 그 순간 내게 그곳이 어디인지 중요하지 않아서였다. 금릉

제주도에서
아이들과 한 달 살기

이든 협재든 혹은 제주도가 아닌 다른 곳이라도, 이미 나의 행복은 장소와 상관없었으니까. 물빛 연한 바다에서 부드러운 모래를 발가락 사이에 느끼면서 튜브 두 개의 줄을 잡고 뛰고 있자니 아이들 깔깔거리는 소리에 머리가 텅 비워졌다.

그래. 이러려고 먼 길 온 거지. 아무 생각 없이, 급한 거 하나 없이 애들 웃는 소리 들으려고. 한가로운, 뜨겁고 푸른 여름날 바닷가. 아이들은 금방 파도타기에 익숙해졌다. 튜브에 몸을 담긴 채 파도를 타고 모래밭까지 쭈르륵 밀려나가는 게 그렇게도 재미있나 보다. 해가 어느새 뉘엿뉘엿 넘어가기에 시계를 보니 바다에서 한 번도 안 나오고 세 시간을 놀았더라.

"선생님이 바다에서 놀 땐 40분 놀고 10분 쉬라고 했는데! 다음부턴 꼭 쉬라고 말해줘."

알았어, 모봍생 따님. 돌아오는 길에 또 애월-한담 해안도로에서 차를 세웠다. 복숭아를 썰어 먹으며 노을을 보니, 오늘이 겨우 이틀째인데도 제주도에 온 지 일주일쯤 된 것 같다. 아니, 여기서 살고 있는 것 같다. 하나도 낯설지 않고, 어느새 익숙해진, 모든 게 다 내 것 같은 제주도. 처음엔 아무 생각 없이 노을을 보고 있는데 꽃봉이가 일러줬다.

"엄마, 해 머찌다. 사진 찍어. 바다가 꼬 무지개 같애. 색까이 뭐 저케 많냐?"

원래 노을 브고 감탄하는 애들이 아닌케, 애들 눈에도 제주도 노을은 다르게 보이나 보다. 아이들은 해안도로에서도 한 시간쯤은 거뜬하게 놀 수 있다. 가끔 붉은 하늘, 붉은 바다 보면서 감탄도 하고, 바위에 쳐진 거미줄에 침을 뱉어 끊을 수 있나 없나 실험도 하고, 방귀를 뀌면 돌 몇 개 지나서까지 냄새가 나는지 세어도 보고. 나도 모르게 또 중얼거렸다. 아아, 좋다.

해야 할 일 첫 번째.
아무것도 하지 않기

☼

한라 도서관

우리 모두 쉬어야 하는데 비까지 와서 다행이다.
이런 날이 걷기엔 딱인데. 올레길, 더우면 못 걸을 텐데, 오늘 갈까?
아니야. 올레는 무슨 올레. 제발 좀 가만히 있자.

아이쿠, 꽃봉이가 누웠던 이불이 빨갛다. 아무리 놀러 다니는 거라고 해도 다섯 살짜리 꼬맹이가 낯선 곳에서 연달아 외출을 하는 건 무리였나 보다. 벌써 이틀째 자면서 코피를 흘리네. 오늘은 정말 아무 데도 가지 말고, 집에 있어야겠다.

나를 위해서도 그렇다. 제주도에 오고 싶었던 가장 큰 이유는 '반드시 오늘 해야 할 일'에서 벗어나기 위해서였다. 월수는 꽃님이 피아노와 꽃봉이 말놀이 교실, 화목은 꽃님이 스케이트, 수요일은 꽃님이 성경공부, 이런 식으로 매일, 하루에도 몇 건씩 시간을 지켜 아이를 태워 보내고, 데리러 가고, 끝나기를 기다리는 일들은 사람을 쉽게 지치게 만들었다. 하루에도 몇 번이나 꽃봉이에게 신발 빨리 신으라고 재촉해야 하고, 꽃님이가 집 나설 땐 꼭 화장실 가는 버릇이 있는 줄 알면서도 먼저 엘리베이터 버튼을 눌러놓고 기다리면서 초조한 기분이 되는 거, 꽃님이가 뭐 배우는 동안 대기실에서 꽃봉이와 시간을 때우면서 자꾸 미안한 기분이 되는 거, 그게 싫어서 제주도에 왔는데 여기서까지 오늘 꼭 이걸 해야 한다는 상황은 정말 만들고 싶지 않다. 그냥 아무 생각 없이 재촉하지 않고, 몇 분 남았나 시간 계산하지 않고, 오랫동안 지루하게, 그렇게 보내고 싶었다.

우리 모두 쉬어야 하는데 비까지 와서 다행이다. 물론 딴 생각이 안 든 건 아니다. 이런 날이 걷기엔 딱인데. 올레길, 더우면 못 걸을 텐데, 오늘 갈까? 아니야. 올레는 무슨 올레. 제발 좀 가만히 있자.

"또 무슨 사고 치고 있길래, 이렇게 조용하지?"

아침밥을 하는데 아이들이 조용하길래 문득 뒤를 돌아보았다. 원래 애들이 조용할 땐 긴장해야 한다. 벌써 몇 년째 엄마가 아침상을 차리는 동안엔 성은 이씨요, 이름은 베스. 이베스 유모가 아이들을 돌봐줘왔는데, 어제야 첫날이니 애들도 들떠서 텔레비전 생각이 안 났다 치고, 오늘 아침엔 텔레비전 금단증상이 일어나지 않겠는가. 지금은 '딩동댕 유치원' 시간이군. 그런 생각을 하며 뒤돌아보았다가 기절할 뻔했다. 꽃님이는 그림을 그리고 있었다.

"엄마. 제목은 '해 지는 분홍 바다'야. 바가가 전부 다 분홍인 걸 어떻게 그리나 하다가 이렇게 해봤어. 어때? 하늘에 지렁이같이 꾸불렁꾸불렁한 선은 뭐냐면, 바람이야."

"꽃님아, 엄마가 이 작품은, 꼭 액자를 해야겠다."

이런 그림을 그리다니, 정말 제주도 온 차비가 하나도 아깝지 않다고 본전 계산부터 하는, 나는야 아줌마! 꽃봉이는 누나가 그림을 그리는 사이에 다시 스르륵 잠이 들었다.

오전 내내 그림 그리고, 낮잠도 한숨 자고, 점심 먹고 느긋하게 집을 나섰다. 한라 도서관에 가기로 했다. 평소엔 과자라도 하나 사준다고 약속해야 도서관에 따라나서는 꽃님이지만, 집에 책이 한 권도 없으니 심심했나 보다. 도서관 가자니까 얼른 나온다.

한라 도서관은 깜짝 놀랄 만큼 매력적인 곳이었다. 숲속에 자리 잡은 것이야 제주도니까 그렇다 치고, 어린이 열람실이 특히 마음에 들었다. 크지도 작지도 않은 규모에 구석진 곳까지 깨끗하게 관리하고 있다는 느낌이 들어서 좋았다. 책꽂이들이 어느 곳은 둥글게, 어느 곳은 지그재그로, 어느 곳은 가지런히 놓여 있어서 "여기는 무슨 책이 있을까?" 하고 뒤져보고 싶게 생겼다. 공간이 넉넉해서 책을 꽂고 뺄 때 빡빡하지 않은 것도 참 좋았다.

"엄마, 제목은 '해 지는 분홍 바다'야. 바다가 전부 다 분홍인 걸 어떻게 그리나 하다가
이렇게 해봤어. 어때? 하늘에 지렁이같이 꾸불렁꾸불렁한 선은 뭐냐면, 바람이야."

제주도에서
아이들과 한 달 살기

제일 인상적이었던 곳은 메인 건물 2층 복도에 도서관 운동을 한 사람들을 소개한 곳이었다. 요즘 아프리카 같은 오지에 도서관을 지어주자는 움직임이 많다. 단순히 물품을 원조하는 것보다 도서관과 학교를 지어주는 것이 물고기가 아니라 물고기를 잡는 방법을 가르쳐주는 근본적인 도움이 아닌가 하는 것이다. 나는 그 정도만 알고 있었는데 한라 도서관에서 오지에 3,000개의 도서관을 지은 사람을 만났다. 바로 존 우드. 존 우드는 마이크로소프트 사의 잘나가는 30대 젊은 임원이었으나 히말라야 트래킹 이후 인생을 바꾼다. 그곳에 도서관을 지어주기로 한 것이다. 이후 룸투리드(Room to read) 재단을 만들어 세계의 오지에 도서관을 짓기 시작했다. 단순히 도서관을 짓고 책을 전달하는 것에 그치지 않고 지역사회의 적극적인 참여를 끌어내는 것이 첫 번째 원칙이라고 한다. 한라 도서관 2층 벽엔 존 우드를 비롯해 도서관 운동에 기여한 사람들의 이야기가 쭉 소개돼 있었다. 가슴 한쪽에 쿵, 하는 소리가 들렸다. 평생 봉사하기엔 자신이 없지만 그저 나만 생각하며 살기엔 마음이 괴롭고, 뭔가 이 사회에 기여하고 싶은데 갈 길을 모르는 상황에서 어떻게 해야 할지 힌트를 얻었달까?

　열람실에서 받은 감동을 간직한 채 도서관 매점으로 갔다가 기절할 뻔했다. 그동안 제일 마음에 든다고 생각한 곳을 모두 뒷전으로 하고 단연 식당을 첫 번째로 꼽기로 했다. 숲과 딱 마주하고 있는 커다란 통유리 창이 있어서 분위기가 아주 그럴듯했다. 2,500원짜리 멸치국수를 파는 도서관 매점이 이런 창문을 갖고 있다니. 제주도 사람들은 전생에 단체로 나라를 구한 걸까?

　돌아오는 길엔 비 오는 바다를 보러 잠깐 해안도로 드라이브를 했다.

"얘들아. 엄마는 비 오는 바다를 한 번도 본 적이 없어. 바닷가에 사는 사람이 아니면, 비 오는 바다를 보기 힘들단다. 도시 사람들은 바다에 놀러 갈 땐 날씨 체크를 하게 마련이거든. 그러니까 비 오는 바다를 보는 건 운이 아주 나쁠 때나 운이 아주 좋을 때뿐이지."

"엄마, 우리는 오늘, 운이 좋은 거야?"

"그렇지."

집에 와선 또 그럴듯한 뭔가를 내놓을까 싶어 그림을 그려보라고 종용했지만, 아이들은 들은 척도 하지 않고 침대 위에서 펄쩍펄쩍 뛰어 놀았다. 아이고, 얘들아, 떨어질라, 조심해. 잔소리를 하면서도 키득키득 자꾸만 웃음이 났다.

오늘 쓴 돈 : 귤 한 봉지 합쳐서 모두 17,700원

여행 가서 읽은 책은 그 자체로 추억이 된다.
"엄마, 이거 제주도에서 읽은 책이지."

04

ONE DAY
JEJU ISLAND

7. 28.

비밀로 하고 싶어,
아일랜드 조르바

☼

김녕 미로공원, 아일랜드 조르바, 월정리 바다

햇살 때문에 잔뜩 찌푸리면서도 피식피식 웃음이 삐어나오는 나를 향해 속삭였다.
아이들은 웃고 너는 찡그리고. 너 참 좋아 보이는구나. 정말 아무 생각 없어 보여.
그럼. 이렇게 더운데 누가 무슨 생각을 하겠어.
내 아기들이, 너무너무 예쁘다는 거, 그냥 그 생각만 네 시간 했어.

아침부터 아이들에게 화를 냈다. 어젯밤, 새벽까지 책을 읽느라 늦잠을 자는 바람에 부랴부랴 아침을 하는데 꽃님이, 꽃봉이가 다투는 거다. 별것도 아닌 이유로 둘 다 울고불고하니 화가 솟구쳤다. "엄마 아빠가 오냐오냐 떠받들어 키우니 눈에 보이는 게 없냐? 왜들 싸우고 난리야. 이 좋은 데 와서 싸우는 건 너네밖에 없을 거다." 말도 안 되는 소릴 하면서 버럭버럭했다. 화를 내면서도 속으로 애들이 이렇게 야단맞을 만큼 잘못하지 않았는데 내가 왜 이러지? 하다가 깨달았다. 그렇군. 어젯밤 읽은 책 때문이군.

블로그 이웃 오소희 님이 아들 중빈이와 터키를 여행하고 쓴 여행기를 읽는데 너무 비교가 되는 거다. 그분은 아이가 36개월일 때 안아주지도 않고, 신발을 신겨주지도 않았단다. 자다 깨서 힘들어도 혼자 걷도록, 신도 혼자 다 신을 때까지 기다려주고 격려해주고, 해낸 후에 칭찬을 해준단다. 나도 그런 엄마가 되고 싶단 말이지! 하지만 나는 46개월짜리 아들이 안아달라 업어달라 하는 건 둘째 치고, 적당히 눈치 봐서 아홉 살짜리 딸도 한 번씩 업어주고 안아주고 해야 한다. 이 아이들은 언제 어디서건 잠이 오면 확 자버린다. 졸려도 제 갈 길은 제가 걸어가야 한다는 생각 따위 전혀 없다. 절대 제 짐을 드는 법도 없다.

왜 꽃님이, 꽃봉이는 이 모양일까? 왜긴? 엄마가 그렇게 안 키웠거든. 잠들면 안쓰러워 못 깨우고, 엄마 몸이 아파 죽건 말건 안고 업거든. 엄마가 아프다 말을 안 하는데 애들이 어찌 알겠는가. 걷기나 잘 걸으라고 가방 하나 안 맡기는 건 물론이고, 걷는 게 조금이라도 더 즐거우라고 차에는 늘 씽씽카와 킥보드, 유모차가 상비돼 있다. 물론 제주도에도 셋 다 싸들고 왔다. 끙. 나도 끝까지 기다려줘야 하는데, 엄마가 나서서 애들 다 버려놓았나봐. 애들 위한답시고 애들을 망쳐놓고 있나봐. 난 왜 이 모

제주도에서
아이들과 한 달 살기

양일까? 엉엉엉~. 혼자 이러고 있다가 애들이 싸우니까 터진 것이다.

내가 오늘 아침 어떻게 눈을 떴던가. "엄마 주무시니까, 조용해야 해. 자, 누나가 종이접기로 표창 만드는 거 가르쳐줄게. 자, 꽃봉이 따라하세요." 엄마 잔다고 동생 데리고 그림 그리고, 종이접기 해주고, 혼자 수학 문제 풀어놓은 애한테 어쩌자고 화를 냈담? 누나 동생 나누는 대화가 하도 이뻐 키득키득 웃었더니 꽃봉이가 엄마 침대로 올라왔다. "엄마, 다 잤어? 내가 왕자님처럼 엄마 깨워줄게." 그러더니 뽀뽀를 했지. "따양해(사랑해)~." 귀에 대고 속삭이는데 그만 침이 튀어서 깔깔 웃으며 일어났잖아. 그런 아이들에게 내가 어떻게 소리를 질렀담. 나 진짜 엉망진창인가봐.

마음이 천근만근인 채로 김녕 미로공원으로 갔다. 어렸을 때부터 남들은 공주 그릴 때 미로찾기를 스케치북 가득 그려대던 꽃님이가 미로공원을 좋아할 게 분명하다고 생각은 했지만, 이만큼 좋아할 줄은 몰랐다.

"엄마. 여기 너무너무 재밌어. 데리고 와줘서 고마워. 엄마 최고!"

안 그래도 미안해 죽겠는데, 엄마 최고라니.

김녕 미로공원은 제주대학교에서 은퇴한 미국인 교수가 만든 곳이라고 한다. 랠란디 나무로 거대한 미로를 만들어 놓았다. 생각보다 큰 곳은 아니었지만, 나무로 미로를 만든다는 자체가 거대한 거니까. 목적지에 도착하면 땡땡 종을 칠 수 있다. 원래는 나무들을 위가 매끈하도록 깎아 놓는데, 며칠 비가 온 후에 수염처럼 자랐나 보다. 정원사가 열심히 나무 위를 다듬고 있는데, 갓 깎은 나무냄새가 정말 좋았다. 하지만 오전인데도 더워서 두 바퀴는 무리였다. 꽃봉이와 나는 기다리고 꽃님이 혼자 돌았다. 혼자 미로를 헤매고 있는 꽃님이. 세 바퀴째엔 완전히 외워서 금방

제주도에서
아이들과 한 달 살기

들어왔다.

목적지는 전체 미로를 조망할 수 있도록 육교처럼 높이 돼 있는데, 먼저 도착한 사람이 미로 전체를 위에서 보던 길을 잃고 계속 헤매는 일행이 안타까울 수밖에 없다. 다들 왼쪽으로 가라, 오른쪽으로 가라 큰 소리로 코치를 한다. 보통 친구 사이엔 아직도 길을 못 찾았냐고 놀리고, 가족끼리는 이쪽저쪽 길 코치를 하는 경우가 많은 듯했는데 어느 쪽이건 재미있어 보였다. 아래쪽 미로 골목에서 아직 헤매고 있는 어느 커플의 다급한 대화소리가 들렸다.

"어떡해? 비행기 타려면 5분 안에 여기서 출발해야 해. 어휴, 여기 괜히 왔다"

"잠깐 구경만 하려고 했지, 이렇게 30분 넘게 헤맬 줄 알았냐, 어디."

"지도 좀 잘 봐봐. 어디로 가야 하는지."

그래도 서로를 탓하지 않고 난처함을 즐기는 분위기라 다행이었다. 옆에 있던 아주머니 말씀으로는 전에 어떤 아빠는 먼저 도착했는데, 아이들에게 아무리 길을 가르쳐줘도 계속 헤매니까 안타까워하다가 직접 가르쳐주려고 아래로 뛰어내리는 바람에 다리가 부러졌단다!

김녕 미로공원 바로 앞엔 만장굴이 있다. 꽃봉이가 한림 공원에서 협재굴, 쌍용굴을 하도 좋아하길래 만장굴에 갔는데, 협재굴과는 비교도 안 될 만큼 크고 길어 긴팔을 입고도 추워했다. 바닥도 울퉁불퉁해서 꽃봉이는 꽤 많이 안아줘야 했다. 아니다. 또 못 참고 내가 안았다. 혼자 걷도록 격려해주고 그러다 넘어지면 일어나도록 기다려주고 그러면 얼마나 좋아. 머리로는 그렇게 해야지 하면서도 당장 아이가 휘청거리면 냉큼 안아주게 된다. 몰라몰라. 난 왜 이 모양이람.

스케줄대로라면 만장굴 다음엔 같은 도로에서 20분만 가면 있는 비자림으로 쭉 가야겠지만, 만장굴에서 나오면서 꽃님이, 꽃봉이가 바닷가에는 언제 가느냐고 물었다. 에라, 언제 가긴? 지금 가지. 차를 비자림 반대 방향으로 돌렸다. 김녕에서 해안도로로 들어서는 길 내내 돌담밭이 이어졌다. 이럴 땐 정말 사진 좀 배울 걸 싶다. 내가 본 것과 내가 찍은 것이 어찌나 다른지! 사진 속엔 내가 본 그 눈부신 초록과 파랑과 검정이 어딜 갔을까? 옛날 외국 여행을 가면 내내 "영어 좀 공부할 걸" 그랬는데, 제주도에선 "사진 좀 배울 걸!" 매일 그런다.

그러다가 월정리 바닷가에서 카페 '아일랜드 조르바'를 발견했다! 해안가 가정집 한쪽에 카운터를 내고 커피를 판다. 따로 테이블이 있는 건 아니고, 커피는 앞에 하나 있는 파라솔에서 마시거나, 길 건너 바닷가에서 마시거나 해야 한다. 바닷가 쪽에 옛날 '국민학교 시절' 썼던 것 같은 낡은 나무의자 몇 개가 있긴 하다. 이렇게 머리 좋은 집을 보았나. 의자 몇 개로 전체 바다를 완전히 자기네 마당으로 껴안았다. 어떻게 이렇게 절묘하게 바다를 안고 있을까. 가게가 있는 집도 살짝 들여다보니 예사롭지 않았다. 버스 정류장 같은 대문도 독특하고, 마당에서 담벼락에 난 작은 창문으로 바다를 보면 얼마나 멋진지 모른다. 창문이라고 해봤자 그냥 네모 구멍을 냈을 뿐인데도 그 자체가 액자가 된다. 액자에 오롯이 들어앉은 파란, 파아란 바다. 아일랜드 조르바 건너편엔, 아아 바다가 있다. 그냥 바다 말고 아아! 바다!

그때까지만 해도 꽃님이는 바다엔 눈길도 주지 않고 미로공원에서 기념품으로 산 쇠로 된 고리 두 개가 연결된 퍼즐을 푸느라 정신이 없었다. 꽃님아, 제발 고개 좀 들어봐. 저 바다 좀 봐. 몇 번을 애원하니 그제야 고개를 든 꽃님이는 바다를 보자마자 환호성을 질렀다. 그러더니 동생을 깨운다. 꽃봉아, 즘 일어나봐. 이렇게 바다가 예쁜데, 넌 잠이 오니?(누가 할 소리?) 너 아마 빨리 눈 안 뜬 거 후회할 거야. 야! 꽃봉아, 눈 떠! 바다 봐. 이렇게 예쁜 바다, 누나는 태어나서 처음 본다!(마흔 살 넘긴 엄마도 이런 예쁜 바다는 처음 보는구나.)

그런데 너무하다. 이렇게 파랗고 깨끗한 바다에 어쩜 이렇게 사람이 없을까. 7월 말 성수기에 관광지 바닷가가 이러면 어쩌자는 거야. 월정리 바닷가는 유네스코 무슨 지정 마을이긴 하지만 해수욕장은 아니다. 이렇게 좋은 바다에 사진 찍고 노는 외국인 두 명과 동네주민 같아 보이는 두세 집, 그리고 우리가 전부라니, 너무 미안하잖아.

한숨 푹 잔 꽃봉이는 눈뜨자마자 투정 1초도 없이 "어? 바다네?" 하고 뛰어나갔다. 일사병 걸릴까봐 몇 번을 불러들였지만, 소용없다. 물 좀 마셔가며 놀라고 잔소리하는 엄마와 바다를 왔다 갔다 하면서 놀고 나니 어느덧 네 시간이 훌쩍 지났다. 모래놀이만 네 시간을 하다니. 너희도 참 대단하구나! 햇볕이 너무 쨍쨍해서 머리가 다 띵할 지경이었다. 햇살 때문에 잔뜩 찌푸리면서도 피식피식 웃음이 배어나오는 나를 향해 속삭였다. 아이들은 웃고 너는 찡그리고. 너 참 좋아 보이는구나. 정말 아무 생각 없어 보여. 그럼. 이렇게 더운데 누가 무슨 생각을 하겠어. 내 아이들이, 너무너무 예쁘다는 거. 그냥 그 생각만 네 시간 했어.

아일랜드 조르바는 몇몇 여자 친구들이 운영하는 듯하다. 서핑을 좋아하는 사람들이겠고, '풀문 파티'라고 벽에 써놓은 걸 보면 보름달이 뜨는 날 밤에 광란의 풀문 파티를 한다는 태국 코사무이에 무슨 추억이 있는 건가? 뭔가 캐물으면 재미있는 이야기가 잔뜩 나올 듯했지만, 물어보지 않았다. 혹시 "우리나라 사람들은 왜 이렇게 남의 사생활에 관심이 많을까? 어휴, 귀찮아." 이런 생각을 할까봐서 걱정이 되어서였다. 나를 귀

제주도에서
아이들과 한 달 살기

찾아하지 않았으면 좋겠다 싶을 만큼 참 좋아 보이고, 친해져보고 싶은 사람들이었기 때문이다. 결국 네 시간 넘게 그 앞에 퍼질러 있으면서 한 마디도 걸지 않았다.

　역시 바다 물놀이가 최고다. 잠 없기로 유명한 꽃님이 꽃봉이가 아홉 시 반에 앞서거니 뒤서거니 픽픽 쓰러져 잠들었다. 그래. 내 그릇은 여기까지야. 차 뒤에 늘 샌들이며 등산화며, 물놀이 도구와 수영복, 갈아입을 옷을 두 벌씩 넣어 다니는 새가슴 덕분에 오늘 월정리 바다를 만난 거잖아. 별별거 다 싸다니는 새가슴 아니었으면 담 놓고 벗어라, 놀아라 못했겠지. 언제 어디서 씻어야 할지 몰라서 트렁크에 2리터 페트병 세 개에 물 꽉꽉 채워 다니지 않았으면 오늘 어디에서 샤워했겠니. 나도 괜한 생각 그만두고 잠이나 자야겠다.

꽃님이는 '미로공원'을 너무너무 좋아해서 나중에 또 왔다. 꽃님이가 뽑은 '제주도 BEST 당당 3위!'
(1위는 월정리 바닷가, 2위는 한라 도서관)

05

ONE DAY
JEJU ISLAND

7.29

처음 보는 아이와
친구가 되다

☼

한라 수목원

그깟 나들이 좀 나왔다고 아이의 견문이 넓어지길 바라는 것도 웃기잖아.
아이의 시간을 24시간 유익한 것으로만 채울 수도 없고, 채울 필요도 없는데 왜들 그렇게 아등바등할까.
그냥, 즐거우면 되는 거 아냐?
그런데, 어여? 막상 오니까 눈에 보일 정도로 뭔가가 변하는 거다.

어젯밤에 애들이 일찍 잔다고 좋아했는데, 쳇. 새벽 네 시에 꽃님이가 깼고, 다섯 시에 꽃봉이가 깼다. 몰라. 너네끼리 놀렴. 엄마는 더 자야겠다. 배고프다고 난리를 하기에 간신히 새벽밥해서 먹이고, 한숨 더 자고 일어났더니 둘이서 점토를 조몰락거리며 사부작사부작 잘 놀고 있다.

아이들은 엄마가 "우리 애는 이러이러해요" 하고 입초시에 올리면 어찌 알고 딱 반대로 행동하기 때문에 말하기 조심스럽지만, 제주도에 와서 꽃님이, 꽃봉이는 급속도로 친해지고 있다. 지금까지도 사이가 좋은 남매라고 생각했는데 그건 내가 뭘 몰랐던 것이다. 나는 둘이 안 싸우면 사이가 좋은 건 줄 알았다. 그런데 제주도 와서 보니, 음? 뭔가 조금 다르다. 하긴 어른도 누군가와 24시간 붙어 있다 보면 관계가 끝장나거나 더 깊어질 텐데, 꽃님이와 꽃봉이는 쉴 새 없이 서로 주고받으며 논다. 싸우는 횟수도 백배 늘었고, 화해하는 데 걸리는 속도도 백배 빨라졌다. 깔깔대는 웃음소리드 백배 늘었다. 전에는 셋이 같이 있어도 둘은 각자 엄마 나 좀 봐, 엄마 이것 봐, 엄마 저거 뭐야, 엄마 꽃봉이 좀 못 그러게 해, 엄마 누나가 나 놀려, 엄마 나 좀 보라니까아아! 말하느라 바빴다. 나는 두 아이를 각각 바라보고 대답해주느라 바빴다. 엄밀하게 따지자면 셋이 아니라 꽃님이와 엄마, 꽃봉이와 엄마가 대화를 하고 있었다.

꽃님이와 꽃봉이의 관계가 바뀌고 나서야 그동안 같은 공간에 있었을 뿐, 진정한 관심은 없는 상태였다는 걸 깨달았다. 요 며칠 자동차 안에서 둘이 노는 걸 보면 기가 찬다. 둘이서 얼토당토않은 농담을 하거나, 투닥거리고, 시시껄렁한 무서운 이야기 따위를 하며, 사이사이 3분마다 한 번씩 싸우느라 웃느라 정신없다. 결국 "너희는 떠들어라. 엄마는 음악이나 좀 들어야겠다" 하고 애 낳은 지 9년 만에 처음으로 나를 위해 라디

오를 틀었다. 그것도 클래식 채널. 푸하하.

　사실 여행을 온다고 특별히 아이들이 달라지거나 하는 건 없을 줄 알았다. 얼굴이 좀 더 까매지고, 집에서와는 좀 다른 경험을 할 수야 있겠지만, 그렇다고 별 거 있겠어? 그깟 나들이 좀 나왔다고 아이의 견문이 넓어지길 바라는 것도 웃기잖아. 아이의 시간을 24시간 유익한 것으로만 채울 수도 없고, 채울 필요도 없는데 왜들 그렇게 아등바등할까. 그냥, 즐거우면 되는 거 아냐? 이랬는데, 어어? 막상 오니까 눈에 보일 정도로 뭔가가 변하는 거다.

　텔레비전 안 보는 것도 그렇다. "텔레비전 없어? 그럼 딴 거 하고 놀지 뭐." 너무나 쉽게 받아들이고 있다. 그렇게나 좋아한 텔레비전이니 고쳐내라든지(고장났다고 거짓말했다) 집에 가자든지 한 번쯤 떼를 쓸 줄 알았건만.

　얘들아, 이렇게 쉽게 텔레비전을 버릴 거면, 그동안 아무리 끄라고 해도 안 끈 건 도대체 왜 그런 거냐.

　아침 내내 점토를 가지고 노는 아이들에게 물었다. "오늘은 뭐하고 싶니? 또 바닷가 갈까?" "아니, 도서관 갈래." 꽃님이가 제 입으로 도서관에 가겠다고 한다. 늘 '쫀드기'나 '라면' 같은 당근을 걸어야 도서관에 따라나서던 딸이다. 그런데 한라 도서관이 너무 좋단다. 재미있는 책도 많고, 마당에서 노는 것도 좋고. 지금 내가 제대로 들은 거 맞나 모르겠다. 한라 도서관에 도착한 게 아침 열 시가 채 되지 않았는데, 제발 점심 좀 먹자고 꼬드겨서 겨우 나온 시간이 오후 세 시. 다섯 시간을 꼬박 앉아서 책을 봤다. 너, 꽃님이 맞니? 불쌍한 꽃봉군만 쫄쫄 굶으면서 그림책을 40권 봤다. 더 불쌍한 건 엄마. 그림책 40권을 한꺼번에 읽고 목이 팍 쉬었다.

　　집에 와 셋 다 쓰러지듯 잠들어 저녁나절에야 일어났다. 한라 수목원 근처에 '연우네'라는 식당이 괜찮다고 해서 식당도 갈 겸 수목원에 가기로 했다. 노형동 오피스텔에서 내비게이션으로 목적지를 찍으니 수목원까지 6분 걸린단다! 형편없는 수목원도 주택가에서 6분 거리면 황송하겠는데, 가보니 한라 수목원, 여기가 또 보통 데가 아닌 거다. 바다를 옆에 끼고 있는 것도 모자라 이런 수목원을 코앞에 두고 살 수 있다니, 정말. 어휴어휴. 수목원이 가까운 것도 놀랍지만, 산책하기 너무 편해서 또 놀랐다. 이건 오르막도 아녀~ 싶은 길을 수엄쉬엄 걷다 보면 햇볕도 잘 들지 않는 깊은 숲속에 있는 것이다. 광이오름과 연결돼 있어서 꼭대기까지 1.7킬로미터를 올라가면 멋진 제주 시내 풍경을 볼 수 있지만 다섯 살 짜리 엄마는 그냥 부담 없이 삼림욕장까지만 걷기로 했다. 앞으로 뛰어갔다, 뒤로 뛰어갔다 엄마 주위를 맴돌면서도 단 1초도 멈추어 있지 않는 아이들을 데리고 어슬렁어슬렁 걷노라니, 아이고 꽃님아빠. 나 혼자 이렇게 좋아서 미안하요~.

　　풍선 하나 들고 나섰더니 이거 없으면 어쩔 뻔했나 싶게 잘 논다. 음. 어쩌긴 어째. 다른 걸 들고 놀았겠지. 풍선이 있으니 풍선으로 노는 거고, 풍선이 없으던 다른 걸로 노는 거고. 그러고 보니 나도 변한 것 같다. 며칠 전이라면 이랬을 거다. 저렇게 풍선을 갖고 잘 놀다니, 풍선 두 개 가져올걸!

　　산책길 끝에는 운동기구들이 있는 작은 공터가 있었다. 작은 다람쥐들마냥 오르락내리락 운동기구를 놀이터 삼아 놀고 있는데 한 남자아이가 나타났다. 딱 보니 꽃님이 또래다. 서로 힐끔힐끔 보면서 빙빙 돌기를

두 바퀴. 꽃님이가 침을 한번 꼴딱 삼키더니 쪼르륵 뛰어갔다.

"저기 훌라후프 있다."

어어? 지금 꽃님이가 뭐하는 거지? 낯선 애한테 말을 걸었어!

"저기 훌라후프 있다니까."

"알아."

"나는 훌라후프 잘하는데."

"그래? 한번 해봐."

그러곤 꽃봉이까지 셋이 금방 몰려다니기 시작했다. 나는 가슴이 벅차서 숨도 제대로 쉬지 못할 판이었다. 남들에겐 평범한 상황일지 모르겠으나 꽃님이에겐 정말 새로운 변화이기 때문이다. 놀이터에서 처음 보는 아이와 어울려 놀다니! 그것도 남자아이랑! 먼저 말을 걸다니!

평소 꽃님이를 보노라면 낯가림이랄까, 지나친 긴장이랄까 그런 부분이 있어 늘 걱정스러웠다. 만나자마자 금방 떠들썩하게 어울리기를 원하는 것이 아니다. 누구를 만나든 좋은 관계를 맺으라는 것도 아니다. 수줍음이 많거나 내성적인 사람도 얼마나 많은가. 하지만 꽃님이는 겉으로 보면 명랑하고 활발한 편이라서 낯선 사람 때문에 표정이 굳으면 상대방이 당황하는 것이다. "꽃님이는 저를 싫어하나봐요?"라던 선생님과 이웃 아줌마들이 얼마나 많았던가. 꽃님아, 정 얼굴에 불편하다고 써놓으려면 "저 지금 쑥스러워요, 부끄러워요" 이렇게 쓰렴. 아이들과도 그냥 어울리면 될 상황에서도 '이미 저 아이랑 이 아이가 친하구나, 나는 끼어들 틈이 없겠구나' 싶으면 꽃님이는 갑자기 배가 아팠다.

딱 지금 같은 상황이 전형적으로 배가 아픈 때였다. 낯선 사람이 나타나 심기가 불편하지만 상대방더러 나가라고 말할 수 없는 경우, 자기가 그 공간에서 빠지는 것을 주로 선택한다. 그러면서도 "저 애 때문에 싫어. 집에 가자"라고 하지는 않고 "엄마, 배 아파. 집에 가요" 이런 식이다. 그런 꽃님이가 스스로 다가가 말을 걸고 어울려 뛰어다니며 놀다니. 꽃님아. 너 진짜 친구가 급했구나. 그래. 동생만으로는 채워지지 않는 뭔가가 있겠지.

셋 다 집에 가자는 엄마 말에 입이 툭 나올 만큼 재미나게 놀았다. 꽃님이는 또래 친구라 좋아하고, 꽃봉이는 같은 남자라고 좋아하고. 셋이 '한라 수목원 기념품 만들기'를 했다. 숲에 갈 때 종종 하는 놀이인데, 하얀 종이에 양면테이프를 죽죽 붙여서 아이들에게 주면 엄마 할 일 끝이다. 아이들이 돌아다니면서 눈에 띄는 예쁜 것들을 마음껏 붙이면 되는 것이다. 셋 다 어찌나 즐겁게, 열심히 하던지 이뻐 죽을 뻔했다. 이파리를 붙여도 그냥 안 붙이고 이게 예쁘네, 저게 예쁘네, 이 색깔 좀 봐라, 참 곱다 어떻다, 셋이 무슨 얘기가 그리 많은지. 내일 또 만나서 놀자고 약속이라도 하고 싶었지만, 그 집 사정은 또 어떤지 모르니 그냥 헤어졌는데 두고두고 아쉬웠다.

너 누군데 나한테 말 거는 거냐, 하지 않고 더 적극적으로 받아준 그 아이, 참 고마웠다. 한라 초등학교 2학년이라는데, 이름이라도 물어볼걸. 꽃님이가 낯선 아이와 잘 논다는 그 자체에 흥분하는 바람에 낯선 사람과 '진짜 친구'가 되기까지 가는 길은 잊어버렸다. 언젠가 아이들이 알아서 그 길을 가겠지. 돌아오는 길, 꽃님이의 발걸음이 나풀나풀 춤추는 것 같았다.

제주도에서
아이들과 한 달 살기

아이들을
사로잡은 건?

☼

제주마 방목지, 산굼부리, 삼나무길, 정석 항공관 루마인 카페, 종달리 바닷가

아이들과 여행을 다니면, 늘 예상과 어긋난다.
남들은 사진 한 장 찍으면 끝나는 곳에서 한 시간을 보낸다든지,
좋아할 줄 알았던 곳에선 언제 집에 가냐고 투덜거린다든지
예상과 반응이 달라서 더 즐겁기도 하고 당황스럽기도 하다.

11년 만에 제주도에 왔다. 자주 다니는 사람은 계절마다 온다는데, 우리는 바빠서 못 오고, 좋은 줄 몰라서 못 왔다. 그리고는 요 며칠 "어휴, 다행이야. 다행이야. 제주도가 처음이라서 정말 다행이야" 중얼거리며 다니고 있다. 이 모퉁이를 돌면 무엇이 있는지, 어떤 풍경이 펼쳐질지 전혀 모르니 온전히 놀라고 감탄하면서 다닐 수 있어서, 정말 행복하다. 어머, 여긴 어쩜 바람도 이렇게 좋냐? 아아, 제주도에 대해서 아는 게 없어서 정말 행복해.

　　오늘은 좀 여러 군데 둘러볼 생각이라 아침 일찍 서둘렀다. 1코스. 제주마 방목지. "얘들아. 우리 말 보러 가자. 옛날부터 제주도가 말로 유명하거든. 제주도 말은 다른 곳 말보다 훨씬 작대. 하도 작아서 과일나무 아래도 지나갈 수 있어서 과일 과, 아래 하, 말 마 해서 과하마라고 불렀다네? 그런데 그렇게 작은 말이 너무너무 튼튼하고 힘이 센 거야. 그래서 '말'하면 제주도, 제주도 하면 '말'! 오죽하면 이런 속담도 있어. 자식은 서울로 보내고 말은 제주도로 보내라."

　　제주마 방목지의 정식 이름은 '제주특별자치도 축산진흥원 목마장'. 연락처는 축산진흥과 064-710-7941. 하지만 내비게이션에 나오지도 않고 지도에도 없어서 살짝 난감했다. 가이드북에서는 제주시에서 서귀포로 가는 1131번 국도를 타고 가다가 견월악 송신소 앞에 가면 있다는데, 견월악 송신소는 어디야? 하지만 직접 가보니 워낙 도로에 바짝 붙어 있어서 못 보고 지나갈 수 없는 곳이었다. 그래도 마음의 준비를 하고 있어야 한다. 갑자기 탁 나타난다. 말들이. 풀밭이. 다른 사람들은 차 세우고, 풀 뜯어 한번 먹여보고 그 앞에서 사진 찍고 간다. 길어야 5분 코스다. 하지만 아홉 살, 다섯 살이 동행인 우리집은 다르다. 아이들은 말에게 풀을 먹이는 일이 그리도 재미난지 꼬박 한 시간을 놀았다.

　　제주마 방목지를 지나 1131번 도로를 계속 가다 보면 왼쪽으로 조천읍 교래리 가는 길과 만난다. 1112번 도로다. 이 길이 바로 온갖 광고에 다 나오는 삼나무길이다. 미리 감동할 준비를 하고 가면 대부분 살짝 시시하게 마련인데, 이 삼나무길은 내가 보았던 어떤 사진보다도 더 좋다. 워낙 키 큰 나무들이 줄지어 있어 살짝 어둡다 싶은데다 차들도 없으니 순간 기분이 묘해졌다. 꽃님이도 이 길이 좋은가 보다. 내가 차를 세우니, 잠깐 걷고 싶단다. 그러고 싶은 생각이야 굴뚝같지만, 갓길이 전혀 없어 걷기는커녕 잠깐 차를 세워놓는 것도 위험하겠다. 걷고 싶은 마음은 삼나무길에서 바로 연결돼 있는 사려니 숲길이나 절물 자연휴양림에서 채우면 좋으련만, 꽃봉군이 걷고 싶지 않단다. 아쉽다. 아이들을 꼬드겨 걷기엔 벌써 햇살이 뜨겁다.

아이들과 여행을 다니면, 늘 예상과 어긋난다. 남들은 사진 한 장 찍으면 끝나는 곳에서 한 시간을 보낸다든지, 좋아할 줄 알았던 곳에선 언제 집에 가냐고 투덜거리기만 한다든지 예상과 반응이 달라서 더 즐겁기도 하고, 당황스럽기도 한데 어쨌거나 심심하지는 않다. 이곳도 나의 예상과 달랐다. 일종의 등산인데다 억새밭이 예쁘다든지 하는 볼거리는 어른 생각이고 아이들은 좋아하지 않을 것이라고 생각했는데, 아이들은 이곳을 아주 좋아했고 좋아한 이유 역시 내 예상과 전혀 달랐다. 삼나무길을 지나 다음 목적지, 바로 산굼부리다.

제주도의 가장 특별한 지형이 바로 '오름'이다. 화산 메인 분화구에 딸려 있는 기생화산인데, 내가 이해한 바로는 용암이 메인 구멍으로 하나 터져서 큰 산이 되고, 근처에 메인 분화구까지 가지 않은 용암들이 뽈록뽈록 자기들끼리 터진 곳이다. 제주도엔 산이 딱 하나뿐이다. 산방산, 송악산처럼 산 이름을 달고 있는 곳은 몇 군데 있지만 정말 산은 한라산 하나밖에 없다. 제주도의 부드러운 굴곡을 이루고 있는 것들은 대부분 오름인 것이다. 360개가 훨씬 넘는다니 하루에 한 개씩 올라도 1년이 가도 다 못 오를 만큼 많은데, 산굼부리는 그 중 대표 오름이다. 오름이 어떤

건지 실제로 보기 전에는 그림이 잘 그려지지 않았다.

"분화구 모양이 다 비슷하지 뭐 별거 있겠어? 맨 위가 푹 패여 있는 거 아니야?" 맞다. 문제는 내가 올라온 높이보다 훨씬 더 아래로 파여 있다는 거다. 상상을 해보라. 50미터 올라왔는데, 꼭대기에 70미터 깊이로 푹 파여 있다니! 그러니 정상이 매우 넓다. 안으로 깊게 패여 있으려면 둘레가 커질 수밖에 없다. 사진으로 각종 오름들을 꽤 많이 봤는데도 실제로 보고 나니 놀라웠다. 우와, 다리에 힘이 탁 풀렸다. 산굼부리는 정상이 너무 커서 전체적으로 보니 커다란 솥 같았다. 솥의 경사면에 나무가 자라는데 하도 넓고 깊으니 남쪽 북쪽 햇빛 받는 양이 달라서 자라는 나무도 다르단다. 한 분화구 안에 난대림, 온대림, 상록활엽수림, 낙엽활엽수림 등 다양한 식물군이 한꺼번에 자라는 바람에 학문적으로 매우 희귀한 연구 대상이라는 것이다. 아이들은 거기엔 전혀 관심이 없었다. 걷다 말고 주저앉아 어찌나 깔깔대고 웃던지 도대체 왜 웃나, 하고 다가갔다.

"엄마, 이거 봐."

"어, 공벌레구나. 처음 봤니? 우리 동네에 수천 마리 있는 거잖아."

"엄마, 얘가 떼굴떼굴 떼굴이야. 딩동댕 유치원에서 블랙우먼하고 같이 다니는 부하 있잖아. 떼굴떼굴 떼굴이. 깔깔깔깔~. 얘가 떼굴이래, 떼굴이!"

"으히히히, 누나. 얘가 떼굴이야 떼굴이. 깔깔깔깔~."

"……"

이렇게 웃게 만드는 것이 고작 벌레 한 마리라니. 그것도 집 앞에서 늘 만나는 벌레라니. 꽃님이를 처음으로 동물원에 데리고 갔을 때도 그랬다. 태어나 처음 보는 코끼리는 거들떠보지도 않고, 발아래 개미만 그렇게 열심히 봤었지. 싱가포르에 가서도 그랬다. 눈앞에서 돌고래가 뛰어

오르는데도 발가락을 간지럽히는 모래에만 몰두해서 얼마나 내가 안타까워했던가.("비행기 요금을 생각하란 말이다!") 나중에 한 언니가 그랬다. 그럴 때 본전 생각하지 말라고. 그 개미는 집 앞의 개미와 다르다고. 그 개미와 특별하게 만나기 위해 동물원까지 간 거라고.

"애들아 뒤 좀 봐봐. 여기가 꼭대기인데, 저렇게나 깊게 파여 있다는 게 신기하지 않니? 얼마나 깊은지 이쪽저쪽 자라는 나무 종류가 다르대. 햇빛 받는 양이 달라서. 신기하지? 신기하지?"

아이들은 끝내 뒤를 봐주지 않았다. 그래도 너무너무 즐겁게 뛰어다녔다. 아아, 그래. 엄마는 너희가 오름보다 더 신기하구나. 산굼부리에서 찍은 사진을 보면 아이들이 등산화를 신고 있다. 오름이 뭔지 몰라 산이랑 비슷한 것이겠거니 하고 등산화를 신긴 것이다. 알고 보니 대부분 오름들은 10분, 20분이면 다 올라간다고 한다. 어쨌거나 아이들도 즐거웠고, 멋진 풍경에 엄마도 너무너무 즐거웠던 산굼부리였다.

산굼부리 가기 전에 아이들이 즐거워할 줄 알았는데, 별로였던 곳이 있었다. 정석 항공관. 대한항공 홍보관이다. 대한항공 파일럿들이 비행 연습을 한다는 정석 비행장을 끼고 삼나무길 못지않은 드라이브길이 펼쳐진다. 산 대신 나지막한 오름이 어울렁더울렁 이어지는 제주도 중산간의 풍경을 보노라면, 그야말로 이국적인 느낌이 든다. 그렇게 신나게 드라이브한 후에 도착한 정석 항공관엔 비행승무원들의 옷 변천사를 볼 수 있는 곳도 있고, 각종 비행기 모형도 있어서 꽤나 기대를 했다. 하지만 아이들의 반응은 그저 그랬다. 그래도 뭐. 공짜니까! 오늘은 계속 엄마가 준비한 메뉴가 기대와 다른 반응을 보이는군.

그렇다면 여기는 어떨래나? 루마인 카페. 반드시 오늘 가려던 건 아니었고 언젠가 그냥 갈 수 있으면 가야지, 하고 생각했는데 마침 꽃님이가 따뜻한 우유를 먹고 싶다고 해서 달려갔다. 이곳은 의자들이 다 바닷가로 난 창을 향해 있다. 꽃님이가 이렇게 좋은 데서 왜 잠만 자냐고 그새 잠든 꽃봉이를 깨워댄 걸 보면 꽃님이 눈에도 좋았나 보다. 꽃봉이는 바깥 풍경엔 관심 없고, 커다란 흔들그네와 그네 아래에 커다란 개가 있어서 대만족이었다.

"자, 이제 엄마가 커피 좀 편하게 마시게 너희는 나가 놀지 않을래?"

아이들에게 색깔 풀을 꺼내 주었다. 이 색깔 풀은 문방구에서 파는 보통 물풀에 식용색소를 푼 건데, 우리집에서 그림 그릴 때 사인펜 대신 아주 유용하게 쓴다. 아이들이 그림을 그리는 동안, 책을 읽고 쉬다가 아이들의 그림을 보고 깜짝 놀랐다. 꽃님이가 그린 바다의 색깔이 엄마의 촬영기술로는 잡아내지 못한 딱, 그 바다의 색깔이었다. 꽃님이와 꽃봉이가 제주도에 온 후 그림으로 엄마를 여러 번 놀라게 한다. 둘 다 만들기는 좋아해도 그리기는 썩 좋아하지 않았는데 시키지 않아도 그림을 그리는 걸 보니, 새삼스레 여행이 아이들에게 굉장히 자극이 되는구나 싶다. 꽃봉이도 쓱쓱 아무렇게나 그리는 것 같지만 제목을 물어보면 그럴 듯하다. 오늘 그림의 제목은 '용암이 흐르는 언덕'이라나.

꽃님이가 그린 바다의 색깔이
엄마의 촬영기술로는 잡아내지 못한
딱, 그 바다의 색깔이었다.

루마인에서 한참 놀다가, 제주로 돌아가는 길은 세화-종달리 해안도로다. 워낙 이 코스는 풍경 아름답기로 유명하다. '종달'이라는 이름이 사실은 마칠 종, 도달할 달, 해서 '끝에 도달했다'는 뜻이란다. 중국에서 온 도인이 이곳에서 득도를 해서 생긴 이름이라고. 가다 보니 조개 잡는 사람들이 있길래 충동적으로 차를 세웠다.

　　"얘들아, 우리 조개 캘까?" 아이들은 워낙 풍경보다 액티비티에 관심 있게 마련이니 좋아라 나섰다. 하지만, 금방 꽃님이가 입을 비쭉 내민다. 미끈미끈 물이끼와 이름 모를 해초들로 뒤덮여 있었기 때문이다. "엄마 여기 냄새나. 집에 가자. 조개 캐고 싶으면 엄마 혼자 캐면 안 돼?" 거기에 사진기를 들이대니 한껏 심술궂은 표정을 한다.

　　사실은 꽃님아. 엄마야말로 이런 곳 싫어한단다. 그런데 말이야. 엄마가 싫기 때문에 너희를 데리고 들어온 거야. 너희는 엄마 나이 됐을 때 싫어하지 말라고. 엄마는 옛날부터 산도 숲도 바다도 싫었어. 그냥 보는 것만 좋고, 내가 그 안에 들어가는 건 싫었어. 덥고 힘들고 지저분해서 말이야. 그런데 아기를 낳고 나서, 그 아기에게 세상을 보여주려고 하다 보니 그만 반해버린 거야. 나무도, 숲도, 바다도, 강도, 빗물도, 언덕도, 산도, 풀도, 벌레도. 너무너무 좋더라. 세상에 이렇게 아름답고 신비로운 것들이 있나 싶게 좋더라.

　　하지만 좋아하는 마음만큼 선뜻 다가가지 못하겠더라. 늘 망설이지. 미끈미끈한 해초 느낌이 발목을 잡고, 거미줄이 찝찝하니까 말이야. 만약 엄마가 어렸을 때, 아직 더럽고 깨끗한 것의 기준이 달랐을 때 자연을 만났더라면 어땠을까? 아마 지금과 다를 것 같아. 그래서 더더욱 너희를 끌고 밀고 데리고 다니나봐.

　　고마워. 꽃님아. 꽃봉아. 계속 얼굴 찌푸리지 않고, 금방 소라게와 고둥, 작은 게에 반해줘서. 집에 가기 싫다고, 더 잡고 더 놀다 가자고 해서 고마워. 물에서 만난 다른 아이들과 쉽게 어울려서 고마워. 금방 즐거워해서, 오늘 참 행복하다고 말해서, 내일 또 오자고 말해서 정말 고마워.

일정 짜기 놀이

☼

한라 도서관

여행에선 아무 생각 없이 흘러가는 일상의 단조로움 따위는 없다.
쉴 새 없이 내가 무엇을 원하고 무엇을 할 수 있는지 결정하고 받아들이고 책임져야 한다.
그런데 그러다 보면 내가 어떤 사람인지 좀 알 것 같다.
내가 한 선택을 쭉 모아보면 아, 그렇구나 하고 눈에 들어온달까?

여름방학을 제주도에서 보내기로 하고 제일 먼저 도서관에서 제주도 여행기를 열 권 빌렸다. 헉. 동네이름이 왜 이래? 이게 나의 첫 느낌. 와흘리, 곶자왈, 쇠소깍 등 동네이름이 죄다 무슨 암호 같다. 다섯 권쯤 읽고 나서야 얼추 분위기 파악이 됐다. 제주도는 제주시랑 서귀포시 이렇게 시가 두 개 있고, 다른 동네는 앞에 제주시나 서귀포시 둘 중 하나를 붙이고 있는 거구나. 제주시 저지리라고 해서 제주시내에 있는 게 아니라 행정구역이 제주시 아래 저지'리'라는 거구나. 아이쿠야.

어디를 갈 것인가 하는 정보는 사진이 많은 블로그에서 가장 많이 얻었다. 블로그는 사진을 잔뜩 올려놓으니 가이드북보다 어떤 곳인지 더 자세하게 알 수 있다. 하지만 "여기 가보고 싶어!" 하면 뭘 하나. 노형동에 있다고 해도 여기가 제주시인지 서귀포시인지도 모르겠는걸. 모슬포는 도대체 어디에 있는 걸까? 차귀도의 해 지는 풍경이 멋있다는데, 차귀도는 우도 옆에 있나?

그래서 제주도 지도를 하나 마련했다. 제주도에 도착하고 나면 공항이나 관광지에서 얼마든지 구할 수 있는 게 행정지도지만, 집에서 구할 수 있는 지도는 가이드북마다 나름대로 중요하다고 생각한 데만 적어놓은 관광지도뿐이었다. 그러니 몇 개의 지도를 한 장으로 합쳐야 했다. 블로그와 가이드북을 보면서 가고 싶은 곳이 나오면 지도에 동그라미를 쳤다. 하지만 동그라미 칠 땐 잔뜩 설레었으나 며칠 후엔 "어? 내가 도대체 명월리라는 곳을 왜 가고 싶어했지?"라고 어리둥절한 경험을 몇 번 하고 나서는 수첩을 하나 마련했다.

학교 다닐 때 단어장으로 많이 썼던 링 메모장. 일단 좋은 곳이 눈에 띌 때마다 메모지에 썼다. 뒷장에는 근처 맛집이나 유의할 점 등을 쓴다. 특히 블로그 맛집 소개 같은 건 어느 동네인지 금방금방 들어오지 않아서 일단 이렇게 적어놓는 것이 아주 유용했다. 가령 '어진이네 횟집'이라고 하면 일단 보목포구가 어디인지는 몰라도 메모지에 쓴다. 그 후에 지도에서 보목포구 위치를 확인한 후에 서귀포 파트에 메모지를 끼워 넣으면 되는 것이다.

이렇게 좋은 곳을 잔뜩 써놓은 메모지 한 묶음으로 카드놀이를 꽤 자주 했다. 가까운 곳끼리 묶어서 리스트를 만들고, 다음엔 날씨별로 나눴다. 비가 올 때 갈 만한 곳, 흐린 날씨에 가면 좋은 곳, 밤에 가면 좋은 곳, 이렇게 자잘하게 나눠서 목록을 만든다. 그러면 제주도립미술관은 '1100도로 넘어가는 코스'에도 속하고, '비가 오는 날 가기 좋은 곳'에도 속한다. 아, '너무너무 더운 날' 리스트에도 넣었다.

어른들끼리 다니거나 애가 좀 컸으면 비가 오건 말건, 덥건 말건 어지간하면 일정대로 다닐 수 있다. 하지만 아이들이 어릴 땐 이런 리스트가 꼭 필요하다. 엄마 생각엔 산굼부리를 봤으니 가까운 비자림에 가면 좋겠지만 아이가 잠들어버리면 어쩌겠는가. 한숨 재울 수 있게 한 시간쯤 드라이브하면 좋을 텐데. 그럼 한 시간쯤 떨어진 곳에 갈 만한 데가 있는지 찾아서 일정을 급하게 변경해야 한다. 갑자기 소나기가 온다면, 어른은 일정대로 구경을 다닐 수도 있고, 창 넓은 찻집에 가서 음악을 들어도 좋겠지만 어린 여행 파트너는 다른 일정을 요구한다. 실내이면서도 액티브한 곳이 어디 있을까? 그래, 유리의 성에 가서 컵 만들기 체험을 해야겠군. 이런 식이다.

이런 세부 리스트를 마련하면서도 어쨌거나 큰 일정도 생각해둔다. 지도에 동그라미들이 옹기종기 모여 있는 곳들을 묶으면 자연스럽게 루트가 나온다. 오전엔 제주도 동쪽 해안도로를 따라 돌고, 서쪽 해안도로는 저녁에 가야 해 지는 바다를 볼 수 있다, 같은 사소한 팁은 막상 갔을

땐 까먹기 일쑤지만, 준비할 땐 엄청 귀중한 정보로 여겨진다. 밑줄 쫙.

비 오는 날, 여기에 가자
제주 자연사 박물관, 유리의 성, 트릭아트 뮤지엄, 테지움 등 실내 테마파크, 해안도로 드라이브

밤엔 뭘 하고 놀까?
해질녘 풍경 좋은 곳 — 사라봉, 차귀도, 송악산, 모슬도
해 지고 나면 — 제주 별빛누리 공원, 탑동 공원에서 자전거 타기, 롯데호텔 화산쇼, 천지연 새섬 야경 보러 가기, 극장 가기, 테디베어 뮤지엄(8시. 성수기 10시까지), 공룡랜드 야간 개장, 야간 개장하는 해수욕장은 협재, 이호 테우

흐린 날을 놓치지 말자
올레길 걷기(아이들이 걷기엔 5코스, 6코스 추천), 한라산 등반(영실코스가 제일 단거리), 성산일출봉 등반

　　여행에서 정보는 양날의 검이라는 생각이 든다. 요즘은 여행기와 여행지에 대한 정보 포스트가 다양하다 보니 개인으로 다니면서도 패키지처럼 다니는 것이 가능하다. 시간 낭비 하지 않게 거리며 교통이며 다 고려해서 누군가가 딱 짜놓은 스케줄을 따라다니면 된다. 이러면 맛없는 음식점에 가서 기분 나쁠 일도 없고, 여행지에서 귀한 시간을 길바닥에 버릴 일도 없다. 하지만 누가 범인인지 알고 읽는 추리소설도 아니고, 그런 여행을 하고 싶지는 않다. 누군가의 여행을 복제한 여행이라니! 기껏

해야 여행의 모험이란 게 가이드북의 저자와 나의 취향이 비슷한가 아닌가를 확인하는 것뿐이라니! 그나마 그 정보를 온전히 신뢰할 수도 없다.

나는 캐릭터가 드러난 여행기를 좋아한다. 이 사람이 어떤 사람인지 알아야 그 사람이 선택한 정보를 얼마나 받아들일 건지 선택할 수 있다. 아기 엄마에게 필요한 여행정보와 싱글 남자에게 필요한 정보는 완전히 다르니까. 정보를 얻기 위해서 읽는 여행기가 아니라, 여행 자체를 추억하는 여행기도 그 사람의 개성이 드러난 게 좋다. 하지만 요즘엔 예쁜 사진 한 장에, 감상인지 철학인지 사춘기의 낙서처럼 몽롱한 여행기가 대부분이더라.

그렇다고 인내심이 별로 없는 아이들을 데리고 다니는 주제에 정보를 버릴 수도 없다. 더구나 제주도처럼 맛집으로 소문난 집과 아닌 집의 음식 수준, 서비스 수준이 하늘과 땅 차이로 나는 경우엔 '맛집 정보'가 여행의 즐거움을 좌우하는 키워드가 된다.

자, 이제 내가 선택해야 한다. 가이드북의 정보를 따를 것인가, 나의 느낌을 따를 것인가. 이 정보를 믿을 것인가, 무시할 것인가. 택시를 탈 것인가, 버스를 탈 것인가, 걸어갈 것인가. 돈을 선택할 것인가, 기회를 선택할 것인가. 여행에선 아무 생각 없이 흘러가는 일상의 단조로움 따위는 없다. 쉴 새 없이 내가 무엇을 원하고 무엇을 할 수 있는지 결정하고 받아들이고 책임져야 한다. 그런데 그러다 보면 내가 어떤 사람인지 좀 알 것 같다. 내가 한 선택을 쭉 모아보면 아, 그렇구나 하고 눈에 들어온달까? 내 취향에 따라 선택을 하고, 내 선택을 보고 내 취향을 안다. 나를 아는 연역적 방법과 귀납적 방법이 여행의 순간순간마다 일어난다. 여행의 루트를 짜는 것은 단순한 일이 아니다. 나를 알아가는 과정인 것이다.

말은 이렇게 해놓고, 실제로 우리는 제주도에서 어떻게 지냈는가. 비 오는 날은 도서관, 맑은 날은 바다. 아이구, 밤새워 일정은 왜 짰니?

오늘은 그래도 중요한 사건이 하나 있었다. 휴가를 맞아 꽃님아빠가 왔다! 하루 종일 한라 도서관에 있다가 저녁에 마중 나갔다. 제주도는 왔지만 공항엔 온 적 없는 아이들이 공항에서 얼마나 흥분했는지 모른다. "공항이다!"라고 소리 지르며 뛰어다니는 아이들을 보며 생각했다. 여기가 최고의 관광지군.

오늘은 하루 종일 도서관에 있어서 사진도 없다.

체험,
얼마만큼 할까?

☼

비오토피아 방주교회, 포도 호텔, 유리의 성

제주도엔 정말 많은 체험관과 테마파크가 있다.
말 타기 코스나 잠수함같이 제주도스러운 곳부터 각종 만들기를 할 수 있는 체험관에
코끼리쇼나 옛날거리 재현같이 살짝 엉뚱한 곳도 있다.

40대 부부가 주말부부를 하려면 3대가 공덕을 쌓아야 한다는 우스갯소리가 맞는 말인가 보다. 떨어져 있으니 소중한 줄 알겠다. 공항 게이트를 빠져나오는 꽃님아빠를 보자 눈물이 콱 솟았다. 그동안 내가 얼마나 기다렸는지 알아? 좋은 곳을 볼 때면 같이 보면 얼마나 좋을까 싶고, 나 혼자 아이들을 데려가기 부담스러운 곳은 어서 와서 같이 갔으면 싶고. 만날 만날 생각했다고!

꽃님아빠와 가장 같이 하고 싶은 일은 아이들이 즐거워하는 모습을 같이 보는 것이었다. 아이들이 웃는 모습을, 너무나 사랑스러운 표정으로 뛰어오는 모습을, 그 웃음소리를 함께 듣고 싶었다. 최고의 노후대책은 나중에 늙어서 우리가 그때 그랬지 하고 같이 추억할 수 있는 순간들을 많이 만들어두는 것 아닐까? 그러나 에라~. 남편이 꼴도 보기 싫어지는 데 딱 24시간 걸렸다.

아침만 해도 참 좋았다. 오늘은 방주교회에 가기로 했다. 서귀포 핀크스 컨트리클럽 안의 비오토피아 단지에 있는 방주교회는 여행자가 들르기 딱 좋은 교회다. 일단 교파가 따로 없는 초교파 교회이고, 관광지는 아니지만 외양이 어느 관광지보다 뛰어나다. 이타미 준이라는 유명한 재일교포 건축가의 작품인데, 건축학도들도 구경을 많이 온다고 한다. 방주교회는 말 그대로 노아의 방주를 모티브로 삼았다. 나무와 유리로 만들어진 교회를 얕은 연못이 둘러싸고 있어서, 꼭 물 위에 교회가 떠 있는 것처럼 보인다. 얕은 물 위로 찰랑찰랑 하늘이 비치고 그 가운데 교회가 있으니 하늘에 교회가 떠 있는 것 같기도 하다. 교회로 들어가기 위해선 연못 위의 징검다리를 건너야 하는데 꽃님이, 꽃봉이에게 이만한 놀이터가 있으랴. 폴짝폴짝 몇 번이고 뛰어다닌다.

비오토피아 안에는 이타미 준의 작품이 더 있다. 위에서 보면 포도

같이 생겼다는 포도 호텔도 있고, 돌, 바람, 물을 주제로 한 미술관이 네 개나 있다. 이 미술관들의 사진을 본 적 있는데 미술관이라고 해서 그 안에 작품을 전시하는 목적이라기보다 건물 자체만으로도 돌, 바람, 물, 빛이라는 각각의 주제를 표현하고 있는 거대한 설치미술 작품 같았다. 하지만 이 미술관들은 일반인 관람 불가란다. 포도 호텔에 숙박을 하든지, 비오토피아 단지로 이사를 오든지 해야 볼 수 있나 보다. 애써보면 방법이 있겠지만, 어쩐지 심술이 난다. 내 눈만 밝다면, 일부러 작품을 통해서 보지 않아도 제주도의 빛, 돌, 바람, 물은 이미 충분히 아름답다고 애써 달래본다.

　유명하다는 포도 호텔의 우동을 먹으러 갔는데, 레스토랑에서 보는 정원 풍경이 참 좋았다. 안개가 끼는 바람에 산방산이 통째로 보인다는 바다 풍경은 못 봤지만 낮은 돌담과 제주도식 대문인 정낭을 모티브로 꾸며놓은 정원만으로도 충분히 좋았다. 화장실에 다녀오며 살짝 구경한 복도도 멋있었다. 복도에는 정원으로 바로 나갈 수 있는 좁은 틈이 있는데, 참 묘한 곳이었다. "아, 이런 게 빛이구나" 싶달까? 복도가 이 정도인데 마음먹고 '빛'을 주제로 만든 미술관은 얼마나 멋있을까? 하지만 그새 종업원이 와서 주의를 준다. "그쪽은 숙박하시는 분만 들어가실 수 있습니다." 네네, 안 갑니다, 안 볼게요.

　　오후에는 비오토피아에서 그리 멀지 않은 유리공예 전시관 '유리의 성'에 갔다. 괜히 우리는 제주도 토박이 같고, 꽃님아빠는 손님인 것 같아서 어디 좋은 데 좀 없나 궁리를 하다 정한 스케줄이었다.
　　제주도엔 정말 많은 체험관과 테마파크가 있다. 말 타기 코스나 잠수함같이 제주도스러운 곳부터 각종 만들기를 할 수 있는 체험관에 코끼리 쇼나 옛날거리 재현같이 살짝 엉뚱한 곳도 있다. 테마가 겹치는 곳도 많다. 세계 유명지들을 미니어처로 만든 곳이 두 군데, 초콜릿 박물관과 테디베어 박물관도 둘, 유리공예 관련한 곳도 둘. 대부분 재미있고 가볼 만하다고 한다. 그래선지 요즘 제주도 여행기를 보면 하루에 대여섯 군데 갔다는 내용도 흔하다. 하지만 개인적으로는 꼭 제주도가 아니어도 상관없는 각종 테마파크들을 구태여 돈 들여 제주도까지 와서 보고 싶지는 않다. 이왕 교육적인 여행을 하고 싶다면, 그야말로 체험학습관에도 갈 필요 없다. 제주도는 자연만 느끼고 가도 너무나 교육적이기 때문이다.
　　한때는 나야말로 각종 체험전시 마니아였다. 꽃님이가 다섯 살 때 가장 열심히 쫓아다녔던 것 같다. 아이에게 뭔가 살아있는 경험을 시켜주고 싶어서 일주일에도 몇 군데씩 다니고 공연과 전시도 빼놓지 않았다. 그런데 어느 날 보니 꽃님이가 정작 은행을 가본 적도, 재래시장을 가본 적도, 우체국을 가본 적도 없는 것이다. 그러면서 비싼 돈 들여 직업 체험을 하고 있더란 말이지. 부침개 부칠 때 한 국자만 떠 넣게 해도 충분히 좋아하는 걸, 엄마가 요리할 때는 청소거리 생기는 게 싫어서 텔레비

전 틀어주고 엄마 근처에 오지 말라고 잔소리하는 주제에 돈 들여 요리 체험은 얼마나 많이 다녔던가. 엄마가 열심히 일상생활을 하고, 아이는 따라다니기만 해도 충분한 것을, 다만 엄마가 아이의 눈높이에서 귀찮아 하지 않고 설명해주고 보여주면 되었을 것을 왜 구태여 돈을 들여 따로 어딘가를 가야 한다고 생각했을까?

밀가루도 그저 만질 만하고 주물럭거릴 만큼이면 충분하지. 먹을 것 도 모자란 판에 구태여 방 한가득 밀가루로 산을 만들어야 할 이유는 뭐 란 말인가. 그렇게 규모가 큰 즐거움에 익숙해지고 나면 아이는 더 이상 한 주먹의 콩으로는 즐겁게 놀려고 하지 않았다. 그때 이후로 체험관은 거의 다니지 않았다. 그러다 보니 요새는 밖에서 놀되 동네에서 논다.

하지만 손님이 오셨지 않은가. 그제야 체험관 릴레이가 온몸으로 이 해되었다. 우리에게 뭔가 특별한 경험이 필요해진 것이다. 나야 제주도에 서 바다에서 빈둥거리는 것이야말로 특별한 일이라고 생각하지만 손님에 겐 보다 확실하게 즐거울 만한 '꺼리'가 필요하다.

꽃님아빠에게 아이들이 즐거워하는 모습을 꼭 보여주고 싶었다. 당신 혼자 자취생활하며 고생하는 대신, 아이들이 이리 즐겁게 지내고 있다는 걸 보여주고 고맙다고 말하고 싶었다.

유리의 성은 생각보다 훨씬 볼거리가 많았다. 유리로 만든 오케스트 라, 유리로 만든 유럽 스타일 도시, 정원에 가득한 유리 꽃과 유리 과일 들, 유리 돌담까지 아기자기하고 예쁜 것들이 가득하다. 유리 콩나물도 얼마나 귀엽던지 한참 구경했다. 내 눈엔 유리 화장실이 제일 특이했다. 특수 유리벽으로 돼 있어 밖에선 보이지 않지만 안에 있는 사람은 바깥 이 훤히 보인단다. 사람들이 지나다니는 모습을 보면서 볼일을 보는 기분 이 어떨까?

신데렐라 유리구두가 제일 시시할 만큼 유리의 성엔 볼거리가 많다.
게다가 꽃님이와 아빠가 모두 감동한 유리공예 체험까지!

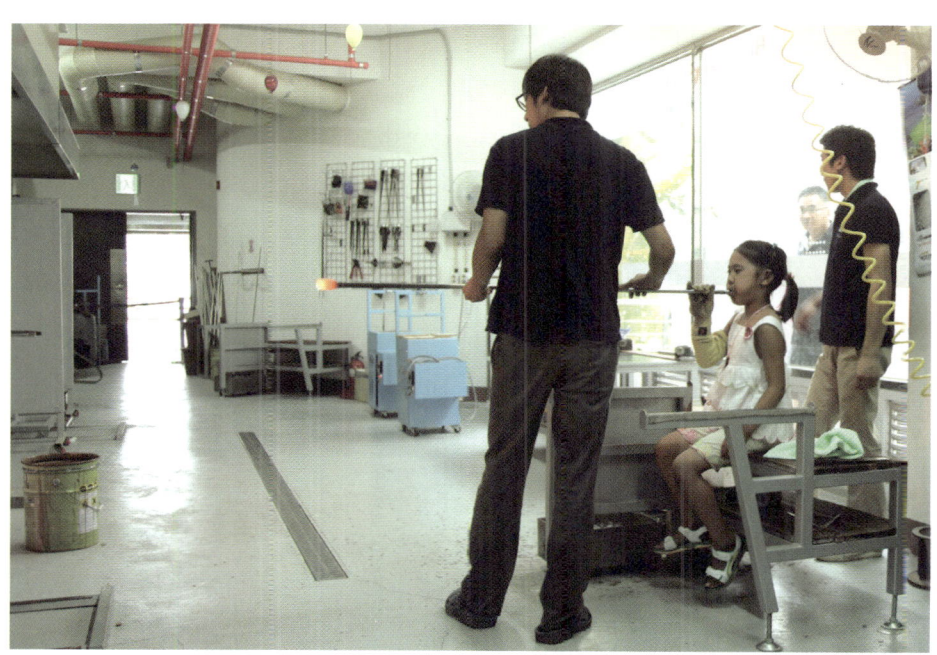

꽃님이는 유리공예 체험에 열광했다. 처음엔 작은 유리 목걸이를 만드는 싼 체험코스를 신청했다. 유리막대를 녹여서 나뭇잎 모양 틀로 꾹 눌러 작은 펜던트를 만드는 건데, 사실 기술자 선생님이 거의 다 해주신 건데도 유리가 쭈르륵 녹는 모습을 보는 것만으로도 꽃님이는 흥분을 해서 결국 가장 비싼 유리컵 만들기 과정을 신청했다. 처음부터 이걸 할 걸. 커다란 가마에서 유리덩이를 녹이는 것부터 직접 입김을 불어넣어 유리볼을 만들고, 컵 모양으로 다듬는 것까지 다 직접 해볼 수 있다. 젊은 유리공예 선생님들이 어찌나 정성껏 가르치는지 꽃님아빠가 살짝 감동했을 정도였다. 꽃봉이는 아직 나이가 어려 참여할 수 있는 코스가 없었다. 대신 마당에 있는 유리 미로에서 충분히 놀았다. 사방이 거울로 돼 있다 해도 길이 헷갈릴 염려는 없는 미로였는데도 유모차에 앉아 "온쪼요!(오른쪽으로)", "앤쪼요!(왼쪽으로)" 외치면서 너무너무 즐거워했다.

이만하면 성공적인 하루일 뻔했다. 저녁밥상 치우는데 꽃님아빠가 한마디 하기 전까지는! 꽃님아빠가 냉장고 안에 양념치킨 소스를 보고 말했다. "당장 귀찮다고 냉장고에 넣어놓으면, 저절로 치워져?" 뭣이라고라고라! 부르르르르르르!

"당신은 치우기 귀찮아서 랩 씌워 넣어? 딸내미가 그 양념 얼마나 좋아하는지 알아? 다음에 볶음밥 하면 비벼줄 거다, 왜? 그리고 설령 마누라가 그거 치우기 싫어서 일단 숨겨놓은 거다 싶으면 자기가 버리면 안 돼?"

문제는 이 말을 겉으로 하지 않았다는 거. 나 혼자 속으로 말하고 행동은 양념을 휙 들어 쓰레기통으로 던졌다. 남편이 듣기 싫은 말을 하면 받아들이든가, 반박을 하든가 해야 하는데, 요즘은 자꾸 이런다. 말을 하면 뭘 하나, 그런다고 바뀔 것 같았으면 지난 10년 동안 바뀌었겠지, 라며 지레 포기하고 겉으로는 아무 말도 하지 않으면서, 속으로 흉을 본다. 오늘 하루 종일 가족을 위해 이리 뛰고 저리 뛰고 했으면서, 그걸 그렇게 말 한마디 밉게 해서 다 잃어버리고 싶냐? 어휴. 바보도 아니고. 중얼중얼 궁시렁궁시렁. 기분 확 나빠졌다. 생각허보면 그리 심한 말도 아니라는 것도 기분 나쁘다. 하지만 사소한 일로 분노한다고 해서 그 분노마저 사소한 건 아니다. 분노는 분노! 부부싸움에 사소한 일이 어디 있어?

자다 말고 불쑥 잠이 깼다. 우리가 권태기인가? 예전에는 남편이 잘한 게 하나 있으면 그 약발로 잘못한 것 몇 개는 넘어가곤 했는데, 결혼 10년차가 넘어서니 잘한 건 잘한 거고, 못한 건 못한 거다. 내가 생각해도 좀 너무한 걸. 사람이 어떻게 장점만 있겠어? 장점으로 단점을 덮어가며 살아야지. 하지만 이미 화가 났는데 새삼 낮의 즐거운 일을 떠올려가며 서운하고 화난 마음을 덮고 싶진 않다. 왜 나만 그래야 하는데? 그러다가 문득 지금 내가 이른바 결혼 10주년 돌파 기념 권태기를 겪고 있는 거라면, 남편도 똑같을 거라는 생각이 들었다. 함께 견뎌온 시간이 똑같으니 똑같은 무게만큼 내게 질리고 짜증나겠지. 아니, 저 웬수가 지금 나의 수만 가지 장점으로도 몇 개 안 되는 단점을 못 덮고 '단점은 단점'이라며 짜증내고 있을 거라고? 꾸웨에에에에엌! 더 짜증이 났다!

이후에 몇 군데 체험관을 더 갈 기회가 있었는데, 그때마다 좋았다. 하지만 아무리 즐거워도 제주도가 무슨 대규모 체험박람회도 아니고 하루에 몇 군데씩이나 가는 건 별로다. 경험상 하루에 몇 가지나 하는 체험은 결국 남는 게 하나도 없다는 걸 아는 데다, 제주도를 제주도답게 경험하고 기억할 만한 방법은 얼마든지 더 있기 때문이야.

09

ONE DAY
JEJU ISLAND

8. 2.

아빠의
재발견

☼

성산일출봉, 섭지코지, 휘닉스 아일랜드, 민트 러스토랑

당신의 최고 장점이 뭔지 알아? 사건이 벌어지기 전에는 논쟁하되,
일단 사건이 벌어지면 책임 소재 묻지 않고 함께 헤쳐나가려는 자세야.
사실은 내가 어젯밤에 일기장에 당신 욕 썼거든. 미안해.

"아빠 집에 갔으면 좋겠어. 아빠 싫어! 아빠 너무너무너무너무 싫어! 엉엉엉엉." 아침부터 꽃님이가 울음을 터뜨렸다. 여름방학 동안 하루에 세 장씩 수학문제집을 풀기로 했는데, 빼먹은 날이 많다는 걸 안 아빠가 꽃님이를 혼낸 것이다.

"하루 세 장은 너무 많지 않아? 하루 두 장만 해."
"앗싸~. 하루 두 장!"
"대신 하나 틀릴 때마다 한 쪽씩 더 풀자. 그래야 정신 차리고 집중해서 풀지."

꽃님이가 얼핏 생각할 땐 손해 보는 장사가 아닌 줄 알았겠지. 안 틀리면 되니까. 하지만 그게 어디 쉬운가. 결국 두 개를 틀렸고, 두 쪽을 더 풀었다. 이때만 해도 괜찮았다. 그래봤자 원래 하려고 했던 세 장이니까. 하지만 두 쪽 더 풀면서 또 하나를 틀렸고, 한 쪽을 더 풀게 하자 그만 울음이 터진 것이다.

"엉엉엉. 다 아는데 왜 자꾸 풀라고 그래? 엉엉엉~."
"더하기 몰라서 못 푸는 사람 없다. 초등학생 수학은 풀기 연습이 아니야. 틀리지 않는 연습이지."
"하나밖에 안 틀렸잖아!"
"하나를 틀리나 열 개를 틀리나 100점 아닌 건 똑같아."
"뭐가 똑같아? 하나 틀리면 95점이고, 열 개 틀리면 50점인데."
"억울하면 다 맞아. 안다면서? 집중하면 돼. 집중하지 않고 놀러나갈 마음만 잔뜩 있으니까 틀리는 거야. 다시 풀어."

결국 눈이 퉁퉁 붓도록 울면서 꽃님이는 여덟 쪽을 더 풀었다. 다 합쳐서 여섯 장을 푼 것이다! 우와. 꽃님아빠, 진짜 독하다. 아홉 살짜리가 이렇게 햇살 좋은 날, 제주도에 놀러 와서 수학문제 집중해서 풀면 그게 정상이야? 엄마 아빠가 풀라고 하니 푸는 것만 해도 기특한 거지, 그걸 바득바득 끝까지 풀려야겠냐고오오!

　제주도 온다고 공부를 하나도 안 할 수는 없으니까, 공부할 거리를 좀 가져왔다. '하나도 안 할 수는 없으니까?' 솔직히 말하면 왜 공부를 하나도 안 하면 안 되는지, 겨우 2학년짜리 어린이가 여름방학 동안 뛰어노는 것 말고 어떤 더 중요한 일이 있는지 잘 모르겠지만, 그래도 다들 2학년이면 공부 내용을 떠나 책상 앞에 앉는 연습을 시작해야 한다니까, 그런가 보다 하고 공부 계획도 세웠다. 영어 그림책을 읽으며 CD 듣기 하루 30분, 수학 하루에 세 장씩 풀기, 그리고 매일 일기 쓰기.
　하지만 영어책 읽기는 도착한 다음날 하루 하고 종쳤고, 수학은 그나마 꽃님이가 좋아하는 거니까 영어보다는 자주 했다. 자질구레한 계획이

몇 가지 더 있었는데 한 사흘 지내보고 바로 없던 일로 하기로 했다. 생각보다 매일 바빴고, 피곤했기 때문에 아이를 닦달하고 싶지 않았다. 그래도 일기는 꼬박꼬박 잘 썼기 때문에 오히려 나는 은근히 만족하고 있었다. 이왕 제주도까지 온 거, 제주도에서만 할 수 있는 일들을 먼저 해야 한다고 생각했던 것이다. 수학보다 물놀이 먼저, 영어보다 산책 먼저.

하지만 꽃님아빠는 생각이 달랐다. 아예 이번 여름은 수학 공부를 하지 않겠다고 계획을 세웠다면 몰라도 일단 매일 풀기로 했으면 매일 풀어야 하고, 풀면 다 맞아야 한다는 거다. 대신 분량을 부담스럽지 않게 줄이란다. 하루에 한 쪽씩만 해도 된다나. 규칙을 지키는 것도 버릇이고 어떤 상황에서건 집중할 수 있는 능력도 버릇이기 때문이란다. 꽃님아빠는 꽃님이 공부에 대해서 별다른 의견을 내세우지 않고, 그저 "애들 좀 놀려"인데도 유난히 수학에 대해선 엄격하다. 그리고 정해진 일을 규칙적으로 하는 것을 중요하게 생각한다. 정해진 시간에 밥 먹고, 정해진 시간에 잠자리에 드는 단순한 생활이 건강하다는 것이다. 그에 비해 나는 내키면 밤까지 놀고, 밤까지 공부하기도 하는 기분파다.

휴우, 모르겠다. 어떤 게 맞는지. 마음 한편으로는 수학은 나중에 하고, 일단은 땡볕 내리쬐기 전에 빨리 성산일출봉에 올라야 할 것 같고, 또 한편으로는 이왕 아빠가 나섰는데 엄마가 반대하면 안 될 것 같고. 눈치 빠른 둘째 꽃봉이가 분위기 파악했답시고 "나도 글자 공부할까?" 하면서 얼쩡거리는 걸 보니, 그동안 엄마가 너무 물렁하게 굴어서 꽃님이가 계획대로 공부를 못했나 싶다. 하긴, 책임을 다하기 전에는 권리를 누릴 수 없다는 걸 어른이 되어서 배우기란 너무 어렵더라. 어렸을 때 수없이 연습해서 몸으로 익혀놔야 하는 부분인걸. 또 어릴 때 하는 게 쉽기도 하고, 효과적이기도 하지. 꽃님아, 제주도만큼, 수학만큼 중요한 걸 연습하는 거니까 조금만 더 힘내. 파이팅!

어쨌거나 꽃님이가 울고불고하는 사이에 나는 어젯밤 남편에게 화가 났던 마음이 스르륵 풀렸다. '아, 꽃님아빠는 저렇게 나와 다른 방법으로 생각하면서, 나와 다른 세계 속에서 살아왔구나' 하는 것을 새삼 깨달았기 때문이었다. 꽃님아빠가 나와 다른 사람이라는 것을 깨달은 건 거의 백만스물두 번째건서도 번번이 나와 같기를, 내 뜻대로 움직여주기를 바라다니! 살림 못하고, 계획대로 성실하게 해내지 못하는 나 자신은 있는 그대로 받아들이라고 주장하면서, 꽃님아빠는 내 취향대로 바꾸기를 기대하다니, 좀 불공평하긴 하다. 있는 그대로 받아들이기. 사랑이 그거 아니었나. 그리고 화나서 입 내밀고 있어봤자 아름다운 제주에서 보내는 소중한 하루만 망쳐지는걸. 간밤에 일기장에 두 장 빽빽하게 욕을 썼으면서 딱 하루 만에, 사과를 받은 것도 아니고 혼자 알아서 화를 푼다고? 바보. 몰라몰라.

사모님이 너그러이 화를 풀어주시니 감동을 했나, 아침부터 딸 울린 게 미안했나, 꽃님아빠가 오늘은 유난히 아이들에게 최선을 다한다. 일단 숨 좀 돌리자고 며칠 전에 간 루마인 카페부터 들렀는데, 아빠가 있으니 꽃봉이가 신이 났다. 카페 마당을 펄쩍펄쩍 뛰어다니고, 며칠 전에 와서 먼저 봤다고 카페의 강아지들을 아빠에게 소개하느라 바쁘다. 꽃님아빠는 아들을 따라 자기가 더 열심히 뛰어다니고, 꽃님이를 위해선 끝없이 '더럽고 웃긴 얘기'를 해줬다.

"더럽고 무서운 얘기 해줄까? 똥 묻은 귀신이 나타났어. 끝."

"그게 무슨 더럽고 무서운 얘기야?"

"똥 묻었으니까 더럽고, 귀신이니까 무섭잖아. 그럼 웃기면서도 무서

제주도에서
아이들과 한 달 살기

운 얘기 해줄까? 눈이 요렇게 생긴 귀신이 나타났어. 끝."

이쯤 되면 꽃님이가 얘기를 이어간다.

"그럼 내가 더럽고 웃기고 무서운 얘기 해줄게. 눈이 요렇게 생긴 귀신이 똥 싸면서 나타났어. 더럽지? 웃기지? 무섭지? 깔깔깔."

제일 인기 있던 얘기가 뭐더라. 옛날에 신기한 똥 누기 대회가 있었어. 근데 어떤 사람이 비엔나소시지 똥을 싼 거야. 사람들이 깜짝 놀라서 "아니 어떻게 이런 똥을 싸셨습니까?" 하니까 "힘을 줬다~ 풀었다~ 줬다~ 풀었다 했슈." 와 하고 박수를 쳐줬지. 근데 이번엔 어떤 사람이 케이크 장식하는 것처럼 별 모양 똥을 싼 거야 "아니 어떻게 이런 똥을 싸셨습니까?" "그냥, 똥꼬에 마요네즈 깍지를 끼웠슈." 에이~ 이 사람은 탈락. 그런데 이번엔 어떤 사람이! 세상에! 진짜 별 모양 똥을 싼 거야! "아니! 어떻게 이런 똥을 싸셨습니까?" "손으로 빚었슈" 했대.

꽃님이 취향은 딱 이런 거다. 웃긴 얘기 좋아하는 딸 덕분에 꽃님아빠는 수첩에 유머를 적어놓기도 한다. 덕분에 괜찮은 사진을 찍었다. 꽃님이와 꽃봉이가 완전 집중해서 아빠의 얘기를 듣는 모습인데, 아이들 눈에서 사랑과 존경의 레이저가 뿜어져 나오는 것 같다. 나중에 꽃님아빠에게 사진을 보여주고, 이런 사랑의 대상이 된 기분이 어떠냐고 물었더니 똥 얘기, 귀신 얘기를 좀 더 다양하게 므아야겠다나. 서귀포 휘닉스 아일랜드 안에 있는 민트 레스토랑이었는데, 똥 얘기를 하기엔 너무나 우아한 분위기이긴 했지만 하는 수 없지. 레스토랑이 있는 글라스하우스라는 건물이 아무리 유명한 건축가의 작품이라지만, 내 눈에는 섭지코지의 황량하면서도 아름다운 풍경을 완전히 망쳐놓았다 싶어 마음에 들지 않았는데, 그 정원에서 아이들이 하도 재미있게 놀고, 레스토랑에서 삼부녀가 아주 행복한 시간을 보냈기 때문에 조금 적수를 주기로 했다.

 꽃님아빠. 아까 성산일출봉에 갔을 때 고마웠어. 아무도 올라가고 싶어하지 않는데 내가 혼자 우겨서 올라갔잖아. 그런데 아이들이 덥고 힘들다고 불평을 해도 "그러게, 왜 여기는 오자고 했어?"라고 나를 탓하지 않아서 참 고마웠어. 이왕 올라가기로 했으니 즐겁게 가자는 당신의 마음이 느껴졌어. 당신의 최고 장점이 뭔지 알아? 사건이 벌어지기 전에는 논쟁하되, 일단 사건이 벌어지면 책임 소재 묻지 않고 함께 헤쳐나가려는 자세야. 사실은 내가 어젯밤에 일기장에 당신 욕 썼거든. 미안해.

 제주도 말로 햇살이 와랑와랑한 8월, 그것도 오후 두 시에 성산일출봉에 올라가는 건 정말 미친 짓이긴 했다. 정상의 풍경은 말 그대로 신비로웠고, 올라가며 본 기암괴석들과 푸른 바다의 풍경은 정말 멋졌지만 그

제주도에서
아이들과 한 달 살기

래도 너무 더웠기 때문이다. 어쩌면 그렇게 그늘이 하나도 없나 모르겠다. 어른은 한 시간이면 충분히 왕복하겠지만 아이들은 올라가는 데만 한 시간 넘게 걸렸다. 꽃님이는 결국 정상에서 울음을 터뜨렸고 꽃봉이는 내려오는 길에 업히고야 말았다. 하지만 둘 다 나름대로 엄청난 성취감을 느꼈나 보다. 이후 어떤 각도로 찍은 일출봉 사진을 보든지 단번에 알아맞히고, 늘 자랑스레 말하곤 했다.

"저기, 성산일출봉이네? 너무너무 더운 날, 우리가 갔었지. 끝까지 올라갔지."

"마야(맞아). 꼬때기까지(꼭대기까지) 띡띡하게(씩씩하게) 올라간 따암은(사람은) 누구? 박!여!준!"

"박여원도!"

나는 그때마다 박수를 쳐주었다. 아이들과 하는 여행은 이래서 즐겁다. 남들 한 시간 걸릴 걸 하루 종일 걸려서 한다 하더라도, 가장 멋진 장면들을 볼 수 있기 때문이다. 내 아이가 웃는 모습. 두 아이가 점점 더 친해지는 모습. 조금씩 세상에 눈 떠가는 모습. 세상을 탐험하는 모습. 괴로워하는 모습. 그리고 딱 그만큼의 성장.

제주도 한 달 사는데 얼마나 들었어요?

☼

한라 도서관, 곽지 과물 해수욕장

비싼 장난감보다 그 장난감이 포장돼 온 박스를 가지고 더 오래 놀고,
애써 찾아간 명승지보다 그 앞의 지렁이에 더 관심이 많곤 했지.
아이의 행복과 돈이 상관없다니,
다행스럽기도 하고, 더 막막하게 느껴지기도 하고.

아이들을 집에서 빈둥빈둥 쉬게 하고 싶지만, 도대체 쉬지를 않는다. 노래하고, 춤추고, 숨바꼭질하고, 잡으러 다니고, 싸우고, 떠든다. 아홉 살과 다섯 살 동생이 노는 거 보면 똑같다. 이왕 동갑이 될 거면 꽃봉이가 상향평준화되면 좋겠지만, 늘 다섯 살에 맞춰 하향평준화다.

이왕이면 넓은 데 나가서 뛰자. 어디로 갈까? 아이들이 냉큼 대답한다. "도서관!" "바다!" 그래. 도서관과 바다에 가자꾸나. 오전엔 도서관에서 책을 읽고, 햇살 뜨거운 오후엔 바다에 가는 것만큼 완벽한 여름날이 어디 있겠니?

평소처럼 한라 도서관으로 향했다. 도서관에 도착하자마자 꽃님이는 톡 튀어 사라지고, 잘 달랬더니 꽃봉이는 잠들었다. 꽃님아빠는 어디 있나 둘러보니 에구, 저쪽 구석에 살짝 숨어서 자고 있네. 피곤하겠지. 주중엔 혼자 모든 살림을 꾸려야 하니 그것도 피곤할 텐데 오랜만의 자유(!)도 좀 누려야 할 테고, 주말엔 주말대로 먼 길 와서 가족과 노느라 오죽 힘들겠는가. 매주 오지 말고, 한 주쯤 건너뛸 걸 그랬다. 나중에 '우리집도 제주도 한 달 가려고요' 하는 이웃집에게 그리 충고했다. 아빠가 너무 자주 올 필요 없어요. 아빠가 너무 피곤하고, 돈도 많이 들어요. 왕복 비행기 값이 어마어마하거든요. 그리고 아빠가 오면 괜히 비싼 음식을 먹게 되더라고요. 처음에 같이 와서 짐 풀고, 그냥 중간에 여름휴가 받아서 한 번 오고. 그 정도면 되지 않을까요?

가족끼리 많은 시간을 보내고 싶어서 무리를 했는데, 막상 와보니 같이 지내는 시간의 수준이 너무나 훌륭하기 때문에 절대적인 시간이 좀 적어도 괜찮겠다 싶은 거다. 집에 있을 땐 주말을 같이 보내더라도 아쉬운 때가 많았다. 챙겨야 할 경조사도 많고, 전화기는 늘 울려대고, 아이와 아빠를 동시에 유혹하는 텔레비전도 있으니 말이다. 그랬는데 제주도에선 아빠의 마인드가 다르다. "주말엔 나도 좀 쉬자!"가 아니라 "좋은 데 놀러왔으니 열심히 놀아야지" 이렇게 되는 것이다. 이렇게 놀기 좋아하고, 아이들과 지내는 게 좋은 사람이 어찌 그동안 일에만 파묻혀 지냈을까 싶다.

　오후엔 곽지 과물 해수욕장으로 갔다. 원래는 물빛이 너무나도 아름다웠던 금릉 해수욕장에 다시 가려고 했는데, 가는 길에 곽지 해수욕장 입구가 보이자 꽃님아빠가 '그 바다가 그 바다'라며 가까운 데로 가자 한다. 가까운 바다에서 아이들과 좀 더 오래 놀고 싶다나. 맞다. 어디인가보다 누구와 함께인가가 더 중요하고말고. 동감 100번.

　곽지 해수욕장은 원담으로 둘러싸여 있다. 원담은 제주도 특유의 물고기를 잡는 전통 어로 시설로 바닷속에 담을 쌓아놓은 것이라 방파제 역할을 해서 파도가 세지 않다. 꽃님이, 꽃봉이는 파도타기를 즐기고 싶은데 너무 잔잔하다고 불평할 정도다. 또 바닷가 바로 앞 모래사장엔 돈 내야 하는 파라솔밖에 없고 무료로 그늘막을 칠 수 있는 곳은 바닷가에서 살짝 외진 곳이라 금릉, 협재보다는 한 수 아래다 싶다. 하지만 곽지 해수욕장에는 이 모든 단점을 싹 덮어주는 곽지 과물 노천탕이 있다. 바로 용천수 목욕탕이다. 제주도는 화산섬이라 한라산에 내린 빗물이 중간에 스며들지 않고 바닷가까지 흘러오는데 이 맑은 민물이 짠물 앞에서 퐁퐁 솟아나는 것이 바로 용천수다. 바닷가에 보면 용천수 나오는 곳에 작은 연못을 만들어둔 곳이 많다. 여기에서 해녀들이 몸도 씻고 마을사람들 생활용수로도 쓴단다. 우리도 용천수에서 몸을 씻은 적이 꽤 많다. 그런데 곽지 해변에는 아예 담장까지 있는 용천수 목욕탕을 만들어 공짜로 개방하고 있는 것이다. 다른 해수욕장에선 어쩐지 수용소 분위기인 모래투성이 샤워장을 이용하다가 야외 노천탕을 보니 재미도 있고, 기분

도 좋다. 용천수가 어찌나 맑고 차가운지 발목만 담가도 온몸이 덜덜덜 떨리는 게 지금이 30도 훌쩍 넘는 여름날 맞나 싶을 정도다. 꽃님이는 용천수에서 혼자 씻기도 잘해 동네 아주머니들 칭찬을 많이 받았다.

"아유, 육지애가 물 차다고도 안 하네."

아주머니들의 이런 칭찬이 아이를 얼마나 으쓱하게 만드는지 모른다. 성산일출봉에 갔을 때도 지나가던 아주머니들이 꽃봉이에게 어린 애가 이렇게 높은 곳에 잘도 올라오네, 하며 칭찬을 해주지 않았다면 끝까지 가지 못했을지도 모른다.

노천탕 앞에는 더 멋진 것이 있다. 바로 바닷분수. 꽃봉이, 꽃님이도 여기에서 한참 놀았다. 그냥 바닷분수만 있어도 재미있을 판에 수영복 차림이니 오죽 신이 났겠는가. 두 아이가 즐겁게 노는 모습에 내 인생에 고민이란 게 있었나 싶게 행복해져버렸다.

꽃님아빠를 공항에 바래다주고 집으로 오는데 꽃님이가 창밖을 보면서 혼자 중얼거렸다.

"엄마, 오늘 정말 재미있었어. 제주도 데리고 와줘서 고마워."

하루 종일 도서관에 바닷가. 돈이라곤 10원도 안 썼는데 행복하다니, 이게 무슨 횡재인가 싶다. 비싼 교구와 책들, 옷, 고급 교육기관 앞에서 돈 때문에 갈등했던 게 몇 번이던가. 그때마다 아이의 반응은 엄마의 기대와 달랐지. 비싼 장난감보다 그 장난감이 포장돼온 박스를 가지고 더 오래 놀고, 애써 찾아간 명승지보다 그 앞의 지렁이에 더 관심이 많곤 했지. 아이의 행복과 돈이 상관없다니, 다행스럽기도 하고, 더 막막하게 느껴지기도 한다. 어쨌든 '도서관과 바닷가'가 '금상첨화 제주도 완벽코스'라고 호들갑을 떠는 엄마와는 달리, 꽃님이의 이 날 일기에는 도서관 얘기도, 바다 얘기도 없고 라면 얘기뿐이었다. 아이구.

"제주도 한 달 사는데, 얼마나 들었어요?"라는 질문에 늘 "생각보다 얼마 안 들었어요"라고 대답한다. 도서관과 바닷가 스케줄이 제일 많았기 때문에 돈 들 일이 별로 없었고, 아침은 해먹고, 점심은 도시락, 저녁은 외식과 해먹기를 반반 정도로 하니 생활비는 정말 별로 들지 않았다. 평소 쓰던 한 달 생활비가 바탕이 되고, 한 달 동안 레슨이나 학원 등 사교육비를 쓰지 않으니 그것도 큰 도움이 된다. 가장 단위가 큰 지출은 남편의 왕복 비행기 값이었다. 아, 집을 비워놓으니 아파트 관리비도 많이 줄었다.

많은 가족들이 꼭 제주도가 아니더라도 자연 속에서, 아이들과 한가하고 평화로운 여름방학을 보내고, 우리 같은 '기적'을 경험할 수 있으면 좋겠다. 제주도에서 보낸 여름은 우리 가족에게 큰 변화를 일으켰다. 꽃님이가 필요 이상의 긴장을 풀고 부드러워진 것이 제일 큰 변화이고, 두 아이 모두 책을 좋아하게 됐고, 순해졌다. 남매가 너무나 가까워졌으며, 훨씬 건강해졌다. 그리고 남편과 나도 서로를 그리워해본 것이 얼마 만인가. 새로운 여름방학이 가까워오자 남편이 몇 번이나 묻는다.

"이번엔 제주도 안 가?"

생각난 김에 제주도 해수욕장들을 짧게 평해보면 이렇다. (까탈스런 아이들과 게으른 엄마가 느낀, 여름 한철에 해당하는 지극히 주관적인 평가다.) 기본적으로 제주도 대부분의 해수욕장들은 바다와 주차장이 아주 가깝다. 대부분 차에서 옷 갈아입고 튜브 들고 바다로 그냥 걸어갈 만한 거리였다. 또 7~8월 성수기인데도 제주도 바다는 대부분 한적해서 물보다 사람이 많은 부산 광안리 바닷가에 익숙한 경상도 출신 아줌마는 깜짝 놀랐다. 중문 해수욕장만 사람이 많았다. 제주도에 워낙 볼거리가 많으니 관광객들이 느긋하게 수영을 할 시간이 별로 없나 보다.

협재 해수욕장 한림공원 앞에 있어서 제주시에서 가기 좋은 곳. 물빛이 아름답기로 유명하다. 그런데 대부분의 바닷가들은 물빛이 그야말로 비췻빛이다. 성수기에는 함덕, 이호 테우 해수욕장과 함께 열 시까지 야간 개장을 한다.

금릉 해수욕장 물 깊이가 너무 얕아 100미터를 걸어갔는데도 물이 허리 이상 가지 않는다. 수영하기에 오히려 불편할 정도. 물빛이 깨끗하고 아름다운 건 두말할 나위 없다. 협재와 붙어 있지만 협재보다 훨씬 한적하다.

곽지 과물 해수욕장 용천수 노천탕과 바닥분수가 있어 아이들 놀기 좋다. 모 텔레비전 예능 프로그램에 나와서 더 유명해졌다고. 원담 덕에 물이 잔잔해 좋지만, 수영하다가 원담에 다리를 긁히지 않도록 조심해야 할 듯.

함덕 해수욕장 사파이어 바다라고 하면 너무 진부한 표현일까? 하여간 하늘색과 연두색, 깊은 청록색 등 각종 아름다운 파란색 계열은 다 찾을 수 있는 바다. 바다 아래 깔린 것이 모래가 아니라 조개가루라서 그렇다고 한다. 대명콘도가 가까이 있어 식당, 노래방, 슈퍼 등 각종 편의시설이 잘 갖춰져 있다.

김녕 해수욕장 함덕 해수욕장 옆에 있다. 함덕만큼 물빛도 곱고 모래도 끝내주는데 어쩐지 사람은 함덕보다 훨씬 적다. 한가로운 바닷가를 좋아하는 사람은 단연 김녕 바다로! 우리 가족이 뽑은 베스트 해수욕장.

화순 해수욕장 산방산 쪽에 있어 서귀포에서 이용하기 쉬운 바다. 바닷가에 용천수 풀장과 워터 슬라이드가 있어서 무료로 이용할 수 있다. 초등 고학년 이상이 좋아할 듯. 비췻빛 바다는 아니다.

삼양 해수욕장 검은 모래로 유명한 해변. 검은 모래에 찜질을 하면 신경통과 비만에 좋다해서 일본 관광객들이 일부러 단체로 찾아온다고. 우리 아이들은 우도 검멀레 해안에서도 그러더니 검은 모래는 질색을 해서 해수욕은 못하고 그냥 구경만 했다. 작은 마을 배들을 세워놓는 가람 선착장이란 곳이 있는데, 배들이 딱 제주도스러운(?) 검은 돌담들로 만들어진 좁은 물길을 따라 옹기종기 서 있는 모습이 참 보기 좋았다.

중문 해수욕장 중문 단지에 머무는 경우 가장 편한 선택이긴 하지만, 우리집에선 가장 인기 없었던 곳. 일단 사람이 많고 파도가 거칠어 아이들이 놀기엔 안전해 보이지 않았다. 여기에선 산책만 하고, 바나나보트 같은 해양 스포츠를 즐길 게 아니라면 조금만 더 나와 표선 해수욕장으로 가는 게 훨씬 나을 듯.

예래동 논짓물 요즘 어린 자녀를 둔 가정에 한창 뜨고 있는 핫 플레이스! 서귀포시 예래동에 있는 논짓물. 돌담으로 용천수를 막아 커다란 풀장을 만들었다. 풀장 주위로 지붕을 설치해 그 아래에서 사람들이 고기도 구워먹고 있더라. 8월에 하는 논짓물 축제도 재미있다고 하고, 간 김에 갯깍 주상절리 구경도 할 수 있다. 우리는 용천수가 얼마나 차가울까 지레 놀라 들어가지는 않고 구경만 했다. 여름 제주도에 간다면 꼭 가보고 싶은 곳. 사파이어 바닷물은 전혀 아니다.

기나긴 밤,
뭐하고 놀지?

☼

아이들은 놀 시간이 부족했을 뿐, '놀 거리'는 어떤 상황에서도 부족하지 않다.
노는 것에 대한 아이디어와 행동력은 무궁무진했다.
세상에, 엄마는 왜 그 많은 장난감을 산 걸까? 너희에겐 그저 빈둥거릴 시간이 필요했던 거구나.

"저 구름 좀 봐. 진짜 크다. 설문대할망 크딱지 같아."
"바람이 쌩쌩 불고 있네. 설문대할망이 코 풀고 있는 거 아냐?"

아침 댓바람부터 아이들이 '뭐든지 설문대할망' 놀이를 하고 있다. 설문대할망은 제주도의 거의 모든 오름과 계곡 등을 만든 신화 속의 거인 할머니다. 얼마나 큰 거인이냐면 설문대할망이 흙 한 줌을 바다에 던지면 섬이 되고, 흙을 주물러 세우면 산, 발로 밟으면 연못, 오줌을 누면 계곡이 생겼단다. 자식도 낳았다 하면 기본 500명이다. 한라산의 명물 오백나한바위가 바로 고기잡이 거인 설문대하르방을 만나 낳은 아들 500명인 것이다. 꽃님이가 설문대할망 책을 읽더니 저런 말장난 놀이를 생각해냈다. 뭐든지 설문대할망과 연관시키면 된다.

제주도 오기 전에 제일 두려웠던 것은 '아이들이 기나긴 밤에 뭘 하고 놀지?'였다. 집에서야 텔레비전도 있고 장난감도 있지만 아무것도 없는 외딴 방에서 아이들이 심심하다고 울부짖으면 어떡하지? 아이들과 단 한 순간도 떨어지지 않고 24시간 같이 있을 수 있을지도 두려웠다. 1분 1초도 나만의 시간이 전혀 없이 지낼 수 있을까? 아이들 입장에서도 마찬가지다. 엄마와 단 한 순간도 떨어지지 않고 붙어 있는 게 아이들 입장에서도 마찬가지로 괴롭지 않을까? 엄마 역시 아이들에게 쉴 새 없이 뭔가를 요구하고, 쉴 새 없이 떠드는 상대일 텐데, 또 아이들끼리는 어떨까? 24 곱하기 30시간 후, 꽃봉이와 꽃님이는 과연 둘도 없는 단짝이 될까, 지긋지긋한 웬수가 될까?

하지만 도착한 지 딱 이틀 만에 우려 상황이 종료됐다. 아이들은 장난감 없이도 끝없이 새로운 놀이를 만들고, 개일 더 복잡한 규칙을 세웠다. 또 다섯 살과 아홉 살이 나름 의견 조율을 하며 파트너로 서로를 받아들였다. '아이들이 뭘 하고 놀지 걱정'이라니? 아이들은 놀 시간이 부족했을 뿐, '놀 거리'는 어떤 상황에서도 부족하지 않다. 노는 것에 대한 아이디어와 행동력은 무궁무진했다. 세상에. 엄마는 왜 그 많은 장난감을 산 걸까? 너희에겐 그저 빈둥거릴 시간이 필요했던 거구나.

함께 있는 시간의 절대량이 많아지자 우리 모두 사이가 좋아졌다. 서로를 잘 알게 되었고, 잘 알 수 없다면 그냥 받아들이게 되었다. 제주도에선 늘 그랬다. "까짓 거. 문제가 생겨도 괜찮아. 우리는 이겨낼 거야. 우린 가족이니까. 자, 골칫거리! 덤벼봐!" 기껏 비장하게 용기냈는데, 우려했던 문제들은 극복 과정도 필요 없이 문제 자체가 사라져버렸다. 제주도 최고의 성과로 생각하는 '꽃님이의 낯가림 실종사건'(우리끼리 이렇게 부른다)도 그렇다. 친구에 목마른 꽃님이가 어제는 맴돌기만 했지만 오늘은 조금 용기내어 다가서고, 내일은 친구가 되고 이런 게 아니었다. 꽃님이는 그냥 딱 뛰어들어 말을 걸었다. "나랑 놀자." 그동안 시큰둥했던 책에 재미를 붙인 것도 그렇다. 도서관에 데려가자 딱 그날부터 읽기 시작했다.

제주도에선 도대체 이런 변화가 왜 생긴 걸까 궁금해하다가 겨울에서야 답을 찾았다. 세계여행을 꿈꾸는 사람들의 모임인 다음 인터넷카페 〈5불 생활자 클럽〉의 익명게시판에 누군가 물었다.

"여행을 가면 뭐가 좋아요?"

사람들이 줄줄이 답을 달았다. '평소의 나와 다른 모습이 되는 거요. 평소엔 소심한 트리플 A형인데 여행 가면 현지인들에게 먼저 말 걸어요.' '나의 한계를 시험하고, 경계를 넘어서는 거요.' '생각지도 못했던 일들이 일어나는 거. 두렵기도 하고, 기대되기도 하고.' '아는 사람이 없으니 신나게 놀다 오는 거요. 나 자신도 놀라요. 내가 이렇게 잘 노는? 막나가는? 사람이었나 하고요.' 아, 그렇구나. 익명의 편안함과 이방인만 가질 수 있

장난감? 없어도 괜찮아.
아이들은 서로를 장난감 삼아 놀더라.

는 여유, 배짱, 이런 것들이 긍정적으로 작용한 덕분에 꽃님이와 꽃봉이가 낯선 곳에서 평소와 다른 자기 속의 자기 모습을 흔쾌히 끄집어낸 것이구나. 제주도에서 꽃님이는 참 편안해 보였다. 도대체 제주도에 무엇이 있길래 내 딸을 저리 바꿔놓았나 했는데, 특별한 것은 제주도가 아니라 '여행'이었던 것이다. 아이들이 태어나기 전, 꽃님아빠와 둘이 태국으로 배낭여행을 갔을 때 제일 먼저 우리가 한 일은 문신이었다. 진짜 문신은 차마 못하고 스티커 문신이었지만, 그때까지 모범생으로만 살아온 꽃님아빠가 그 작은 이벤트를 얼마나 즐거워했는지 모른다. 손가락만 한 문신 스티커 하나 팔뚝에 붙여놓고 몇 번을 물었던가. "나 조폭 같지? 흐흐."

원래 내가 꿈꾸던 제주도의 푸른 밤은 이런 거였다. 아이들은 탑동광장처럼 바닷가 광장에서 길거리 농구를 하는 오빠들 틈에서 씽씽카를 타고, 나는 옆에서 바람을 쐬며 아이스커피를 마시는 것! 하지만 일단 우리가 머물던 노형동에는 그럴 만한 공간이 없는 데다, 아이들이 좁은 방

제주도에서
아이들과 한 달 살기

안에서도 너무나 잘 놀았기 때문에 바깥에 나가고 싶은 생각이 그리 들지 않았다. 밤에 나가는 경우는 장을 보거나 영화를 보러 갈 때뿐이었다.

아이들이 가장 좋아한 놀이는 '공연'이었다. 꽃님이는 원숭이 가면을 그려 쓰고, 꽃봉이는 여장을 하고 춤을 추기도 하고, 마술쇼를 하기도 하고, 누나가 입으로 연주를 하면 동생이 비보이처럼 침대에 머리를 굴려가며 춤을 추었다. 아이들은 공연 표를 만들고, 팸플릿을 만들고, 좌석 배치를 하고, 불을 껐다 켰다 조명도 만들었다. 나는 설거지를 하다 말고, 내일 어딜 갈지 일정을 짜다 말고 꺅꺅 소리를 질러대는 열성관객이 되어야 했다. 이 얘길 하자 한 이웃이 물었다. "그럼, 우리 애는 외동인데, 제주도 가면 뭐하고 놀아?" 엄마랑 놀면 되지! 그리고 아이도 알게 되겠지. 우리 모두 가장 잘 사귀어야 되는 친구는 바로 '나 자신'이라는 것을 말이야.

기나긴 밤을 대비해 준비한 것들

어린이 책 대여 사이트 리브피아 7일, 10일, 한 달 등 원하는 기간만큼 유명 전집이나 단행본들을 골라 빌릴 수 있다. 제주도 숙소로 직접 택배를 받아서 한 달 동안 읽고 출발 전날 반납을 했다. 아이들이 책을 그리 좋아하게 될 줄 알았다면 두 박스 주문했을 테지만, 한 박스라서 더 좋았을 수도 있다. 딱 좋을 때 집에 가는 것이야말로 애틋함을 더하는 연애의 비결 아니던가. www.libpia.com

각종 미술놀이 재료를 살 수 있는 맘아트 아이가 직접 그림을 그릴 수 있는 하얀 우산이나, 옷에 그릴 수 있는 색깔 패브릭 펜과 티셔츠 등의 재료를 패키지로 판다. "아이들의 만들기란 자고로 폐품 상자, 재활용박스를 뒤져서 나온 재료들로 해야죠"라고 생각하는 사람도 있겠지만, 세트로 나온 재료들이 얼마나 엄마의 일손을 덜어주는지 모른다. 미술놀이의 패스트푸드랄까. 이런 패키지의 장점은 어떻게 해도 만들고 나면 결과물이 제법 그럴듯하기 때문에 초등 저학년만 돼도 그다지 엄마가 도와줄 필요 없다. 내겐 엄마의 자유시간과 맞바꾸는 미술 패키지다. www.momart.co.kr

서귀포에서
보낸 하루

☼

주상절리, 외돌개, 서귀포 기적의 도서관, 정방폭포, 이중섭 거리, 미루나무 카페

제주시 쪽의 바다와 서귀포 쪽의 바다는 참 다르다. 바다도 다르고, 시가지도 다르고,
아무리도 가로수가 쭉쭉 뻗은 야자수인 서귀포 쪽이 좀 더 이국적이다.
다시 제주도에 온다면 서귀포 감귤농장 근처에 방을 얻어 지내도 좋을 것 같다.

도저히 못 참겠다. 볼 것 많고 할 것 많은 제주도에서 바닷가에만 있으려니 근질근질하구나. 얘들아, 서귀포 구경 안 갈래? 빨리 밥 먹고 빨리 나가자꾸나. 아이들과 여행을 가면 가장 어려운 것 중 하나가 아침 일찍 숙소를 나서는 것이다. 누구 하나라도 느릿느릿 밥 먹고, 양말 신으라는데 한 짝 신다 말고 딴 데 정신 팔고 있으면 시간이 휙 지나가기 때문이다. 기껏 챙겨서 나오는데 "엄마, 나 똥" 이러면 정말, 부글부글.

여유 있게 움직이는 것과 꾸물거리다 시간 다 보내는 것은 다르다. 몇 번 속 터져 하다가 깨달은 요령이 있다면, 첫 번째는 밥 먹기 전에 모든 준비가 끝나야 한다는 것이다. 밥부터 먹이고 아이들 씻기고 입히려면 이미 늦다. 다 씻고 입고 밥상에 앉아야 한다. 두 번째는 일찍 나가려고 애는 쓰되, 반드시 일찍 나가야 한다는 생각은 버리는 것이다. 어쨌거나 놀러가는 일인데, 애 혼내가며 서두를 이유가 뭐 있겠는가. 그러다 아이가 울면 달래느라 시간만 더 걸린다.

나는 애초에 준비시간을 넉넉하게 잡아서 짜증날 상황을 만들지 않는다. 어른이 준비해서 나가는 데 10분 걸릴 것 같으면 애들은 30분 걸리겠지, 그런데 우리집 공주님 도련님은 좀 유별나시니 1시간 예상해야 넉넉해. 그러니까 1시간 30분 걸릴 거야. 애들은 꼭 돌발상황을 만들거든. 문 잠그고 엘리베이터 앞에 섰는데 목이 마르다든지. 그러니 1시간 30분 전부터 출발 준비를 시작하는 것이다.

그때부터 가볍게 아이들에게 알려준다. "1시간 30분 후에 우리 나갈 거야. 그러니까 옷 입자." 전에는 "빨리 옷 입고 밥 먹어라"라고 했지만 두 가지를 얘기해봤자, 경험상 엄마가 알려준 순서 따라 옷 입고 밥상 앞에 앉기는커녕 헷갈려서 하나도 기억하지 못한다는 것을 깨닫고 하나씩만 얘기한다. 물론 처음에 한 번은 오늘 어딜 가서 어떤 일을 할 건데, 그러려면 이러이러한 것들을 준비해야 한다고 전체 브리핑을 해준다. 이 브리핑도 참 중요하다. 아이들이 전체를 기억하지 못하는 것 같아도 전체를 파악하지 못하면 협조도가 확 떨어지기 때문이다. 여행지가 아니라 집에서도 그렇다. 전체를 파악하고 있어야 안정감 있게 움직이게 된다.

그런 다음 한 번에 한 가지씩 알려준다. "옷 입어라"라고 하지 않고, "바지 입어라." 그 다음에 "티셔츠도 입고." 하도 꼼꼼하게 잔소리를 하니까 꽃봉이마저도 다섯 살쯤 되니 피식 웃으면서 그런다. "바지 입기 전에 잠옷 벗는 거지?" "그렇지. 우리 똑똑이. 바지 입으려면 잠옷 벗어야 하는 것도 아는구나. 얼른 잠옷 벗어. 빤쭈까지 같이 벗지는 말고." 이후 10분마다 한 번씩 가볍게 언급한다. "이제 40분 남았다. 가방 챙기세요." "30분 후에 우리 나갈 거야. 장난감 치울 준비~." 꽃님이는 꼬치꼬치 매뉴얼을 입력시켰더니 아홉 살쯤부터 오토매틱으로 착착 혼자 알아서 한다. 아예 이렇게 마음을 비우고(!) 천천히 준비를 하면 오히려 효율도 올라간다. 오늘 차에 시동을 건 시간은 8시 40분. 앗싸!

제주도에 볼 만한 주상절리는 두 군데가 있다. 주상절리는 길쭉길쭉한 현무암 돌기둥들이 거대하게 모여 서 있는 것이다. 뜨거운 용암이 흐르다가 찬 공기와 닿으면 냉각수축이 일어나는데 냉각 구심점이 여러 개 생긴단다. 구심점 사이가 세로로 쩍쩍 갈라져 긴 다각형 기둥이 되었다, 는 게 두 권의 가이드북을 열 번쯤 읽고 난 다음 이해한 내용이다. 아이들에게 설명해주고 싶었지만, 아이들은 들은 척도 하지 않는다. 그래. 눈으로 직접 보렴.

사람들이 많이 찾는 대포동 주상절리는 중문 센터 쪽에 있고, 아는 사람만 알고 찾아간다는 갯깍 주상절리는 하얏트 호텔 산책로 끝에 있는 조근모살에서 걸어갈 수 있다. 둘 중 어디를 갈까 하다가 그래도 돈 내는

엄마, 저 주상절리 현무암 돌기둥들이
꼭 연필 같아요.

제주도에서
아이들과 한 달 살기

곳이 좀 더 주상절리답지 않을까 싶어 대포동 주상절리로 갔다. 딱 도착하자마자 후회했다. 주상절리를 잘 볼 수 있는 뷰포인트까지 나무데크가 어찌나 잘 깔려 있는지, 걷기 편한 건 좋지만 너무 반듯해서 재미가 없다고 해야 하나? 10여 년 전 엉거주춤 조심조심 내려가서 만났던 박력 넘치는 풍경은 느낄 수가 없었다. 아, 직접 만져볼 수 있는 갯깍으로 갈걸.

다음 순서는 외돌개. 외돌개가 있는 올레 7코스가 풍경도 좋고, 아이들 걷기도 괜찮다기에 기회 봐서 도전을 해볼 생각이다. 과연 바늘처럼 우뚝 솟아 있는 외돌개는 멋졌다. 얘들아, 도대체 어떻게 저런 바위가 생겼을까? 보통 바닷가에선 바람이랑 파도가 바위를 깎아서 어떤 모양을 만드는데, 저건 바람이 깎은 것 같진 않고 용암이 위로 팍 솟구치면서 굳어서 생긴 거 아닐까? 꽃님이가 얼른 근처 설명문을 읽고 와서 대답했다. "아니야. 할아버지가 고기 잡으러 바다에 갔는데, 안 오니까 할머니가 기다리다가 바위가 된 거래." "그래? 그 할머니 키도 크네" 했더니 꽃봉이가 냉큼 끼어들었다. "떤대함망(설문대할망)인가 보다. 거인 할머니!" 하하, 맞다 맞아. 아직 꽃님이, 꽃봉이는 과학보다 전설이 훨씬 설득력이 강한 나이다. 하긴 마흔 넘은 엄마도 과학보다 신화가 훨씬 더 재미나구나.

아이들이 외돌개 옆 잔디밭을 신나게 뛰어다닌다. 얘들아, 덥지 않니? 아이들은 뛰어다녀 좋고, 엄마는 박력 넘치는 바다를 봐서 좋았다. 제주시 쪽의 바다와 서귀포시 쪽의 바다는 참 다르다. 바다도 다르고, 시가지도 다르고. 아무래도 가로수가 쭉쭉 뻗은 야자수인 서귀포 쪽이 좀 더 이국적이다. 다시 제주도에 온다면 서귀포 감귤농장 근처에 방을 얻어 지내도 좋을 것 같다.

점심 먹으러 들어간 팥 칼국수 집의 주인 아주머니가 꽃님이에게 물었다.

"방학이라 엄마 아빠랑 놀러 왔니?"

"예."

"(엄마에게) 어디서 묵으세요?"

"제주시에……"까지 하면 꽃님이가 톡 끼어든다.

"제주시에 한 달 동안만 사는 월세 방을 얻었어요. 우리는 한 달 내내 있다 갈 거예요."

"우와, 한 달이나? 좋겠다! (엄마에게) 친척이 있나봐요?"

(꽃님이가 또 끼어든다.) "우리는 친척도 없고, 아는 사람도 없어요. 제

주도가 너무 좋아서, 그냥 온 거예요."
"그으래? 그래. 제주도 정말 좋지?"
"예. 바닷가에서 물놀이하면 너무너무 재밌어요."
"너는 좋겠다. 그런데 아빠는 어디 가셨니? 엄마랑단 왔네?"
"아빠는 주말에만 오세요. 근데 아빠랑 떨어져 있으니까 더 좋아요."
"엥? 아빠가 떨어져 있는데 왜 좋아?"
"떨어져 있으니까 보고 싶잖아요. 전에는 보고 싶은 줄 몰랐거든요."
"그렇지. 같이 살면 보고 싶은 줄도 모르지. 어린데 별 걸 다 아는구나."
"헤헤헤."

똑같은 대화가 몇 번째인가. 갈수록 대화도 길어진다. 식당에 가서 "물 더 주세요"도 못하는 꽃님이가 낯선 어른과 저렇게 친밀하게 대화를 나누다니. 꽃님이가 우리는 서울 사는데 한 달 동안 방 얻어서 지내러 왔다고 하면, 다들 반응을 아주 크게 해주니 말할 맛이 나나 보다. 그래. 제주도는 일주일 봐선 모자라지. 얼마나 좋은 데라고. 볼 것도 많고 할 것도 많아요. 너는 좋겠다. 좋은 엄마 아빠 만나서. 실컷 놀고 가거라. 누구나 '우와, 좋겠다!' 감탄해주고, 덕담을 해주니 기분 좋은 게지. 꽃님이, 꽃봉이는 어른들만 보면 물어보지 않아도 얘기했다. 으리는 2박 3일 온 거 아니에요. 한 달 동안 놀러온 거예요. 15층에 우리 방이 있어요! 우와! 그래애? 예. 우린 제주도가 정말 좋아요! 점점 꽃님이는 낯선 사람과 말하는 것이 자연스러워졌고, 사건을 요약 정리하는 것도 익숙해졌다. 처음에는 서울에서 왔냐는 질문에 "음, 서울은 아니고요. 과천인데요. 과천은 경기도인데요. 근데 서울하고 먼 건 아니고요. 또 네 살까지는 서울에 살았는데요. 아니다. 다섯 살인가? 다섯 살 되자마자 과천에 이사 갔는데요" 해서 질문한 사람 지치게 만들더니, 몇 번 비슷한 대화를 해보더니 서울에서 왔냐는 말이 경기권에서 왔냐는 말인 줄도 알아듣고, 어느 부분을 강조해서 얘기하고, 어떤 부분은 말하지 않아도 되는지 슬슬 깨달아가는 눈치였다.

피식 웃음이 났다. 옛날 대학생 때 배낭여행 갔을 때 딱 나도 그랬던 것이다. 한국 사람이에요. 두 달 동안 왔고, 어디어디 가봤어요. 몇 번이나 말하게 되니 딱 요 말만 영어로 잘하게 되었다. 하지만 그 짧은 의사소통의 기억이 이후 영어 공부에 얼마나 강력한 동기가 되었던가. 꽃님이의 대화를 들으며 비로소 여행이 아이를 자라게 한다는 게 무슨 뜻인지 실감이 난다.

팥 칼국수를 먹고 배가 부르니 그제야 잠든 꽃봉이가 눈에 들어왔다. 오늘따라 유모차도 없는데 잠든 아이를 데리고 이 한낮에 어딜 간담? 어디 시원한 카페라도 가서 쉬었다 갈까? 이를 어쩌지? 답답한 심정으로 우회전을 했더니 멋스러운 회색 콘크리트 건물이 딱 나타났다.

서귀포 기적의 도서관! 이게 바로 기적이지. 예전 모 방송 프로그램에서 시골마을에 도서관을 지어주던 프로그램이 있었는데 그때 지은 것을 아직 잘 운영하고 있는 곳이다. 건축가가 마음잡고 지은 건물답게 어찌나 예쁘고 편리하게 돼 있던지, 잘 지은 건물이 주는 기쁨이 이리도 큰 것이구나 싶었다. 넓은 유리창과 멋지게 꾸민 중정 덕분에 책 읽다 고개를 들 때마다 즐거웠다. 꽃님이는 이곳이 그리 좋았던지 몇 번이나 서귀포 기적의 도서관에 가자고 해서 제주시에서 서귀포까지 건너온 날도 여럿이었다.

말 그대로 기적처럼 나타난 도서관에서 한숨 푹 자고 난 꽃봉이와 기분이 한껏 좋아진 꽃님이와 함께 추울 정도로 물보라가 이는 정방폭포에

서 물놀이 아닌 물놀이를 하고 나니 집에 가자 소리가 나올 법한데, 아이들이 더 구경을 하고 싶단다. 어머, 얘들아. 엄마가 이렇게 '패키지 스타일' 관광 얼마나 좋아하는 줄 아니? 얼른 정방폭포에서 그리 멀지 않은 이중섭 거리로 향했다.

 이중섭 거리는 화가 이중섭이 한국전쟁 중에 피난 와 살던 집과 이중섭 미술관이 있는 거리다. 이중섭 그림 속에 나오는 아이들과 소, 물고기들이 가로등에 붙어 있어 딱 보면 여기가 이중섭 거리인 걸 알 수 있는데, 규모 자체는 그저 골목 몇 개가 있는 1킬로미터 남짓한 짧은 도로일 뿐이지만 이중섭이 머물던 시절을 그대로 재현해놓아 화가 이중섭에

요만큼이 이중섭의 공간

게 관심이 없는 사람이라도 옛날 거리를 느낄 수 있어서 재미있는 곳이다. '사랑 손님과 어머니' 영화 포스터가 붙어 있는 옛날 극장도 있고, 그저 재현한 것이 아니라 지금도 손님을 받는 것 같은 여인숙도 있다. 주말에는 핸드메이드 액세서리나 사진, 옛날 물건들을 파는 벼룩시장이 열려 더 재미있단다. 그런가 하면 젊은 사람들이 몰려드니 척 봐도 보통 감각은 넘는 멋스러운 카페들도 있다.

이중섭을 모르는 아이들도 미술관과 이중섭이 머물렀던 집을 꽤나 흥미진진해하며 보았다. 마침 미술관에 '올레길'을 주제로 한 젊은 작가들의 작품을 전시하고 있었는데, 꽃님이, 꽃봉이 눈에 익숙한 길과 풍경이

나오니 재미있나 보다. 이중섭이 머물던 집이야 누가 봐도 흥미로울 것이다. 정말 손바닥만 한 방이라, 도대체 여기서 어떻게 네 명이나 잤단 말인가 싶기 때문이다. 미술관에 이중섭이 일본인 아내에게 쓴 편지도 전시돼 있었는데, 아내의 발가락이 아스파라거스를 닮았다고 아내를 '아스파라거스군'이라고 불렀더라. 지금도 쉽게 보기 힘든 아스파라거스를 한국전쟁 당시에 발가락과 닮은 줄 알아본 걸 보면 어지간히 부잣집 아들이었을 텐데, 그런 도련님이 이렇게 좁은 방 한 칸에서 어떻게 지냈을까. 그래도, 이중섭 평생에 제일 행복한 시간이라고 그랬다니까, 꽃봉이가 말했다.

"행복하지, 그럼. 마당도 있고, 바다도 있고, 폭포도 있고, 엄마 아빠 아기 형아 다 있으니까 행복하지."

이중섭 거리를 걷고 있는데 갑자기 소나기가 쏟아졌다. 카페가 하나 보이길래 뛰어 들어갔다. 이중섭의 집 마당을 뒤에 끼고 있는 곳이었다. 미루나무 카페. 좋은지 나쁜지 재어보지 않고 들어갔는데, 아주 마음에 드는 곳이었다. 아이들이 카페에서 폐를 끼치면 어떡하나 했는데 피아노며 기타, 첼로 등 악기들이 있어서 아이들이 구경하느라 조용해졌다. 나중에 검색해보니까 워낙 유명한 갤러리 카페였다. 음악회와 시낭송회가 종종 열린단다. 우리는 흘낏 보고 말았지만 이중섭의 은지화를 모아놓은 '중섭방'도 볼 만했겠다 싶다. 한때 꽤나 열심히 읽었던 시집 〈그리운 바다 성산포〉를 쓴 이생진 시인이 이 집에 대해서 시도 썼단다. 그러고 보니 처녀 때 '그리운 바다 성산포' 시를 읽으면서 '저 섬에서 한 달만 살자 그리움이 다 없어지도록 저 섬에서 한 달만 살자' 뭐 이런 구절을 보고 정말 제주도에 한 달만 가서 살면 좋겠다고 생각했는데, 아줌마가 돼 애 둘 달고 와서 실제로 한 달을 지내니 '그리움이 뭐였더라?' 싶다. 어휴. 사랑은 실제이며 실재이며 실체, 라는 실감을 한다고나 할까.

돌아오는 길. 저녁 먹을 시간에 차를 타고 이동을 하게 됐다. 아이들이 배고플 테니 김밥이라도 먹이려고 아무리 찾아봐도 김밥집이 보이지 않는다. 제주도에선 김밥집이 서울만큼 흔하지는 않다. 아, 빵이라도 사 놓을걸. 이리저리 헤매다가 룸미러를 보니 두 아이 모두 쿨쿨. 아이들은 새벽 세 시쯤에 엄마를 흔들었다. 엄마. 배고파.

애들아,
천사였던 거 기억나?

☼

탐라 도서관, 이호 테우 해수욕장

꽃봉아, 누나가 천국에서 아기 돌보는 천사였던 거 알지?
엄마가 아기들 잔뜩 놔두고 왜 그 천사님을 꼭 따로 섬으려고 했는지 알아? 그건 말이야,
그 천사님이 지나가는데 그 뒤를 쫄랑쫄랑 누가 따라가고 있는 거야. 바로 그 천사의 동생 천사인 거야.

오늘은 늘 가던 한라 도서관이 아니라 탐라 도서관으로 갔다. 탐라 도서관의 갈색나무 테이블에 딱딱한 의자, 높은 천장을 보니 내가 어릴 적 다니던 시립도서관이 떠올랐다. 늘 얇은 커튼이 쳐져 있어 환하지만 눈부시지 않았고, 살짝 커튼 틈 사이로 들어온 햇살에 뿌옇게 떠오른 책 먼지들이 어찌나 좋았던지. 한여름엔 서늘한 석회벽의 느낌이 좋아서 팔을 갖다 대고 책을 읽던 기억이 난다.

꽃봉이는 이제 도서관이 좀 지겨운가 보다. 그럴 간도 하지. 꽃님이 혼자 책을 읽으라고 두고 꽃봉이 손을 잡고 산책을 나섰다. 한라 도서관처럼 멋진 놀이터는 없지만 오래된 도서관답게 아름드리 잘 생긴 나무들이 참 많았다. 손충이하고도 놀고, 공벌레오도 놀고, 도서관 앞 동네길도 걷고. 작고 고물거리는 꽃봉이의 손을 잡고 골목길을 걷노라니 맴맴맴맴 늘 시끄럽다고만 생각한 매미소리가 마음속으로 스며든다. 그러고 보니 온전하게 꽃봉이에게 집중했던 시간이 언제였나 싶다. 내리사랑이라더니 과연 둘째에겐 어떤 기대나 욕심 없이 사랑으로만 대하게 된다. 하지만 예뻐하기만 할 뿐, 뭘 하든 제일 먼저 고려하게 되는 건 첫째라서 꽃봉이는 늘 누나의 스케줄과 관심사에 따라다니는 게 고작이었다. 생각해보니 꽃봉이는 탄생 설화도 없다.

꽃님이는 동생이 태어날 즈음부터, 행여나 동생에게 엄마를 빼앗겼다고 생각할까봐 그리 달래고 어르는 이야기들을 해주곤 했다. 이른바 탄생 설화. 애초에 나는 꽃님이가 "내가 더 좋아, 꽃봉이가 더 좋아?"라고 물어보면 언제나 "너만 좋아"라고 했다. "어떻게 너처럼 예쁘고 귀엽고 착하고 멋진 애랑 저렇게 똥만 싸고 시끄럽고 사고만 치는 애를 비교하니? 말도 안 돼. 엄마는 너만 이뻐. 쟨 그냥 어쩔 수 없이 키우는 거야. 낳았으니까." 미안하다, 꽃봉아.

하지만 꽃봉이도 슬슬 말귀를 알아듣기 시작해서 그 눈치가 또 보이더란 말이지. 그래서 살짝 순화해서 첫사랑 얘기로 바꿨다. 꽃님이, 넌 엄마의 첫사랑이야. 꽃봉이도 똑같이 사랑스럽고 귀하고 예쁘지만 널 처음 키울 때 느꼈던 그 느낌은 정말 특별해. 그건 엄마가 태어나서 처음으로 느끼는 거였거든. 너 첫눈 왔을 때 기억나? 하얗게 쌓인 눈밭에서 딱 첫 발을 딛는 기분. 하얀 눈 위에 작고 귀여운 발자국 하나. 그게 바로 너야.

'꽃봉이는 불쌍해' 버전도 있다. 꽃봉이는 정말 불쌍해. 암만 엄마가 꽃봉이를 사랑해도, 너보다는 늘 적게 사랑을 받는 거야. 봐, 꽃봉이가 태어났을 때, 넌 이미 5년 동안 사랑을 받았어. 혼자만! 꽃봉이가 지금 다섯 살이지? 꽃봉이는 5년 동안 사랑을 받았지만, 넌 9년 동안 받았어. 혼자만! 꽃봉이가 40살이 되면, 꽃봉이는 40년 동안 사랑을 받았겠지. 하지만 넌? 그래. 넌 44년 동안 사랑을 받았겠지. 꽃봉이가 100살이 되면? 그래. 100년 동안 사랑을 받고, 넌? 넌 104년 동안 사랑을 받는 거야! 정말 꽃봉이 불쌍하지 않니? 아무리 해도 누나보다 더 사랑을 받을 순 없는 거야. 아아, 그러니까 우리가 잘해줘야 해. 쟤는 불쌍하니까.

'너 때문이야' 버전도 꽃님이가 좋아한다. 꽃님아. 꽃봉이 사고 쳤다. 저기 또 물 쏟았다. 니가 가서 닦아라. 왜 니가 닦아야 하냐고? 저런 장난꾸러기를 엄마가 왜 낳았겠니? 다 너 때문이야. 너만큼 예쁘고 착하고 멋진 애가 나올 줄 알았거든. 아아, 이렇게 예쁜 아기가 둘이면 얼마나 좋을까 하고 둘째를 낳은 거야. 그러니까 꽃봉이는 너 아니었으면 못 태어났어. 니가 조금만 덜 이쁘거나, 덜 멋졌으면 아기를 둘 갖고 싶단 생각을 엄마가 왜 했겠니? 애 하나 키우는 게 얼마나 힘든데. 그 힘든 걸 견디겠다고 각오한 건, 정말 다 너 때문이야. 그러니까 너 때문에, 니가 예쁘고 멋졌기 때문에 태어난 아기가 저지른 사고는 니가 책임져야지. 가서 방 닦아라. 이러견 꽃님이가 깔깔깔 웃느라 난리가 난다.

'너 때문이야'의 변형 버전. 아기가 생기고 나니까, 그냥 엄마는 딱 알았어. 이 아기가 내 인생을 바꿀 아기구나. 당장 엄마가 회사 그만두고 드러누웠잖아. 엄다가 무리해서 아기가 힘들던 안 되니까. 집에만 누워 있으려니 진짜 힘들더라. 거기다 너는 만날 뭐 먹을 걸 달라고 얘기하는 거야. 어떡해. 먹어야지. 누워만 있는데, 계속 먹는 게 얼마나 힘들었는지 아니? 넌 계속 떠들더라. 엄마, 호빵 주세요. 엄마, 김밥 주세요. 엄마, 호두과자 주세요. 엄마, 피자 주세요. 엄마, 우유 주세요. 엄마, 냉면 주세요. 엄마, 주먹밥 주세요. 엄마, 팥빙수 주세요. 엄마, 샌드위치 주세요. 엄마, 소보로 주세요. 엄마, 만두 주세요. 엄마, 쫄면 주세요. 엄마, 돈가스 주세요. 꽃님이가 마구마구 웃으며 그만 할 때까지 끝없이 음식이름을 얘기한다. 그렇게 힘들게 먹으면서 열 달을 보내고, 어느 여름날. 니가 태어난 거야. 간호사 선생님이 아주 작은 아기를 엄마 팔에 올려주는 거야. 엄마는 지금도 기억나. 니가 한쪽 눈은 감고, 한쪽 눈만 뜨고 있더라. "뭐냐. 니가 내 엄마냐?" 이런 표정으로. 그때 엄마는 딱 알았어. 아, 이 아기가 지금. 엄다의 마음을 다 가져가버렸구나. 나는 이제 평생 이 아기를 사랑하면서 살아야 하는구나. 아, 나는 아기를 둘 낳아야겠구나. 이렇게 이쁜 아기가 하나만 있어도 이렇게 좋은더, 둘 있으면 얼마나 좋을까? 엄마는 그때 이미 아기도 둘 낳을 거라는 걸 알았어.(사실은 여기가 포인트다!)

　엄마는 니 머리 무게가 지금도 엄마 팔에 느껴져. 한쪽 눈을 감고 껄렁껄렁하게 엄마를 바라보던 아기. 진짜 웃겼어. 야. 웃긴 아기! 웃긴 아기 박꽃님! 그때처럼 눈 한번 감아봐라. 꽃님이가 깔깔 웃으면서 한쪽 눈을 감고 깡패 같은 표정을 짓는다. 그리곤 가끔 물어본다. 밥하다 말고 운전하다 말고 책 읽다 말고. "어떤 아기가 이렇게 눈을 감고 있었어. 한쪽 눈만 뜨고. 그게 누구게?" 꽃님이가 대답한다. "나. 엄마 인생을 바꾼 아기." 맞았어. 딩동댕.

　친구 웨이가 아들 세혁이에게 해준 이야기를 커닝한 얘기도 있다. 엄마가 하늘나라 갔더니 아기들이 쭉 누워 있더라. 그 중에서 제일 멋진 아기 천사를 골랐어. 그게 바로 너야. 나는 살짝 변형을 했다. 어느 날 꿈에, 하나님이 꼭 아기를 한 명 데려가라는 거야. 그래서 엄마가 쭉 누워 있는 아기를 봤는데, 맘에 드는 애가 없더라고. 그런데 그 아기들을 지켜주는 천사가 옆에 있는데, 그 천사가 너무너무 귀엽고 예쁜 거야. 웃는 입매도 정말 곱고. 그래서 하나님한테 막 졸랐어. 저 천사 아니면 안 낳을래요. 엄마가 하도 졸랐더니, 하나님이 "아이고. 내가 졌다. 천사야, 저 아줌마 따라가라." 그러더라. 그래서 너 등짝에 날개 달렸던 자국이 있잖아. 여기 등뼈. 이게 보통 뼈가 아니야. 딴 아기들은 그냥 아긴데, 너만 천

사였어. 비밀이야.

　그런데 말이야. 그 천사가 그러는 거야. "저도 아줌마가 울 엄마 했으면 좋겠는데요. 그런데 저는 동생이 있어요!" 세상에. 어떡해. 그 천사가 동생이 있다는데, 그럼 동생이랑 떼어놓니? 어쩔 수 없이 엄마가 양보했지. 알았어요. 정말 애 낳기 싫지만 이 천사님이 제 딸이 된다면 제가 둘 낳을게요. 너 그때 왜 그랬냐. 꽃봉이 떼어놓고 올 수 있는 절호의 찬스에. 왜 꼭 같이 온다고 그랬어? 그러면 꽃님이는 진짜 진지하게 후회하는 표정을 짓는다. 흐흐.

　꽃봉이는 이기 누나의 전생 이야기를 다 알고 있다. 아주 어릴 땐 무슨 얘기인지도 모르고 들었고, 좀 커서는 "나눙(나는)? 나눙?" 하고 물었지만 "어. 너도 천사였어. 니 등에도 여기 뼈 있지?" 이게 고작이지만, 그래도 자기도 천사였다니 거기 만족하고 지내왔다. 그래, 꽃봉아. 오늘은 엄마가 네 이야기를 들려줄게. 살짝 졸린 꽃봉이를 벤치에 눕혔다. 베개는 엄마 허벅지. 꽃봉이 머리를 살살 쓰다듬으며 얘기를 시작했다.

　꽃봉아. 누나가 천국에서 아기 돌보는 천사였던 거 알지? 엄마가 아기들 잔뜩 놔두고 왜 그 천사님을 꼭 딸로 삼으려고 했는지 알아? 그건 말이야. 그 천사님이 지나가는데 그 뒤를 쫄랑쫄랑 누가 따라가고 있는 거야. 바로 그 천사의 동생 천사인 거야. 어머. 세상에. 그렇게나 귀여운 아기 천사가 어디 있겠니? 너무너무 깜찍하고 멋있어서 엄마가 홀라당 발라당 첫눈에 반해버렸지 뭐야. 그래서 저 아기 천사를 꼭 엄마 아들로 삼아야겠다, 하니까 하나님이 그럼 누나랑 세트로 데려가라고 하더라. 뭐, 누나 천사님도 예쁘고 좋더라. 그래서 냉큼 "예, 하나님 감사합니다. 그럼 누나부터 데려갈 테니까, 50개월 후엔 꼭 아기천사도 보내주세요" 한 거야. 그런데 그 아기 천사, 얼마나 개구쟁이였는지. 너 니가 무슨 장난 했는지 기억나? 지나가는 천사들 날개 깃털을 몰래몰래 톡 뽑았던 거 생각나? 그러면 어른 천사들이 "앗, 따가워. 누구야?" 하고 보면, 너는 벌써 호로롱 날아가버린 거야. "아이참. 누가 내 날개 깃털을 뽑은 거야? 그냥 뽑혔나?" 하고 지나가면 니가 또 몰래 다가가서 톡 뽑고. 천사들 머리에 링 있는 거 알지? 그 링 갖다가 고리 던지기 하고, 좀 뚱뚱한 천사들은 그 링도 크거든. 제일 큰 링 몰래 가져다가 훌라후프하고. 천국에서 너 아니면 웃을 일이 없었어. 요 귀염둥이야.

엄마는 처음에 니가 머리에 뭘 쓰고 있어서 저건 모자구나 했는데, 자세히 보니까, 세상에. 아기들 기저귀를 빼다가 머리에 쓴 거야. 아이구, 니가 짱구냐? 별 장난을 다 쳐요. 꽃봉이가 좋아 죽는다. 꽃님이라면 "난 개구쟁이 아니야!"라며 울 수도 있겠건만, 남자아이들은 개구쟁이라는 게 무슨 칭찬인 줄 아는 걸까? 우헤헤 웃으며 꽃봉이가 물었다. "엄마, 내가 그때도 코딱지 팠어?"

그러엄. 엄마가 아기 천사를 몰래 보고 있는데, 갑자기 배가 고픈 거야. 그래서 뭐 좀 먹을 게 없나 하고 보는데 저기 무슨 잼이 있더라. 그래서 식빵에 잼을 발라서 한입 꿀꺽 했는데! 엥? 이 잼이 어째 좀 짭짜름한

거야. 그때 니가 그러더라. "아줌마, 그거 내 왕코딱진데요." 우웩. 엄마가 이번에는 빵 안 먹고 밥 먹으려고 보니까 저기 된장이 있는 거야. 그래서 얼른 된장국을 끓였어. 그랬더니 아기 천사가 뽀로롱 날아와서 그러는 거야. "아줌마, 그거 내 똥인데요?" 컥컥컥. 꽃봉이가 과자가 목에 걸리도록 웃어 댔다. 똥을 먹었으니 엄마가 얼마나 놀랐겠니? 그래서 기절을 한 거야. 그랬더니 아기 천사가 걱정스런 표정으로 다가왔어. 잠자는 숲속의 공주가 천년만년 자고 있는데, 왕자님이 어떻게 깨웠지? 그래. 뽀뽀해서 깨웠잖아. 백설공주도 지나가던 왕자님이 뽀뽀해서 깨웠지. 아기 천사도 엄마가 눈을 이렇게 감고 기절해 있는데, 엄마한테 와서…….

"뽀뽀해줬어? 엄마 힘내라고?"

"글쎄. 네가 한번 눈 감아봐. 어떡했는지 엄마가 보여줄게."

꽃봉이가 눈을 감았다. 아기 천사가 엄마한테 푸우우우우우~ 침을 잔뜩 튀겼다. "아줌마, 정신 차리세요" 그러더라.

꽃봉이가 잠을 완전히 깨고, 과자도 다 먹었을 때쯤 꽃님이가 엄마와 동생을 찾으러 나왔다. 책 실컷 봤어? 이제 그만 물놀이하러 갈까? 내일부터 이호 테우 해수욕장에서 축제를 한다는데, 오늘 개막식 한다는구나. 춤도 추고 노래도 부르고 한다니까 그거 보러 가자.

개막식 공연은 감동적일 만큼 수준 높고 알찬 공연이었다. 꽃님이와 꽃봉이가 넋을 놓고 봤다. 나중에 팸플릿을 보니 도립 민속무용단과 한라 예술단. 어지간히 비싼 공연보다 훨씬 더 나았는데, 생각보다 사람들이 별로 없어서 민망할 정도였다. 테우 고기잡이와 멸치잡이 재현 등도 흥미롭고 재미있었다.

이호 테우 해수욕장 축제

축제 일정 체크는 이곳에서! 제주특별자치도에서 운영하는 역사문화예술 홈페이지 **culture.jeju.go.kr** '문화예술관' 카테고리 안에 제주도에서 열리는 축제 캘린더가 있다.

이호 테우 해수욕장 이호 테우 해수욕장은 제주 시내에서 가장 가까운 해수욕장이다. 흔히 보는 등대 말고 트로이의 목마처럼 생긴 말 모양의 등대가 인상적이다. '테우'는 제주도 전통 낚싯배를 가리키는 말인게, 8월 초 여름마다 하는 축제기간 동안 테우에 관한 행사가 많다. 제주도는 해수욕장마다 축제를 많이 하고 있으니 가기 전에 꼭 날짜를 체크해 한 군데쯤 가보는 것도 좋을 듯. 이호 테우 해수욕장 축제는 매년 8월에 열린다.

문의 이호등주민센터 064-728-4921~4922 / 742-2501

엄마, 구름이
텔레비전보다 더 재밌어

☼

한라 도서관, 애월 한담 소공원

제주도 와서야 깨달았다.
내 머릿속에 있는 '풍경'이라는 말 속에는 늘 산이 있었다는 것을.
산을 특별히 좋아해서가 아니라 산이 없는 풍경을 상상해본 적이 없었던 것이다.

아침마다 전화기를 붙들고 고민한다. 친구들에게 제주도 내려오라고 할까 말까? 창밖으로 보이는 파아란 하늘과 둥실둥실 떠 있는 구름을 보노라면, 콱 눈물이 날 만큼 아름다워서 혼자 보기에 너무 아까워지는 것이다. 아이들이 바닷가에서 깔깔거리며 파도 뛰어넘기를 하는 모습을 볼 때도 그렇다. 끝없는 파도처럼 끝없이 웃는 아이들을 보노라면 같이 뛰어놀면 좋아할 아이들의 얼굴이 자꾸만 떠올라서 그들에게 전화를 할까 말까 고민이 된다. 침대 한 칸 내어줄테니 당장 내려오라고 하고 싶은 동시에 누가 와서 혹시나 우리의 이 평화가 깨질까봐 걱정되기도 한다. 결국 한 친구가 오려고 했으나 비행기 표가 없다는 현실과 마주치기까지 매일 갈등을 했다. 전화를 할까 말까? 물어본 사람 하나 없는데도 혼자 미안해하고, 혼자 심술부리면서 갈등 또 갈등. 아아, 오라고 할까 말까?

오늘도 아침 일정은 한라 도서관. 아이들은 후다닥 어린이실로 뛰어들어가고, 혼자 주차장에서 하늘 사진을 찍었다. 제주도 와서 가장 감탄을 하는 대상이 바로 커어어어어어다란 구름이다. 어찌 저리 구름이 클까? 제주도라고 특별히 구름이 더 클 이유도 없는데 왜 더 크고, 더 풍성하게 느껴지는 거지? 꽃님이도 그렇단다. 엄마, 구름이 자꾸 모양이 바뀌어. 달리기도 되게 빨리 해. 구름이 텔레비전보다 더 재밌어. 하늘이 넓어서 그런 걸까? 서울에서 이렇게 시야가 탁 트인 하늘을 본 적이 있었던가? 건물 때문에 잘리기 일쑤고, 야외로 나가더라도 산 때문에 하늘이 좁아진다.

제주도 와서야 깨달았다. 내 머릿속에 있는 '풍경'이라는 말 속에는 늘 산이 있었다는 것을. 산을 특별히 좋아해서가 아니라 산이 없는 풍경

을 상상해본 적이 없었던 것이다. 제주도에 와서 일부러 한라산 쪽을 바라보지 않는 이상은 그저 넓게 펼쳐져 있기만 한 부드러운 구릉과 들판이 처음엔 비현실적으로 보였다. 그리고 그 위로 통째로 온전한 모습을 보여주는 구름. 하늘이 잘리니 구름도 잘려 부분만 보다가 전체 모습을 보니 구름이 얼마나 풍만하고 드라마틱한지 번번이 사진기를 들이댄다. 하지만 한 번도 내가 본 것과 같은 구름 사진을 찍어본 적이 없다. 너무 환하거나 너무 어둡거나. 결국 사진 찍는 걸 그만두고 딸에게 미술 전공을 시킬까 말까 고민하고 있는 선배언니에게 전화를 걸었다.

"언니, 학원 그만두고 제주도로 오세요. 예술 하려면 이런 하늘 보고 커야 해. 제주도는 나무가 막 굼실굼실 움직이는 것 같아요. 나뭇잎들이 어찌나 싱싱한지, 다 살아서 꿈틀꿈틀해요. 이런 하늘과 구름, 숲을 보고 자란 사람은 영혼 자체가 달라질 거예요. 예술 하려면 이런 거 보고 커야 해. 당장 이사 오세요."

선배언니가 피식거리며 말했다. "니가 아직 초등부모라서 팔자 좋게 그런 소리 하지. 애들 어릴 때 실컷 놀아라." 에휴.

누나가 책에 푹 빠져 있으면 꽃봉이와 나는 데이트를 한다. 기껏해야 도서관 마당을 뛰어다니는 녀석을 지켜봐주거나, 손잡고 산책을 하는 게

고작이지만 꽃봉이는 엄마를 독차지한 것만으로도 기쁜지 한껏 달달한 말들을 쏟아낸다. 손을 잡고 걷다가 갑자기 엄마 손에 마구마구 뽀뽀를 하더니 버럭 소리를 지른다.

"엄마, 내가 왜 이러는지 아야(알아)? 사앙하니까 그어치, 사앙하니까! 알아? 내가 엄마 얼마나 사앙하는지. 아냐고오!"

프러포즈도 매일 한다.
"엄마, 왜 아빠앙 겨혼해떠? 인제 나양은(나랑은) 겨혼 못해?"
"미안해. 엄마가 아빠랑 결혼해버려서 꽃봉이랑은 못하겠네."
"아이 참. 내가 나타날 줄 모야구나(몰랐구나). 아이참 또 하면 안대?"
"엄마가 너랑 결혼하면, 아빠는 어떡하구? 아빠는 누구랑 결혼해?"
"바보똥꼬멍텅이랑."

"엄마, 나 죽게떠."
"뭐? 니가 왜 죽어? 어디 아파?"
"아니. 나 죽게따고. 엄마가 좋아죽게따고!"
엄마야말로 니가 좋아죽겠구나.

어느 날 밤, 엄마 얼굴을 물끄러미 쳐다보더니 말했다.
"엄마, 나는 왕따야."
"뭐? 니가 왜 왕따야? 친구들이 뭐라고 해?"
"팅구들? 몰라. 나는 왕따(왕자)라고. 엄마는 나의 공두님!"

이런 적도 있다. 그날도 누나와 엄마가 제주도 구름은 왜 저렇게 멋지냐며 난리법석을 떨자 꽃봉이가 조용히 있다가 한마디 했다.
"아빠가 있어야 구음도 더 좋지. 우리 가족이 다 이떠야 더 좋은 거야."
꽃봉이가 원래 달콤한 얘기를 자주 하는 편이긴 했지만, 제주도 와서 부쩍 더 애교가 많아졌다. 꽃님이가 책에 재미를 붙이고, 눈에 띄게 명랑해지는 바람에 온통 꽃님이 얘기만 하고 있지만, 살펴보면 꽃봉이도 참 많이 자랐다. 꽃봉이의 가장 큰 변화는 드라이브를 확실히 즐기게 됐다는 것. 그리고 식당이나 카페에서 자기 자리를 지킬 줄 알게 된 것이다. 그냥 돌아다니지 않는다는 뜻이 아니라 새로운 분위기를 즐길 줄 알게 됐달까? 편식쟁이답지 않게 처음 보는 음식도 먹으려고 애쓴다. 낯선 곳이니 낯선 음식을 받아들여야 한다고 생각을 한 것 같다. 또 드라이브를 즐기게 됐다는 건 하늘이나 구름, 바람, 이런 것들에 민감해졌다는 뜻이다. 꽃봉이가 특히 아름답다고 얘기하는 건 저녁노을이다.
"엄마, 아염답지(아름답지)? 휴."

10월생이라 다섯 살이라도 생일로 따지면 태어난 지 4년도 되지 않은 녀석이 노을을 보며 한숨 쉬는 모습을 보면 웃기기도 하고, 대견하기도 하다. 가끔 여행에서 일상적인 어떤 것이 새로운 이미지로 마음에 새겨질 때가 있다. 예를 들면, 이집트 카이로에 갔을 때 내게 인상적인 것은 '매연'이었다. 오토바이가 부르릉 지나갈 때 확 피어오르던 냄새. 그땐 그렇게나 싫더니 어찌된 게 한국에 돌아오자 매연 냄새만 맡으면 이집트 생각이 났다. 매연이 끄집어낸 '이집트'라는 단어를 끝까지 말하기도 전에 이집트 사막에서 본 그 많은 별들이 생각나는 것이다. 불쾌하기 짝이 없는 매연이 내 인생에 이토록 매력적인 무언가가 될 줄이야!

밤새 비가 온 후 아침의 축축한 공기에는 런던이 느껴진다. 거의 20년 전이다. 배낭여행 갔을 때, 너무나 설레 아침이 될 때까지 기다리지 못하고 새벽녘에 숙소에서 뛰쳐나와 무작정 거리를 걸어 다녔다. 그때의 날씨가 그랬다. 밤새 비가 온 후라 공기가 잔뜩 물기를 머금고 있던, 부드러운 찬바람. 그때부터 20년 가까이 비슷한 날씨만 되면 나는 런던의 그 새벽으로 돌아가곤 했다. 너무나 생생하게 살아나는 어떤 순간들. 이렇게 갖게 된 몇 개의 이미지들은 살아갈 힘이 된다. 반드시 그곳에 또 가리라, 하는 기대가 아니더라도, 그저 생각만 해도 기분 좋아지는 것들 말이다. 새로운 것을 본 게 별로 없는 여행이라도 이미 새로운 추억, 새로운 눈을 갖게 됐기 때문에 두고 온 내 일상 전체가 완전히 새로운 것이 되곤 했다. 새로운 풍경이나 견문이 주는 에너지는 그 약발이 얼마 가지 못하지만 새로운 눈이 주는 에너지는 끝없이 재생되었다.

아마 이제 나는 올록볼록 잘 생긴 구름을 볼 때마다 제주도가, 이 여름이, 이 도서관이 생각날 것이다. 꽃봉이도 이제 빨강과 분홍과 깊은 푸른색이 뒤섞인 멋진 노을을 보면 이 여름을 떠올리려나. 그렇지 않아도 물론 상관없다. 나에겐 이미 새로운 추억이 생겼으니까. 노을을 보면 나는 떠올릴 것이다. 노을을 보고 한숨짓던 조숙한 꼬마녀석. 남들은 못 보는 작은 날개를 달고 있던 나의 천사. 그 천사는 누나와 보내는 시간이 많아지니 확실히 협상과 약 올리기의 기술이 늘었다.

15

ONE DAY
JEJU ISLAND

8. 8.

잠잠히
머물 것

☼

늘푸른교회, 이호 테우 해수욕장

도서관이든 어디든 어린 아이 엄마가 어디 쉴 수 있는 신세던가. 조금 빡빡한 일정을 보냈더니, 저녁이 되자 몸살기가 올라왔다. 아이들에게 밥을 차려주고 누워 있는데, 꽃님이가 그런다. "엄마, 오늘은 내가 꽃봉이 데리고 잘까?" 말만 들어도 고맙구나. 다 컸다, 예쁜 딸.

제주도에 올 때 소중하게 챙겨온 연락처가 두 개 있다. 숙소 근처에 있는 병원 주소와 동네 교회 전화번호. 하나는 쓸까봐 두려웠고, 또 하나는 행여나 쓰지 않을까봐 두려웠다. 건물이 멋진 방주교회는 한 번은 구경 갈 만하나 두 번 가기엔 좀 멀어서 제주도 오기 전부터 동네 교회를 알아왔다. 인터넷으로 '노형동'과 '교회'를 동시에 검색하자 여러 교회가 나왔다. 그 중 홈페이지도 없는 '늘푸른교회'를 고른 것은 늘푸른교회가 매년 전국 어려운 상황의 목회자 부부들을 초대해 전액 경비를 대며 충전과 휴식의 시간을 갖도록 한다는 기사를 보았기 때문이었다.

오늘 설교말씀 본문은 마가복음 6장 30절부터 32절까지란다. 어? 특이하네. 33절부터 나오는 유명한 '오병이어' 기적 이야기가 아니라 그 앞부분에서 설교를 한다고? 오병이어의 기적은 5,000명 넘는 사람들이 예수님 말씀을 들으러 몰려왔는데, 먹을 것이 없다. 겨우 떡 다섯 개, 물고기 두 마리. 이에 예수님께서 기도하신 후 사람들에게 나누어주니 배불리 먹고 남은 떡 조각과 물고기를 열두 바구니에 차게 거두었다, 는 것이다. 이 부분을 주제로 하는 설교야 한두 번 들은 게 아니지만, 그 이야기가 아니라 바로 앞부분이라고? 성경 본문은 이런 것이었다.

'사도들이 예수께 모여 자기들이 행한 것과 가르친 것을 낱낱이 고하니 이르시되 너희는 따로 한적한 곳에 와서 잠깐 쉬어라 하시니 이는 오고가는 사람이 많아 음식 먹을 겨를도 없음이라 이에 배를 타고 따로 한적한 곳에 갈새' —마가복음 6장 30~32절

이정훈 목사님의 말씀은 이러했다. 이 일은 예수님의 제자들이 난생 처음 전도여행을 다녀온 직후란다. 전도여행을 가면서 병 고치는 능력

과 귀신 쫓는 능력을 받았는데, 덕분에 전도여행이 아주 성공적이었다는 거지. 한껏 들뜬 제자들은 빨리 새로운 세상을 만들고 싶어서 의기양양 "자, 이제 명령만 내리세요" 상태였을 터. 하지만 예수님은 '뻘 받은 김에 나가서 더 열심히 하기'를 명하신 게 아니라 첫 번째로 '한적한 곳에 가서 쉬라'고 명하신다.

큰 그림을 그리려면 한발 물러서서 전체를 볼 줄 알아야 하는 것처럼, 삶에도 한발 물러서서 바라보고, 기다리고, 비우면서 전체를 보는 것이 중요하기 때문이다. 우리는 지금껏 적극적인 사고방식, 열성과 끝없는 노력 등을 좋은 것, 미덕으로만 여겨왔지만 사실 철학 없는 열성, 영성이 받쳐주지 못하는 적극성만큼 위험한 것이 없다. 적극적이고 성실하기만 한 사람은 타인에 대해 엄격하다. 자신의 '과도한 열정'을 옆 사람에게 강요하고, 그것을 기준으로 '너는 잘못했다, 너는 나쁘다' 단죄하기 쉽다. 하지만 예수님은 늘 사람 없는 광야, 한적한 곳을 찾아 기도를 하셨다. 중요한 일을 앞둔 대일수록 더욱 말을 아끼고 기도를 하셨다. 하나님이 주시는 평화를 만나기 위해서였다.

쉼은 예수님을 닮은 삶의 형태다. 쉼은 비움이고, 가장 먼저 비울 것은 바로 말이다. 말의 배경은 침묵이어야 한다. 잠잠히 머물라. 잠잠히 나를 들여다보고, 하나님과 만나라. 그래야 기적이 일어난다. 쉬고 있는 제자들과 예수님을 찾아온 많은 이들에게 먹을 것을 마련해준 오병이어의 기적처럼 말이다.

아, 딱 내지 필요한 말씀이었다. 빈둥거리러 왔다고 말하면서도 행여나 볼 만한 것을 못 볼까봐 안달복달 아이들을 끌고 다녔다. 여행지에서뿐만이 아니다. 집에서는 더 그렇다. 아이들에게 대놓고 들들 볶지는 않았지만 내 마음속은 늘 어지러웠다. 아이들에게 더 많은 걸 보여주고 싶어서! 더 많이 느끼고 더 많이 경험하게 해주고 싶어서! 더 잘해주고 싶어서! 하지만 과연 아이들도 엄마에게 그걸 원했을까? 더 교육적이고, 더 보람차고, 더 즐거운 것들로만 가득 찬 시간을? 그것들은 과연 더 즐겁고 유익했을까?

제주도로 한가하고 느긋한 여름을 보내러 간다고 했더니 이웃들이 내가 아주 여유로운 사람인 줄 알더라. 일부러 어디론가 한가로울 수 있는 장소를 찾아가야 할 만큼 여유롭지 못한 줄은 모르고 말이다. 나는 늘 두세 가지 일을 한꺼번에 한다. 잠자는 시간도 아깝다. 넌 노는 데만 부지런하잖아. 일상생활에서도 좀 더 근면성실하게 살려는 노력을 좀 해봐. 늘 이렇게 말하는 워커홀릭 꽃님아빠에게도 들려주고 싶은 얘기였다. 우리 같이 생각 좀 해보자. 한발 물러서지 않으면 전체를 볼 수가 없어. 조용하지 않으면 나 자신을, 하나님을 만날 수가 없어.

오후엔 여름축제가 한창인 이호 테우 해수욕장에 또 갔다. 기껏 쉼에 대해서 묵상하고 맞아 맞아 해놓고 웬 해변축제? 아이고, 인생 뜻대로 되지 않는다. 친정오빠 부부가 제주도로 휴가를 온 것이다! 같이 온 일행이 있어서 해변축제에서 잠깐 얼굴만 보기로 했다. 원래 원담은 바닷물 속에 얼기설기한 제주도 특유의 돌담을 지어놓은 것인데, 밀물 때 물고기들이 원담을 넘어 왔다가 썰물 때 물이 빠져나가면 갇힌 물고기를 잡는다. '원담 낚시 체험'은 일부러 원담 안에 물고기들을 잔뜩 풀어놓고 사람들더러 물고기를 건져내도록 하는 것이다.

물고기를 맨손으로 잡아야 하니 미끄럽지 않도록 목장갑을 준비하는 건 필수. 동네사람들은 구멍 숭숭 뚫린 플라스틱 소쿠리와 채반으로 바닥을 싹 훑어 물고기를 잡는다. 하지만 우리는 잔뜩 기대에 부푼 아이들

보기 민망하게 한 마리도 잡지 못했다.

　사람들이 어찌나 많은지 제주도 와서 이렇게 많은 사람은 처음 본다. 이 많은 사람들이 첨벙첨벙 걸어다니니 원담 안의 얕은 바다가 온통 흙탕물이 되었다. 도대체 어디에 물고기가 있다는 거야? 사람들 말로는 행사 금방 시작했을 때는 비싼 우럭이나 광어를 잡은, 아니 주운 사람도 많았다고 한다. 실제로 어른 팔뚝만 한 물고기를 몇 마리나 잡은 사람도 꽤 보았다. 협재 해수욕장에서도 원담 낚시 체험행사를 하던데, 사람이 좀 적은 협재로 갈 걸 그랬나? 어쨌거나 오랜만에 친정 식구들 얼굴 보고 아이들도 사람 구경을 하느라 즐거워했으니 됐다.

　아이들을 생각하면 도서관에 가는 건 아주 좋은 일이다. 책 때문이 아니더라도 몸을 좀 덜 쓰고 쉬는 시간이 필요하기 때문이다. 갖고 온 두 개의 전화번호 중에 감사하게도 하나는 쓸 일이 없었던 게 모두 다 도서관에서 잘 쉬었기 때문이 아닐까? 하지만 도서관이든 어디든 어린 아이 엄마가 어디 쉴 수 있는 신세던가. 오늘 조금 빡빡한 일정을 보냈더니, 저녁이 되자 몸살기가 올라왔다. 열이 나고 온몸이 쑤신다.

　아이들에게 밥을 차려주고 누워 있는데, 꽃님이가 그런다.

　"엄마, 오늘은 내가 꽃봉이 데리고 잘까?"

　말만 들어도 고맙구나. 다 컸다, 예쁜 딸. 집에 있을 때도 그리 엄마 속 썩이는 일이 없긴 했지만, 제주도 와서 꽃님이의 도움을 얼마나 많이 받는지 모른다. 제주도 오면서 처음부터 끝까지 나 혼자 책임지고 이끌어야 한다는 생각에 두렵기도 하고, 지레 피곤하기도 했다. 하지만 막상 와 보니 꽃님이와 꽃봉이는 나의 숙제가 아니라 함께 숙제를 하는 동료였다. 아이들도 나름대로 제 할 일을 찾아 하고, 힘들 땐 서로를 위로한다. 아이들도 여기가 집 떠나 객지인 것을 아는 것이다. 지금은 엄마에게 협조를 해야 할 때라는 걸, 마냥 자기 하고 싶은 대로만 할 수 없다는 걸 꽃봉이도 자연스레 안다.

여행은 아이들이 제일 잘 적응한다. 어른은 당황하는 동안 아이들은 여행 그 자체 속으로 뛰어든다. 어린 아이를 데리고 다녀봤자 무슨 소용이 있냐고, 좀 더 크면 다니라고들 하지만 바깥 생활이 생존 자체에 영향을 미치는 젖먹이가 아닌 다음에야 어릴수록 여행을 더 잘하는 것 같다. 처음 여행 갔을 대보다 두 번째 더 잘 적응하고, 세 번째엔 엄마보다 나아진다.

엄마에게 휴식을 주고, 꽃님이는 동생을 딱 끼고 앉아 스티커책을 한다. "아우, 똑똑하네. 자, 그럼 여기 초록색 사과가 몇 개 있을까?" 제법 어르고 달래며 문제를 푸는 걸 보니 웃긴다. 딱 내 말투로 동생에게 말한다. 그러면서도 어느 새 다섯 살 시절을 다 잊어버린 아홉 살은 융통성 없는 무서운 선생님이기도 하다. 꽃봉이는 엄마랑 할 땐 3분만 지나면 한눈 파는 애가 버럭버럭하는 누나 앞에서 꼼짝 못하고 앉아 누나 선생님의 잔소리를 듣고 있다.

둘이 잘 노니 엄마는 자면 좋겠는데 아구리 엄마를 쉬게 하려는 마음이 있어도 끊임없이 엄마 부를 일이 생긴다. 꽃님이가 "우리 둘이 하루에 몇 번 엄마를 부를까?" 하고 동생에게 묻자 꽃봉이가 "열백스무 번" 하고 대답했다. "아마 우리 둘이 천 번은 부르는 거 같아." 알긴 아네. 피식 웃으면서 드디어 잠이 들었다. 아이들 웃음소리가 멀리서 들려왔다. 한숨 자고 나면 좀 나아져야 할 텐데.

육아의 첫 번째 원칙,
익히되 잊으라

☼

애월 한담 산책로

아이들은 10분 걸어갈 길도 한 시간 두 시간 걸려 가는 놀라운 재주가 있어서 자칫하면 어영부영 시간이 다 흘러가버린다. 아이들이 걷는 데 오래 걸리는 건 체력이 딸려서도 아니고 산만해서도 아니다. 아이들의 호기심을 자극하는 것들이 길에 가득하기 때문이다.

아침에 일어나니 다행히 몸이 한결 가뿐하다. 애월 한담 소공원에서 곽지 과물 해수욕장까지 이어져 있는 산책로가 하도 좋다기에 아침 일찍 나섰다. 저녁부터 태풍권에 든다는데 아직은 아침 햇살도 뜨겁다. 더워 죽겠는데 산책은 무슨 산책이냐 도서관에 가자는 아이들을 살살 달랬다.

산책로 시작지점인 애월 한담 소공원에 있는 레스토랑 '키친 애월'로 갔다. 키친 애월은 서울에서 S대기업에 다니던 주인아저씨가 애월 바다에 반해서 회사도 그만두고 낸 식당이란다. 돈가스와 빙수, 스파게티, 커피, 모두 맛도 좋고, 분위기도 좋고, 음악도 좋다. 요새는 중학생들도 꿈이 카페 내는 거라던데, 제주도 바다를 보노라면 정말 전망 좋은 위치에 자리한 카페 주인이 제일 부럽다. 키친 애월은 소공원 주차장을 끼고 있어서 주차 여건이 아주 좋다. 물허벅을 진 하녀동상 앞에 차를 세우면 된다. 애월 한담 소공원이 높은 지대에 있어서 벼랑 아래 산책로가 있다는 걸 알고 보는 사람에겐 내려가는 계단이 쉽게 눈에 띄지만, 모르고 보면 계단도 산책로도 잘 보이지 않으니 주의 깊게 봐야 한다.

계단을 내려가니 10미터 될까 말까 한 작은 모래사장이 나온다. 바다 색깔 정말 멋지다! 비췻빛 에메랄드 바다. 바다를 물끄러미 바라보던 꽃님이, 꽃봉이가 동시에 말했다.

"엄마! 물놀이 하자!"

아침 아홉 시가 간신히 넘은 시간에 시작된 물놀이는 점심을 먹고도 한참 지나서, 소나기가 내리기 시작한 후에야 끝났다. 마침 해변에 동네 중학생 언니 둘과 오빠 하나가 와 같이 잘 놀았다. 떼를 지어 다니는 은빛 물고기들이 생긴 건 그리 늘씬하고 예쁘면서 어찌나 어수룩한지 모래놀이할 때 쓰는 작은 양동이를 그냥 휘두르기만 해도 잘한다. 아이들은 좋아서 어쩔 줄 몰라했다. 때로 버스에서 보면 무서운 십대 언니 오빠들도 꽃봉이 새끼손가락보다 작은 물고기들을 잡으면서, 금방 허물어지는 모래둑을 쌓고 또 쌓으면서 몇 시간이나 놀 수 있다는 걸 알았다. 모래를 끝없이 판다든지 파도에 밀려온 미역을 누가 멀리 던지나 한다든지 어른 눈엔 도대체 저걸 왜 하나 싶은 놀이를 하면서 얼마나 행복해 보이는지, 다섯 살 꽃봉이나 올해 고등학교 갔다는 형이나 똑같다. 하긴 아이들은 한 번도 같은 모래를 판 적이 없을 것이다. 한 번은 삽이 되어 모래를 팠고, 한 번은 포클레인이 되어 팠고, 어쩌면 천지를 만든 창조주의 심정으로 모래로 세상을 빚었는지도 모른다. 어느 정도 깊이 파면 물이 차올랐다. 아이들의 환호성도 똑같이 차올랐다.

바둑에 이런 말이 있다. '정석을 익히되 실전에서는 잊으라!' 아이들과 놀다 보면 딱 맞는 말이다. 뭘 하고 놀지 계획을 세우는 건 아주 중요하다. 아이들은 10분 걸어갈 길도 한 시간 두 시간 걸려 가는 놀라운 재주가 있어서 자칫하면 어영부영 시간이 다 흘러가버린다. 아이들이 걷는 데 오래 걸리는 건 체력이 딸려서도 아니고 산만해서도 아니다. 아이들의 호기심을 자극하는 것들이 길에 가득하기 때문이다.

어디로 튈지 모르는 아이들을 이끌어가기 위해선 엄마의 마음도 다 잡고, 아이들도 유혹(!)할 계획이 필수적이다. 하지만 계획을 지키려고 고집하는 순간, 아무리 좋은 계획도 족쇄가 되기 십상이다. 애들아, 좀 서둘러. 빨리빨리! 왜 이렇게 꾸물거려? 애들아, 이것 좀 봐. 이것 좀 보라니까! 왜 이렇게 엄마 말을 안 들어? 버럭버럭. 기껏 놀러가서 아이들을 울리는 이유가 사실은 '가장 좋은 계획' 때문인 경우가 얼마나 많은가. 계획을 세우되, 가서는 잊으라! 바닷가에 왔으니 물에 들어가 놀아야 한다는 건 엄마의 계획이고, 엄마의 생각일 뿐 아이들은 바닷가 갯강구 한 마

엄마는 산책해. 우리는 땅을 팔게.

리에 넋을 잃을 수도 있고, 끝없이 모래만 팔 수도 있는 것이다. (하물며 바닷가 산책로 따위야!)

하지만 아이 눈에 모래만 보이겠는가. 모래놀이를 하더라도 그 배경은 이미지로 남아 있을 것이다. 여름. 바다. 어쩌면 그렇게 놀던 나를 웃으며 바라보던 엄마까지. 기억한 줄도 몰랐던 이 이미지들이 모여 추억이 된다. 먼 훗날 한 움큼의 모래를 보고 이 모든 것들이 우르르 쏟아질지도 모른다. 모래놀이의 즐거움은 잊더라도 이 여름의 평화는, 행복은 온 마음에 새겨져 있지 않을까?

자연을 아는 것은 자연을 느끼는 것의 절반만큼도 중요하지 않다고 했던 환경학자 레이첼 카슨은 자연에 관한 지식과 정보들은, 말하자면 씨앗이라고 했다. 그리고 자연에서 느끼는 이런저런 감정과 인상은 그 씨앗이 터 잡고 자라날 땅이라는 것이다. 유년시절은 그 땅을 얼마나 기름지게 하는가 준비하는 시간이다. 아름다움에 대한 감수성, 새로운 것, 미지의 것에 대한 흥분과 기대, 공감, 존경, 사랑……. 이런 감정들이 기름진 땅을 이루고 난 다음에야 비로소 그런 감정을 불러일으킨 사물에 대한 지식을 올바르게 추구할 수 있단다. 유년시절에 만들어진 기름진 땅, 즉 자연에 대한 사랑은 아이의 곁을 평생 떠나지 않는 착한 요정이 된다는 것이다.

여행만큼 유년의 땅을 기름지게 하는 것이 있을까? 아이들을 데리고 여행을 간다고 할 때 다들 말렸다. 지금 가서 뭘 기억하겠어. 지금 가봤자 애도 고생이고 엄마도 고생이야. 좀 더 기다렸다가 뭘 좀 알 때 가야 기억도 하고, 동기부여도 되지……. 얼핏 들으면 합리적인 말이다. 하지만 도대체 몇 살이 되면 여행으로 무언가를 깨닫거나 유식해질 수 있을까?

그런 일이 과연 가능하기나 할까?

'사랑하면 알게 되고, 알면 보이나니 그때 보이는 것은 전에 보이는 것과 다르다'지만 애초에 어떻게 사랑하게 된단 말인가. 유년의 여행을 통해 사랑하는 대상이 많이 생긴다면, 사랑할 수 있는 마음이 생기면 됐지 뭘 더 바래. 어쨌거나 아이의 기름진 땅을 생각하면 마음이 설렌다. 그 땅에 나중에 뭐가 자랄지 아무도 모른다. 꼭 꽃을 피우고 열매를 맺지 않더라도 괜찮다. 씨앗을 품고 있는 땅이라니, 그 자체로 충분히 아름답잖아. 오아시스가 숨어 있는 사막처럼 근사하게 들리네. 아아, 자라야 한다는 생각 자체를 버리자. 자라지 않으면 어때. 같이 있는 이 순간이 이리도 행복한걸. 뜨거운 햇살로 데워진 페트병 물로 아이들을 씻기고 있는데, 지나가던 할머니께서 뭐라고 하신다.

"그걸로 어떻게 씻어? 얘들아, 이리 따라와. 저기 용천수 있다. 할머니도 저기서 씻는다."

용천수라면 한라산에 내린 빗물이 땅속에 스며들지 않고 바닷가까지 와서 솟아나는 곳이다. 지난번 곽지 해수욕장에서 용천수 목욕탕에 가서 신나게 놀았던 기억이 나서일까? 두 아이가 조금도 망설이지 않고 알궁둥이 그대로 쫄랑쫄랑 할머니를 따라나섰다. 며칠 전만 해도 신발 벗는 것도 어색해하던 아이들 맞는 걸까?

제주도에 갓 왔을 때, 꽃님이는 수영복으로 갈아입으려면 차 속에 들어가 창문을 담요로 다 가리고도 엄마더러 밖에서 망을 보라고 했다. 하지만 해수욕장이 아니라도 풍경 좋은 데서 바로 물놀이를 하는 일이 많아지자, 점차 편하게 옷을 갈아입게 됐다. 엄마가 큰 수건으로 가려주면 재빨리 갈아입는 요령도 생겼다. 그러더니 글기야 옷 벗고 동네 할머니를 따라가는 일까지 벌어진 것이다. 제법 큰 소녀인데 행여 남들이 볼까 걱정하기 이전에, 나로선 감동적인 순간이었다. 옷 갈아입는 게 편해진, 딱 그만큼 아이들의 얼굴에서 경계심이 사라지고 표정이 편안해졌으니까 말이다.

바닷가 한 구석에 정말 민물이 솟아나는 용천수가 있었다. 곽지 해수욕장처럼 진짜 목욕탕은 아니지만 동그랗게 돌담을 쌓아 탕을 만들어놓았다. 제주도 바닷가에선 아주 흔하게 용천수 탕을 발견할 수 있다. 해녀들이 이곳에서 바닷물도 씻고, 저녁 반찬거리도 씻는다고 한다. 용천수는 너무나 차가웠지만 아이들은 시원하다고 깔깔대며 한참 더 놀았다.

가볼 만한 애월 맛집

키친 애월 애월 한담 소공원 앞에 있었는데, 애월항으로 이전했다.
제주시 애월읍 애월리 1819-37 문의 **064-799-8229**

숙이네 보리빵 애월 한담 소공원에서 애월읍내로 들어오면 애월 파출소 버스정류장 앞에 숙이네 보리빵이 있다. 쑥보리빵, 보리빵, 보리찐빵이 있다. 빵 종류에 따라 400원, 600원씩. 아이들 물놀이할 때 간식으로 먹어도 좋고, 냉동해놓고 먹어도 좋다. 문의 **064-799-1777, 010-5614-9209**

17

ONE DAY
JEJU ISLAND

8. 10.

태풍 속의
제주도

☆

제주 민속자연사 박물관, 제주 기적의 도서관

어둑어둑한 마당 흙이 빗줄기에 패이는 것을 한참 쳐다보았던 기억이 난다.
그땐 혼자 있어도 하나도 무섭지 않았다. 어디서건 나를 지켜주는 엄마, 나를 지켜보는 엄마,
내가 위험할 땐 태권브이보다 더 빨리 나타날 게 당연한 엄마가 있어서 그랬나.

"지금 뭐하는 거예요? 우리 애가 뭘 잘못했나요?"

버럭 소리를 질렀다.

"으흐흐흐, 애가 귀여워서……."

"당장 손 못 놔요? 이거, 미친 사람 아니야?"

"으흐흐흐흐, 미치긴 뭐, 흐흐흐흐……."

제주 민속자연사 박물관에서였다. 커다란 고래뼈를 보러 갔는데, 정작 아이들은 고래뼈엔 반응이 시들하고, 바로 앞에 있는 물고기 밟기 놀이에 열광했다. 전시장 바닥에 바다 그림이 비춰지고 아이들이 물고기를 밟으려 하면 물고기가 딴 데로 도망가는 장치인데, 꽃봉이가 어찌나 좋아하던지 한참을 놀았다.

꽃님이와 나는 다른 걸 구경하다가, 문득 꽃봉이는 뭐하나 쳐다본 참이었다. 60대 초반으로 보이는 할아버지가 꽃봉이 양팔을 꽉 움켜쥐고 헐떡거리며 꽃봉이 얼굴에 코를 들이대고 있었다. 아이는 공포에 질려 숨소리도 내지 못하고 있었다. 어? 상황 파악이 안 돼 잠깐 멈칫했다. 당장 손 놓으라고 소리를 지르기까지 몇 초나 흘렀을까. 나중에 생각하니 그 몇 초 사이에 어찌 그리 많은 것들이 순간적으로 생각났는지, 어찌 그리 공포스러웠는지 놀라울 정도였다.

지금저거뭐야왜꽃봉이팔을잡고있는거지꽃봉이가뭘잘못했나잘못했더라도저러면안되는거아니야잘못했을리가없어왜남자애를건드려애한테이상한짓하려는거아니야그런건가봐저낄낄거리는표정좀봐엄마혼자있다고우습게본건가혹시애를유괴하려는건가혼자일까일당이있을까나혼자싸울수있을까칼들고있는거아냐일당이같이덤벼들면어떡하지꽃봉이와꽃님이더러도망가라고옆으로밀칠까누가날도와줄까책임자어딨어경찰어딨어112전화할까일단소리를질러야겠다지금뭐하는거에욧?!!

엄마를 발견한 꽃봉이가 그제야 울기 시작했다.
"귀여워서 장난친 건데, 놀라긴, 흐흐흐흐……."
일단 우는 애를 안고 달래는 사이에 느물느물한 영감은 스르륵 사라져버렸다. 다리에 힘이 쫙 풀렸다. 나도 어지간히 간이 큰 아줌마인데 왜 이렇게 놀랐는지 모르겠다. 낯선 곳에서 아이들을 책임지고 있다는 게 무의식 중에 두려움으로, 무거움으로 자리 잡고 있었나 보다. 모르는 사람이 팔을 잡으면 소리를 지르지 그랬냐고 하자, 꽃봉이는 자기가 뭘 잘못한 줄 알았단다. 설사 잘못했더라도 앞으로는 누가 니 몸을 잡으면 꽥 비명을 지르라고 몇 번이나 당부했다.

다리에 힘이 풀려 더 이상 뭘 볼 수가 없었다. 고래뼈는 전시물의 아주 작은 부분일 뿐, 제주도 전통생활 모습이라든지, 지형이나 생물이라든지 생활사와 자연사 두루두루 포괄하는 전시물들은 아주 볼 만했다. 아이들을 데리고 제주도에 왔다면 반드시 없는 시간도 쪼개 들르라고 강추하고 싶은 곳이었지만, 어쩌겠는가. 다행히 내일 가야 하는 사람들이 아니니 또 한 번 와야겠다. 다행히 전시규모가 꽤 커서 두 번 와도 충분히 보람차겠다.

박물관에서 나오자 오늘부터 태풍권에 들어선다더니 과연 엄청난 비가 내리고 있다. 이런 비는 난생 처음이다. 장맛비 한두 번 본 건 아니지만, 안 그래도 세찬 비에 바람이 더해지자 어마어마하다. 제주도가 이래서 바람으로 유명하구나 싶다. 빗줄기는 위에서 아래로, 옆에서 옆으로, 심지어 아래에서 위로도 흩뿌리더라. 이런 날 뭘 하겠다고 꾸역꾸역 밖으로 나왔나 모르겠다. 그냥 집에서 낮잠이나 잘걸. 그랬으면 이런 봉변도 당하지 않았을 텐데. 괜히 고래뼈 본다고 나왔네. 내일 나올걸.

혼자 궁시렁궁시렁하고 있는데, 누가 나를 보고 키들키들 웃으면서 지나간다. 아까 그 미친 영감이다. 헉. 두 명이네. 왜 날 보고 웃는 거야? 으아아, 완전 미친 사람 아냐? 아까 제대로 따지지도 못했으니 지금이라도 제대로 한번 붙어볼까 했지만, 차마 입이 떨어지지 않았다. 저긴 둘이잖아. 싸우지도 못한다고 우습게 보고 작정하고 해코지하면 어떡할래. 그래도 따질 건 따져야 하는 거야. 아니야. 아무 일 없었으면 됐지. 애들 앞에서 어쨌거나 나이 든 사람하고 싸우는 꼴 보여주는 것도 우습잖아. 그런가? 그래도 엄마가 최선을 다해 너희를 지켜준다는 걸 보여줘야 하는 거 아니야?

머리는 어지럽고, 심장이 쿵쾅쿵쾅, 손이 부들부들 떨리는데, 그저 빨리 자리를 피하기로 했다. 사방팔방으로 부는 비와 바람엔 우산도 소용없고, 비옷도 소용없다. 아이들의 우산은 펴자마자 뒤집혔고, 엄마의 옷 사이로 아이들이 고개를 박았다. 그래, 애들아, 엄마 품으로 오렴. 엄마가 끝까지 지켜줄게.

길만 건너가면 유명한 국수집이 있는데도 아이들이 한 발자국도 더 못 걷겠단다. 무조건 제일 가까운 식당으로 들어갔다. 따뜻한 칼국수 국물이 들어가니 그래도 좀 낫다. 내가 지금 여기에서 뭘 하고 있는 건가. 갑자기 제주도가 낯설게 느껴져 내비게이션이 하는 말을 두 번이나 놓쳤다. 여기가 어딜까? 태풍의 빗줄기에 앞도 잘 보이지 않는데, 제주도에서 흔히 마주치는 오거리, 육거리가 뒤엉켜 내가 봐야 하는 신호등이 뭔지조차 헷갈렸다. 그때 꽃님이가 소리쳤다.

"엄마, 저기 기적의 도서관이 있어!"

과연 제주 기적의 도서관 500미터 이정표가 있다. 어쩐지 아는 곳 같고, 어쩐지 내 편 같아 눈물이 나려 했다. 우리에게 기적의 도서관은 늘 기적처럼 나타나는구나. 뜨거운 폭염을 피해, 거센 폭우를 피해. 이도 2동에 있는 제주 기적의 도서관도 서귀포 기적의 도서관만큼이나 멋진 곳이었다. 통유리창은 시원하면서도 아늑했고, 휴게실도 널찍하니 좋았다. 숨어들듯 들어간 곳은 제주도 말로 영아를 가리키는 물애기방이었다. 비 오는 날이라 그런지 아기들은 아무도 없었다. 꽃봉이는 언제 무슨 일이 있었냐는 듯 말짱해져서 놀기 시작했고, 나만 기운이 빠져 털썩 주저앉았다. 물애기방 구석에 동그란 공간이 있었다. 방 속의 작은 방이다. 어둑하면서도 창문이 있어 환한, 특이한 이곳이 마음에 드는지 아이들은 그곳에서 끝없이 책을 읽어댔다. 그러다 꽃봉이가 픽 쓰러지듯 잠이 들었다.

큰 유리창가에 아이를 눕혀놓고 나도 같이 누웠다. 작은 잔디밭과 물애기방 사이에는 턱이 하나도 없이 커다란 통유리창뿐이라서, 유리창에 바짝 붙어 눕자 꼭 내가 잔디밭에 누워 있는 것 같다. 여전히 비가 쏟아지고 있는 창밖을 보노라니 어렸을 적 어느 늦여름 오후가 생각났다. 내가 꽃봉이 나이쯤이었나. 꽃을 톡 뽑아 꿀물을 빨아먹곤 했던 사루비아 꽃과 빌로드처럼 부드러운 맨드라미가 가득 피어 있는 마당이었다. 마루

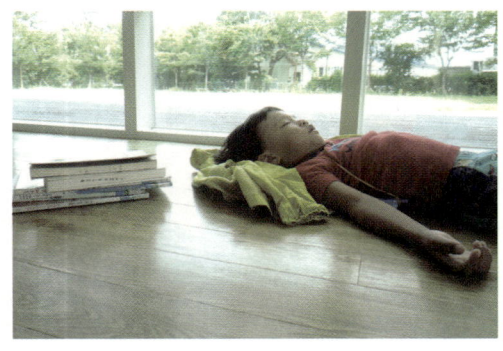

제주도에서
아이들과 한 달 살기

에서 잠이 들었다가 빗소리에 깼나 보다. 어둑어둑한 마당 흙이 빗줄기에 패이는 것을 한참 쳐다보았던 기억이 난다. 그땐 혼자 있어도 하나도 무섭지 않았다. 어디서건 나를 지켜주는 엄마, 나를 지켜보는 엄마, 내가 위험할 땐 태권브이보다 더 빨리 나타날 게 당연한 엄마가 있어서 그랬나.

새삼 안전한 곳에 왔다 싶어 긴장이 풀어지니 그런가, 기분이 좋아졌다. 다행이야. 별일 없어서. 꽃봉이가 놀라지 않아서 다행이야. 아, 안에서 보는 비는 참 좋구나. 편하구나. 휴우. 친정엄마더러 제주도 한 번 다녀가시라고 그럴까. 가릉가릉 꽃봉이 코고는 소리를 들으며 한참 비를 보노라니 뜻밖에 행복감이 밀려왔다. 다행이야. 다행이야.

제주 기적의 도서관 근처 가볼 만한 곳

제주 기적의 도서관 운영시간은 9시부터 저녁 6시까지. 휴관일은 월요일과 추석연휴, 설날연휴, 12월 31일. 제주시 이도2동 1128-1 **문의 064-728-8560~6**

예쁜 벽화로 유명한 두멩이 골목 제주시 일도2동 제주중앙병원 뒷골목 동초등학교 근처

삼성혈 제주시 이도1동 1313 **문의 064-722-3315**

삼대국수회관 고기국수, 멸치국수 등이 유명. 분점이 여러 곳 있다.
제주시 일도2동 1045-12 **문의 064-759-6644**

내 안에 들어온
아부오름

☼

아부오름, 바람 도서관

"앗! 저기 옥돔이 나타났다! 옥돔아 나의 칼을 받아라! 으으으윽!
문어도 같이 공격을 하다니, 안 되겠다. 오름으로 도망을 가야겠닷!"
여기가 제주도 맞긴 맞나 보다.

꽃봉이 낳고 친정에서 몸조리를 하던 때였다. 막 외출하려던 참이었다. 내가 신발을 신으려고 그랬나, 신생아 꽃봉이를 잠깐 친정아버지에게 맡겼는데 그새 꽃봉이가 할아버지 가슴팍에 왈칵 토를 했다. 아이고, 소리가 절로 나오는데, 아버지가 단박에 하신 말씀.

"하나님 감사합니다! 아기가 있으니까 토하지, 애 없어봐라. 암만 토 맞고 싶어도 못 맞는다."

생각해보면 지금까지 아이를 키우는 데 내게 가장 영향을 준 말씀인 듯하다. 아이들 때문에 힘든 순간마다 아버지의 저 말씀이 생각난다. 애가 있으니 토하지, 애 없어봐라. 그 토 어디 가서 맞을 수 있나. 얼마나 간절하게 꽃봉이를 원했던가 생각해봐라. 꽃봉이가 정말 심하게 날뛰던 시절. 돌부터 두 돌 사이엔 정말 매일 주문처럼 되뇌었다. 애가 있으니 토하지. 하루 종일 꺄악꺄악 소리 지르고, 버둥거리고, 할퀴고, 던지고, 아무 데나 쾅쾅 부딪히며 다녀서 아동학대라도 당하는 아이처럼 온몸이 시퍼렇던 때. 많은 사람들이 치료나 상담을 받아야 하는 게 아니냐고 하던 때. 꽃봉이를 재우고 그 옆에 누우면 침대 속으로 빠져드는 것처럼 온몸이 피곤으로 늘어지던 그때. 그때마다 속으로 그랬다. '애가 있으니 토하지. 그런데요, 하나님. 그래도요. 너무 토하잖아요. 좀 덜 토하게 해주시면 안 되나요?'

그랬던 꽃봉이가, '늘 토하던' 꽃봉이가 아침에 엄마를 깨우며 귀에 대고 속삭인다. "엄마, 어은 이어나야 나양 겨혼하지(얼른 일어나야 나랑 결혼하지)." 두 돌 직전 매일같이 할퀴어대 결국 얼굴에 손톱자국을 길게 낸 누나에겐 어느새 좋은 친구가 되고 있다.

차 타고 가면서 둘이 노는 걸 보면 진짜 웃긴다. 둘이 종이에 그린 컴퓨터로 게임을 하는 오버액션 놀이를 한 시간 넘게 한다.

"꽃봉아, 누나가 게임 아이템 줄까? 누나 백 개 있거든."

"헐! 좋겠다."

"누나가 아이템 한 개 줄게."

"누나, 아이템 두 개 주면 안 돼? 안 돼? 제발! 제발~."

도대체 그 아이템이 뭔지는 몰라도 하나만 더 달라고 아주 진지하게 조른다. 울기도 한다. 꽃님이가 종이 컴퓨터를 하고 있는 동생에게 "너, 그 게임 못해. 아까 누나가 비번 걸어놨거든"라고 하면 그 비번 좀 풀어달라고, 정말 운다. 꽃봉아. 너 비번이 뭔지는 아니?

누나의 모든 말에 진지하게 대응하는 꽃봉이는 누나가 무슨 말을 하든 웃는다. 그것도 '누나는 어떻게 그런 멋진 농담을 생각해낸 거야?' 하는 표정으로 웃는다. 심지어 개그맨 유행어를 따라하듯 누나의 농담을 혼자 몰래 연습하고 따라할 때도 있다.

들어주는 태도가 훌륭한 관객을 두고 있으니 꽃님이의 발표 실력이 제법 늘었다. 전보다 훨씬 웃긴 농담을 한다. 누나에게 배웠는지 꽃봉이도 제법 그럴듯한 농담을 한다. 꽃님이도 자라고, 꽃봉이도 자라고 있다. 여전히 곤란할 만큼 날뛰는 꽃봉이지만, 매일매일 눈부시게 자라고 있는 것이다.

꽃봉이는 저러다 침대 망가지지 싶을 정도로 침대에서 의자로, 의자에서 식탁으로 날아다닌다. 왜 그러나 했더니 바닥이 바다란다. "나는 해적이다! 하지만 괜찮아, 나는 해녀 해적이라서 헤엄을 잘 치거덩. 으하하하. 앗! 저기 옥돔이 나타났다! 옥돔아 나의 칼을 받아라! 으으으윽! 문어도 같이 공격을 하다니. 안 되겠다. 오름으로 도망을 가야겠닷!"
　여기가 제주도 맞긴 맞나 보다.
　꽃붕이가 주억들은 말이나마 '오름', '오름' 하는 건 아부오름 덕이 크다. 지난번 산굼부리에 갔을 때는 오름이 뭔지 시큰둥하던 아이들이 아부오름에서는 아주 흥미로워했다. 아부오름은 가는 길부터 아이들의 마음을 사로잡았다. 아부오름의 주소는 제주시 구좌읍 송당리 산164-1번지. 1112번 비자림로에서 수산2리 방면으로 우회전해서 가다가 건영목장 안. 아닌 게 아니라 근처까지 가니 이정표가 있어 찾아가는 건 쉬웠다. 다만 문제는 건영목장이라는 곳 앞에 서니 도대체 어디가 오름이란 말인가 싶은 길 한복판이었다는 것뿐. 두리번거리고 있으니 트럭을 타고 지나가던 아저씨가 차를 세우고 물었다.
　"아부오름 왔어요?"
　"아, 네."
　"저기예요. 우리 목장인데."
　"그럼 못 들어가나요? 영화도 찍고 그랬다던데……."
　"그건 아니고. 빨리 나오세요."
　"아, 네. 고맙습니다."
　앞오름이라고 쓰여진 큰 돌비석은 과연 목장 울타리 안쪽에 있었다. '산 모양이 믿음직한 어른의 앉은 모습 같다 하여 아부오름亞父岳이라 한다'고 쓰여 있다. 목장에 들어가려면 철조망이 조금 망가진 곳을 찾아 뛰어넘어야 했다. 몇 걸음 가니 또 철조망 울타리가 있고, 그 울타리를 넘어가니 또 울타리가 나온다. 서너 개의 울타리를 넘고서야 오름에 올라갈 수 있었다. 사람들이 들어오지 못하게 울타리를 친 것이 아니라, 소를 방목하는 곳이라 이렇게 소들이 넘어가지 못하도록 울타리를 겹겹이 쳐 놓

제주도에서
아이들과 한 달 살기

은 것이다.

길은 폐타이어 조각들로 만든 바닥이 깔려 있어 미끄러지지도 않고 편하게 올라가도록 돼 있다. 비자림로 이전부터 쭉 길이 참 좋았다. 고개를 돌리면 울렁술렁 오르락내리락 오름들이 있는, 하지만 시야를 가릴 만큼 높은 것은 하나도 없는 전형적인 제주도 중산간 지역의 풍경이 펼쳐져 있다.

제주도에 오기 전에는 중산간 지역이라니, 이게 뭐야 하는 기분이 있었다. 산도 아니고 바다도 아니고. 중간이라는 뜻인가? 중간산도 아니고 중산간은 또 뭐야? 이랬는데 와서 운전을 허보니 내겐 이 중산간 지역이 해변도로보다 더 매력적이더란 말이지. 쭉 뻗은 야자수가 있는 것도 아니고, 코발트빛 바다가 있는 것도 아닌데 왜 이국적일까 골똘히 생각에 빠질 만큼 이국적이다. 도시에서, 혹은 경상도나 전라도에서 보던 풍경과는 아주 딴판인 풍경이다. 분명히 평지는 아니다. 그렇다고 산도 아니다. 어떤 이는 올록볼록한 오름들이 젖가슴 같다고도 하고, 어떤 이는 아기의 엉덩이 같다고도 하는데 다 맞는 말이면서도 다 정확한 표현은 아니다.

하여간 그런 풍경들 속에 누런 황소들이 있다. 아이들은 소 눈동자 좀 보라며, 혹시 송아지도 있을까 찾느라 시간 가는 줄 모른다. 초록 풀밭과 파란 하늘, 누런 소들, 아이들과 횡횡 부는 바람. 아부오름에 올라가다 뒤를 휙 돌아보았을 때의 풍경도 참 좋았다. 아부오름 자체보다 오름에 올라서 본 다른 오름의 풍경이 더 좋다고 할 만큼 좋았다. 이런 풍경은 일부러 기억하는 것이 아니라 나의 일부분이 된다는 느낌이 들 때가 있다. 그것도 눈동자나 귀, 손가락끝같이 내가 세상을 해석하고 받아들이는 신체의 일부분이 돼 사사건건 영향을 미치게 된다고 해야 할까.

하지만 오름은 내겐 매우 강렬한 무언가가 있었어도, 남들에게 '거기 좋더라'라고 말하기가 좀 그렇다. 무엇 때문에 여기가 좋다고 딱 잘라 말할 부분이 없기 때문이다. 만약 "그냥 좋아"라고 하면 남들은 뭐라고 할까? '좋았어' 하는 부분을 구태여 설명하고 공감하게 해서 그 사람도 이 좋은 걸 알게 하고 싶은 마음 반, 동시에 만약 그 사람이 "왜 좋은지 전혀 모르겠는걸"이라고 한다면 느끼게 될 거리감이 무서운 게 반.

아뿔싸. 혼자 생각에 잠겼다가 그만 소똥을 밟았다. 소를 방목해 키우는 아부오름 올라가는 길은 온통 소똥밭이다. 엄마가 쭐뜨럭 미끄러지는 걸 보고 아이들이 웃느라 난리가 났다. 오르기 만만한 딱 5세 맞춤 등산코스인 오름이라 아이들은 하나도 힘들지 않게 오름 정상으로 즐겁게 간다. 정상이 있어야 할 자리에 가장 낮은 곳이 있다는, 이 말도 안 되는 유쾌한 언덕을 아이들이 어떻게 받아들일까? 우리가 오름을 오르는 동안 구름이 빠르게 우리를 뒤쫓고 있었다. 완만한 구릉을 한눈에 내려다 보니 구름 그림자도 전체가 다 보인다. 하늘에 있는 구름이 움직이는 것보다 그림자는 더 빨리 움직인다.

어? 어? 어? 하는 사이에 구름 그림자는 우리를 따라잡았고, 빗방울이 흩뿌리기 시작했다. 아하. 아까 아저씨가 빨리 나오세요 했던 게 우리 목장이니 빨리 나오라는 뜻이 아니라, 비가 올 테니 빨리 나오라는 뜻이

었구나.

　이 날은 웬일인지 하루가 참 길었다. 아이들은 아부오름에서 꽤 오래 놀았고, 교래리 '갈새는 달만 생각한다'는 식당에서도 옛날 교복이며 교련복 같은 걸 보면서 눈치 보일 만큼 오래 놀았고, '바람 도서관'에서 진짜 오래 있었고, 오는 길에 '대우정 식당'에서 마가린 넣은 오분작 뚝배기를 먹었으며, 롯데마트에 들러 장을 봤고, 집에 와서 샤워하고 색종이 접기를 하고, 침대와 의자를 뛰어다니며 해적 모험을 하다가 아이들은 열 시가 채 되지 않아 잠들었다. 일기를 쓰려고 보니 오늘 쓴 카드 영수증이 두툼하다. 아이고머니.

바람 도서관

조천읍에 있는 사설 도서관. 펜션 바람 스테이의 거실을 도서관으로 개방하고 있다. 도서관 운영자는 휴먼 다큐멘터리 〈인간극장〉에 출연한 적이 있다. 카이스트와 서울대를 나온 젊은 부부가 지리산에서 꿀을 치면서 사는 얘기가 바로 그것. 그 부부가 아이를 낳아 키우면서 제주도로 와 펜션을 한다. 『화산섬 제주』의 저자이기도 하다. 제주시에 제2 바람 도서관이 있다. 단주인이 운영하는 카페 안에 책장을 마련한 것이다. 97번 도로가 지나는 곳, 봉개동 1343번지 2층 '달빛 봉봉베란다'라는 초콜릿 전문 카페다. www.nomoss.net

제주 민속 오일장에 가다

☼

제주 오일장

재계삼아 흥정을 하고 물건 값을 깎았더니 꽃님이가 놀란다.
그러고 보니 주로 인터넷 쇼핑, 기껏해야 마트에서 장보는 엄마만 봤구나.
이렇게 아무것도 모르는 아이에게 뭘 더 가르치겠다고 아등바등했나 싶다. 이런 게 다 공부인데.

꽃등이 글자 공부도 시킬 겸 제주도 와서 주차장에서 꼭 하는 놀이가 있다. 바로 '누가 허 번호판 많이 찾나?' 유명한 식당에 가면 주차장에 있는 모든 차가 '허'인 적도 있을 만큼 제주도엔 렌트카가 많다. 풋. 제주도에서 며칠 운전해봤다고, 나 혼자 번호판을 보지 않고 운전 스타일만 보고 렌트카인지 알아맞히기 놀이를 한다.

일단 교통량 거의 없는 해안도로에서 신호등 바뀌기를 기다리고 있는 차는 100퍼센트 '허' 번호판이다. 육지에서는 보기 드문 로터리나 오거리, 육거리에서 어떤 신호등을 봐야 할지 모르고 헤매는 차가 있으면 그것도 '허'. 풍경 좋은 해안도로에서 갑자기 속도를 확 줄이거나 급정차를 하면 100퍼센트 바다 빛깔에 넋을 잃은 여행자 미세스 허. 뉘엿뉘엿 해질녘 딱 헤드라이트 켜야 할 시점에 와이퍼 움직이는 차가 있으면 아직 남의 차 조작버튼에 익숙하지 않은 미스 허. 뚜껑 열린 스포츠카에 요란한 음악소리가 들리면 영락없이 미스터 허.

낯선 길에서 운전하면 평소보다 운전이 어렵게 마련이다. 어디에서 우회전을 해야 하나 기웃기웃하다가 본의 아니게 갑자기 확 핸들을 꺾는 일도 생긴다. 민폐도 이런 민폐가 없다. 이런 걸 보면 제주도 사람들의 운전이 살짝 거친 것도 이해는 간다. 동네에 노상 손님들이 와서 걸핏하면 급정거하고, 1차선에서 저속 주행하고 그러면 화도 나겠지. 하지만 꼬불꼬불하기로 소문난 5.16도로나 1100도로 초입 부분에서 어리버리 하고 있는데 뒤에 콜택시가 월드컵 거리 응원 때 수준으로 경적을 울리면 정말 울고 싶어진다. 몇 가지 터득한 운전 요령을 정리해보면 이렇다.

로터리를 조심한다. 제주도에는 신호등 없이 도로 가운데 설치물을 놓고 빙글 돌면서 자기가 원하는 길로 빠져나가는 형식의 로터리가 가끔 있다. 처음에는 아주 당황스럽다. 먼저 진입한 차에 우선권이 있으며, 정안 되면 속도를 갑자기 줄이는 게 아니라 한 바퀴 더 돈다는 마음으로 운전해야 한다.

신호등 없는 곳이 많다. 서울이라면 당연히 좌회전 신호가 있을 만한 곳에도 비보호 좌회전인 곳이 아주 많다. 처음에는 언제 좌회전을 해야 할지 당황스럽지만, 익숙해지면 신호 기다리기 지루할 정도로 편하다.

오거리가 많다. 보통 네거리인데 오거리가 되면 내비게이션의 직진 안내 멘트에 어느 길로 가야할지 순간 판단이 안 될 때도 있다. 오거리인데 신호등이 없는 곳도 가끔 있다. 눈치껏 잘해야 한다.

저녁에 5.16도로, 1100도로는 진입하지 말라, 는 충고는 아주 흔하다. 가로등이 없고, 급커브가 많은 데다 언제 동물이 뛰어나올지 모르기 때문이다. 덕분에 나도 밤에는 꼭 차량통행이 많은 1135번 평화로를 이용하곤 했다. 안개 낀 날이나 비 오는 날도 가급적 피해야 한다. 특히 공항 비행기 시간이 빠듯할 때는 다른 길로 가는 게 낫다. 거리상 이 도로가 가깝기는 하지만 속도를 내기도 어렵고 내서도 안 되는 길이기 때문이다.

5.16도로나 1100도로는 풍경 좋고 멋진 길이지만 조심해야 할 것들도 많다. 일단 갓길 주차 금지! 풍경 좋다고 차를 아무 갓길에 세웠다간 따라오던 뒷차가 와서 박을 위험성이 있다. 급커브가 많아서 앞에 차가 섰는지 어떤지 재빨리 파악하기 어렵기 때문이다. 무엇보다 갓길 수풀 속에는 빗물 빠지는 곳이 있어서 바퀴가 빠지기 쉽다. 실제로 한 달 머물면서 잠

깐 정차했다가 바퀴가 빠진 차를 두 번이나 보았다.

한라산을 넘어가는 도로에 진입했는데 안개가 낀다면? 비상등을 켜고, 될 수 있는 대로 앞차 후미등을 보면서 따라간다. 앞차를 놓치면 혼자 헤쳐 나가야 하니 놓치지 않도록 최대한 신경을 쓰자. 만약 차선이 잘 보이지 않을 때는 중앙선을 보는 것이 가장 좋다.

낮이나 밤에 동물이 튀어나오는 것을 늘 정신 차려 경계해야 하고, 생각보다 과속 감시 카메라가 많다는 것을 기억해야 한다.

내비게이션은 반드시 출발 전에 설정을 마쳐야 한다. 낯선 길을 운전하면서 낯선 기계를 조작하기란 쉬운 일이 아니다. 또 길을 설정할 땐 '최단거리 설정'보다 '최적거리 설정', '추천도로'가 낫다. 최단거리만 따라가다 보면 차 한 대가 간신히 지나갈 만한 어촌 마당 앞길을 안내하는 경우도 아주 흔하다. 마당에서 소일하시던 할머니가 내 차를 피해 자리를 옮기는 민망함을 겪은 때도 있다. 죄송합니다, 할머니.

기름이 떨어지지 않도록 신경을 쓰자. 시내에는 주유소가 많지만 도로변에는 주유소가 그다지 많지 않으니 미리미리 채워두어야 한다. 렌트카의 경우, LPG 주유소가 표시된 지도를 꼭 구해두는 것이 좋다. 시골이나 시내나 기름값은 거의 비슷하다.

신경 써야 할 부분이 조금 있기는 하지만 제주도에서 하는 드라이브는 너무나 즐겁다. 어디를 봐도 멋진 풍경에, 초록이 가득하니 눈 피로한 것도 덜하고, 길 상태도 아주 좋기 때문이다. 제주도에서 잊지 못할 추억은 풍경 좋은 곳에 차를 세워놓고, 싱글이라면 음악을 듣거나 풍경을 보겠지만, 아줌마는 늘 아이들과 과일을 깎아 먹었다. 어찌나 즐겁던지!

사실 사람 사는 곳은 다 비슷하다. 같은 나라 안인데 제주도 운전 스타일이 달라봐야 얼마나 다르겠는가? '차번호 보지 않고 렌트카 맞히기' 따위야말로 렌트카에 대한 편견이나 조장하는 촌스러운 놀이다. 그냥 여행 왔을 땐 뭐든지 보는 것마다 의미를 붙이고 싶고, 특별한 것으로 만들고 싶어하는 '여행병'이 도져서 일부러 얘깃거리를 만드는 것뿐이다. 그냥 평소처럼 양보할 건 양보하고, 지킬 건 지키면서 운전하면 되는 것이다.

"여긴 이게 특징이야" 하고 별것 아닌 것도 의미를 담으려 하고 분류하려 하는 '여행병' 외에 나에겐 또 다른 여행병 증세가 있다. 여행을 가면 꼭 그 동네 재래시장을 찾는 것이다. 전에는 시장에 가면 그곳에 사는 사람들의 꾸밈없는 모습을 볼 수 있다, 고 생각했다. 그런데 요즘은 그것도 일종의 환상이 아닐까 하는 생각이 든다. 배낭여행을 다닐 때 그런 종류의 환상들이 많았다. '짧은 시간 여행을 하는 것보다 장기간 여행을 하는 게 더 우월(?)하다.' '여기저기 유명한 곳을 쫓아다니는 것보다 한 곳에 오래 머무르는 것이 더 진짜다.' '낯선 곳에 가서 구경만 하면 관광이고, 그곳에 사는 사람들과 대화를 하면 여행이다.' '천천히, 그곳에 사는 사람과 어우러지며 다녀라.' 뭐 이런 것들 말이다. 물론 동감하는 부분도 많다. 제주도에 와서 한 달 살기로 한 것도 알고 보면 결국 저런 환상들 때문이기도 하니까. 한 도시에 한 달 머물기, 거의 15년 전 어느 노처녀 배낭여행자의 로망이었지.

하지만 요즘은 생각이 조금 바뀌었다. 사람마다 생각이 다르고 취향이 다른데 낫다 못하다 어떻게 따질 수 있을까. 좋은 여행이라는 건 뭘까? 다만 잠깐 들른 여행지가 현지생활에 나쁜 영향을 미치지 않도록 '공정여행'의 면모에 내 여행이 부합하기를 바랄 뿐이다. 어쨌거나 여전히 내게 남아 있는 '환상'과 시장 좋아하는 '취향'이 맞아 떨어져 오늘은 제주 오일장으로 향했다. 물론 오전엔 기본 도서관 코스. 아이고, 꽃님아, 이제 도서관 좀 그만 가면 안 되겠니?

오랜만에 재래시장 오니까 역시 볼거리도 많고 먹을거리도 많고 사고 싶은 것도 많다. 제주 민속 오일장은 공항에서 가까운 도두동의 관덕정 앞 광장에서 열린다. 끝자리가 2와 7인 날마다 열리기 때문에 제주도 오자마자 2, 7, 12, 17 등 날짜에 동그라미를 쳐두었다. 다른 곳들은 대형마트와 아울렛이 재래시장을 다 잡았다지만 그래도 제주는 괜찮나 보다. 강원도 정선 오일장과 함께 전국 최고 규모라고 한다.

들어가 보니 첫 번째 느낌, 후끈하다. 사람들의 열기도 후끈하고 실제로 덥기도 매우 덥다. 처음엔 아이들 걱정을 살짝 했다. 요새처럼 먹을 것 흔한 시절에 엄마 치마꼬리 잡고 다니면서 이것저것 얻어먹는 재미를 알 것도 아니고, 장날 새 옷, 새 신발을 얻는 재미가 있을 것도 아니니 혹시 지루하다고 칭얼대는 건 아닐까? 하지만 그건 장날의 떠들썩한 재미를 얕본 기우였나 보다. 일단 노랫소리 요란한 새 파는 곳에서 아이들이 신이 났다. 어디 새만 있나? 거북도 있고, 물고기도 있고, 강아지도 있고, 고양이도 있고. 시장이라더니 동물원이잖아?

엄마가 좀 살까 싶은 옥돔이며 고등어, 갈치 등을 파는 수산물전, 농수산물전엔 완전 시큰둥이더니 화훼전과 옹기전, 잡화류전에선 또 흥미진진하다. 중간중간 빙떡에 떡볶이, 도넛과 귤 등등 간식거리를 사주니 제법 신이 나서 잘 따라다닌다. 빙떡은 메밀 반죽을 얇게 부쳐 무 무침을 속에 넣고 말아 먹는 것인데, 꼭 프랑스 간식 크레뻬 같다. 아이들은 무

무침이라 질색했지만 빙떡 부치는 모습은 신기해하며 열심히 보았다. 나는 수세미와 할머니들이 밭일할 때 모자 위에 덮어쓰는 햇빛 가리개 등을 샀다. 재미삼아 흥정을 하고 물건 값을 깎았더니 꽃님이가 놀란다. 그러고 보니 주로 인터넷 쇼핑, 기껏해야 마트에서 장보는 엄마만 봤구나. 이렇게 아무것도 모르는 아이에게 뭘 더 가르치겠다고 아등바등했나 싶다. 이런 게 다 공부인데. 시장통에 쭈그리고 앉아 점심으로 몸국이나 보말국 같은 전통음식도 좀 먹으려고 했지만 아이들이 이젠 덥단다. 아이스크림 하나씩 사주고 나왔다.

옥돔, 은갈치 등 제주도 특산물들을 그 자리에서 전국 어디든 택배로 보낼 수 있다. 이렇게 살거리 볼거리 많은 시장통에서 친정엄마 생각이 어찌 나지 않겠는가. 꽃님이 임신해서 입덧을 할 때 먹고 싶었던 음식은 모두 어릴 적 엄마를 따라 시장에 가서 먹은 음식들이었다. 콩국수, 비빔회, 소라 삶은 것, 번데기, 기름에 쩐 팥도나스! 오랜만에 엄마 생각이 났지만 아이들의 인내심이 바닥나는 바람에 차마 옥돔 한 박스 주문할 시간이 없었다. 오일장에 다시 한 번 와야겠다, 하고 나왔지만 언제 다시 가겠는가. 엄마를 기다리게 하지 말고, 아이들을 기다리게 할걸. 두고두고 마음에 걸렸다.

제주 오일장 구경하기

제주 오일장 지붕이 있어 비 오는 날에도 시장이 열린다.
제주시 도두1동 1204- **064-743-5985**   **jeju5.market.jeju.kr**
서귀포 오일장 3, 8일에 열리는 중문 향토 오일장과 4, 9일에 열리는 서귀포 향토 오일장이 있다. 서귀포 향토 오일장에서는 각종 체험과 문화 공연도 볼 수 있다고 한다.
중문 향토 오일장 서구포시 중문동 2123-1 문의 **064-760-2634**
서귀포 향트 오일장 서귀포시 동흥동 775-1 문의 **064-763-0965**

오일장 일정

제주, 표선 오일장 2, 7, 12, 17, 22, 27일
서귀포, 고성, 한림 오일장 4, 9, 14, 19, 24, 29일
성산, 대정 오일장 1, 6, 11, 16, 21, 26일
중문 오일장 3, 8, 13, 13, 23, 28일
세화 오일장 5, 10, 15, 20, 25, 30일

20

ONE DAY
JEJU ISLAND

8. 13.

우도 3경과
세 가지 탈 것

☼

우도봉, 검멀레 해안, 서빈백사 해안

이번 여행으로 꽃님이가 변하고 있다면, 꽃봉이는 자라고 있구나 싶을 때가 있다.
뭐든지 스스로 하고 싶어하고, 세상 속으로 뛰어들고 싶어한다. 여행이 아이의 도전의식을 자극하나 보다.
어휴, 애들아, 너희 왜 이렇게 이쁘니.

제주도 오기 전에는 가파도를 갈까 말까 이런 고민을 했다. 모슬포 항에서 20분쯤 걸린다는 가파도는 섬에 사는 사람이 500명도 안 되는 아주 작은 섬이다. 섬이 빈대떡마냥 납작하고 평평해서 섬에 내리면 "아, 보리밭이구나" 하고 끝이란다. 하루 두 번 모슬포항에 배가 오가는데, 대부분 사람들이 선착장에 도착하자마자 "다음 배가 올 때까지 이제 뭘 하지?" 고민을 한다나? 특별한 볼거리 즐길거리 하나 없이 그저 보리밭 사이를, 돌담 사이를 거닐거나 멍하니 앉았다가 와야 한단다.

마르도 가는 길목에 가파도가 있는데, 옛날에 가파도와 마라도 사람들이 하도 인심이 좋아서 술 먹고 외상값을 '갚아도' 그만, '말아도' 그만이라 가파도와 마라도가 됐다는 우스갯소리가 있을 만큼 평화롭고 느긋한 곳이란다. 하지만 가파도는 다녀온 사람들 사이에 호불호가 아주 확실하게 갈리는 섬이다. 그곳이 최고였다는 사람과 두 번 다시 가고 싶지 않다는 사람. 말이 좋아 평화롭지 너무나 심심하고 한가롭다는 그 섬에, 나는 왜 그렇게 가고 싶은 걸까? 다만 그렇지 않아도 물놀이와 산책만 있는 단순한 생활을 한 달이나 할 건데, 구태여 또 더 단순한 섬으로 가야 하나 이것만 마음에 걸렸다.

그런데 웬걸? 막상 제주도에 오자 심심하기는커녕 시간이 너무나 빨리 지나가는 것이다. 하루하루 사건 없는 날이 없고, 심심한 날이 없었다. 해야 할 일 리스트는 없지만 하고 싶은 일 리스트가 매일 더 길어졌다. 세상에. 이러다가 가파도는커녕 우도도 못 가겠네. 음. 우도? 생각났을 때 갈까? 그래, 오늘은 우도에 가자!

하필이면 마음먹고 나선 날이 흐린 날씨다. 비가 올랑말랑. 성산항에 차를 세워두고 배에 올랐다. 차를 가져갈까 하다가 옛날 꽃님아빠와 갔을 때, 길이 좁아서 고생했던 기억이 나 그냥 탔는데, 아주 탁월한 선택이었다. 아이들이 우도에서 제일 좋아한 것은 우도봉 풍경도 아니고, 눈부신 바다도 아니고, 바로 '고속버스'였기 때문이다. '고속버스'는 우도의 순환 관광버스다. 몇 대의 관광버스가 우도봉, 검멀레 해안, 홍조단괴서빈백사 해수욕장 이렇게 세 군데를 도는데, 8,000원을 내면 하루 종일 아무 버스나 타고 내릴 수 있다. 우도까지 왔으니 우도 8경을 모두 다 보겠다는 사람에겐 좀 부족할지 몰라도, 어차피 하루에 세 곳 이상 못 보는 우리 팀에겐 딱 좋다. 꽃님아빠랑 왔을 땐 우도 전체를 둘러보고도 두 시간쯤 걸렸던 '오전 코스 중 하나'였는데, 이번엔 오전 열 시가 채 못 돼 우도 도항선을 타서 오후 다섯 시쯤 나왔다. 겨우 그 세 군데를 보고 말이다.

'고속버스'를 타고 가노라면 기사 아저씨가 동네 설명을 해주는데, 꽃님이는 이게 우도에서 제일 재미있었단다. 이 차 저 차 내키는 대로 탔으니 여러 기사분의 설명을 들었는데, 모두 설명 스타일이 비슷하다. 아마 대본이 있는 것 같다. 살짝 빌 브라이슨 스타일 유머랄까?

"저쪽에 우도에서 가장 큰 주유소가 보입니다. 주유기가 자그마치 두 개예요."

"지금 동굴 편의점 안에서 담배 피우는 분 보이십니까? 살짝 머리 벗겨지신 분. 저분이 우도 최초의 면장님이세요. 제 친구 아버지십니다."

이런 식이다. 작고 초라한 시골마을의 규모없음을 소박하고 한갓진 풍취로 끌어올리는, 투덜이식의 멘트들이 어찌나 정겹고 웃긴지 모른다. 아이들은 그 중에서도 '고속도로'를 기절하게 좋아했다. 검멀레에서 홍조단괴서빈백사 해수욕장으로 가는 길에 포장길 부분이 짧게 있는데 이곳이 고속도로란다. 좁은 길 양쪽에 제주도 특유의 돌담이 있으니 과속방지턱을 지그재그로 샤샤샥 피해 달리다 보면 버스가 벽에 부딪힐락 말락

한다. 버스가 돌담 쪽으로 다가갈 때마다 승객들이 비명을 질렀다. 어른인 나도 스릴 만점이었다. 나중에 안내하길 시속 65킬로미터였단다. 이렇게 깔깔 웃다 보던 어느새 목적지 도착.

첫 번째 도착지는 우도봉이다. 비가 갑자기 쏟아져 얼른 2,000원짜리 비옷을 사 입었는데, 10분도 안 돼 비가 그쳤다. 그래도 바람은 여전히 세차게 부는데 비닐 옷을 입혀놓으니 안심이 된다. 아이들은 우도봉 입구에 말 타는 곳을 보자 바로 흥분하기 시작했다. 꽃봉이가 어려서 어지간하면 엄마가 같이 타라고 하는데, 꽃봉이가 싫다면서 혼자 탄단다. 이번 여행으로 꽃닢이가 변하고 있다면, 꽃봉이는 자라고 있구나 싶을 때가 있다. 뭐든지 스스로 하고 싶어하고, 세상 속으로 뛰어들고 싶어한다. 여행이 아이의 도전의식을 자극하나 보다. 어휴. 애들아, 너희 왜 이렇게 이쁘니.

만 원에 기껏해야 10분이지만, "나 말 탔다!" 하기엔 충분했다. 아이들은 걷자고 할 땐 다리 아프다더니 풀밭에 있는 말똥을 발견하곤 "꺅~ 똥이다!" 하며 뛰는데, 저렇게 뛰다니 배고프지 않을까 걱정될 정도였다. 아이들은 우도봉 입구 포장마차에서 파는 컵라면을 어째 좀 사주지 않을까 엄마를 졸랐지만, 그럴 순 없지. 다음 목적지인 검멀레 해안에 가니 식당이 좀 있다. 우도 땅콩이 그렇게 맛있다는데 아이들이 땅콩을 안 먹어서 그냥 땅콩콩국수로 참기로 했다. 정말 고소했다.

어느덧 바람도 멈췄다. 아이들은 검은 모래가 낯선지 물속으로 선뜻 들어가지 않고, 그저 바라보기만 한다. 우도에는 해변이 네 개 있는데 네 군데 해변의 모래가 모두 다르다. 검멀레 해안은 검은 모래, 돌칸이 해변

제주도에서
아이들과 한 달 살기

은 까만 몽돌, 서빈백사는 말 그대로 하얀 산호로 된 모래, 하고수동 해수욕장은 고운 보통 모래다. 검은 모래엔 별 관심 없었지만 검멀레 해안에서 아이들을 사로잡은 건 ATV였다. 꽃봉이는 처음부터 ATV에 반해서 창밖으로 지나갈 때마다 부러워하더니 결국 남들이 세워놓은 ATV를 타보았다. 오죽 부러운 눈길로 쳐다봤으면 아저씨가 먼저 얘기를 건넨다. "타보고 싶냐? 타봐라."

우도에는 ATV뿐만 아니라 재미있는 탈거리가 많다. 골프장에서 쓰는 전동카트도 재미있어 보였다. 2인용, 5~6인용 다 편하고 좋아보였다. 한번 도전해볼까 하는 마음도 들었지만, 우도는 일차선이고 차들이 많이 다니기 때문에 애 둘을 볼 자신이 없어 포기했다. 이럴 때 꽃님아빠 생각이 간절하다. 아빠랑 왔으면 한번 신나게 태워줬을 텐데.

마지막 정류장은 홍조단괴서빈백사 해안이다. 산호사해변이라고도 한다. 우도 하면 떠오르는 파아란 바다가 바로 이 해변의 바다다. 모래가 아니라 산호가 부서진 가루라서 아주 하얗고 조금씩 주황빛, 분홍빛 산호가루가 섞여 있어서 물빛깔이 너무너무 곱다. 확실히 그냥 모래와 다르다. 천연기념물이라 우도 바깥으로 갖고 나가면 안 된다고 한다. 고속버스 아저씨가 벌금 낼 수도 있으니 발에 묻은 것도 잘 털고 나가란다. 익히 사진에서 보던 것과 똑같은 파란 바다다. 하지만 다른 건 어쩐지 비릿한 냄새! 산호 냄새일까? 이 날만 그랬는지, 원래 그런 건지는 모르겠다.

우도를 나오는데 그제야 친정이 제주도인 이웃집이 한 얘기가 생각났다. "우도는 하룻밤 자야 진짜예요. 밤에 정말 좋아." 그러게. 하룻밤 자고 갈 걸 그랬나. 처음엔 제주시에 베이스캠프를 만들고, 다니다가 너무너무 좋은 데가 있으면 하룻밤씩 머물러볼 생각이었다. 하지만 베이스캠

발바닥의 모래는 잘 털었는데 집에 와서 코니 속옷 속에 한가득. 아이구.

프를 놔두고 구태여 돈 들여 밤을 보낸다는 게 내키지가 않았다. 차비 들여 힘들게 온 만큼 본전을 뽑으리라 하는 헝그리 여행자의 정신 말고, 현지인처럼 느긋하게 그곳을 '살아보자'는 마음으로 왔는데, 마음은 여전히 헝그리하고, 생활비 계산은 도착하자마자 현지인이 되어버리니 이 무슨 엇박자인지 모르겠다. 집 놔두고 왜 돈 쓰냐? 이거 옛날 아저씨들 하던 소리 아닌가? 다음에 오면 꼭 우도에서 하루 자야지. 제주도에 한 달 있으면 원 없이 보고 갈 줄 알았는데, 어찌된 일인지 다음번에 오면 꼭 하고 싶은 일, 가고 싶은 곳 리스트만 점점 더 길어진다.

우도 여행 정보

성산항에서 우도로 가는 도항선 스케줄 똑같이 성산항에서 출발해도 월화수목은 우도의 하우목동항으로 가고, 금토일은 우도의 천진동항으로 간다. 제주도 ㅈ 도를 들여다보며 도대체 하우목동항이 어디 있나 고민하지 않아도 된다. 나처럼.

우도 고속버스의 시간표 목적지에 내리면 다음 버스가 올 때까지 시간표상으로는 한 시간 정도 여유가 있는 셈인데 다음 코스로 가기 위해 정류장에 가면 늘 탈 버스가 있거나 5분 안에 오곤 했다. 시간표도 없었던 우리? · 시간을 잘 맞춘 것 같지는 않고 성수기여서인지 차량이 더 많았던 것 같다.

우도 교통편 예약 나린섬 투어 www.narintour.co.kr 승마, ATV, 전동카트, 스쿠터 모두 인터넷으로 미리 예약하면 훨씬 저렴하다.

21

ONE DAY
JEJU ISLAND

8. 14.

제주도 여행은
몇 살이 좋을까?

☼

김녕 미로공원, 김녕 해수욕장

구태여 누구에게 더 유익할까를 따지는 게 무슨 의미가 있겠냐마는
꽃봉이가 어리다고 해서, 자기가 보는 게 뭔지 모른다고 해서 덜 유익한 건 절대 아니다.
꽃봉이에게는 모래 한 알, 바람 한 줌, 풀 한 포기도 다 자극적이고, 신기하고, 대단하다.

간밤에 꽃님아빠가 왔다. 며칠 전부터 꽃님이는 아빠와 함께 김녕 미로공원에 다시 갈 생각에 들떠 있었다.

"아빠는 미로공원 틀림없이 좋아할 거야. 내가 좋아하는 데는 아빠도 좋아해. 아, 빨리 아빠 왔으면 좋겠다."

꽃님이는 엄마도 미로공원에서 즐거워하긴 했지만, 자기와 즐거워한 이유가 다르다는 걸 간파한 것이다. 참 신기하다. 생긴 건 나랑 똑같은 애가 속은 아빠랑 똑같다니! 반대로 꽃봉이는 생긴 건 아빠랑 비슷하고 속은 엄마랑 똑같다.

어떤 사람은 사람을 혈액형으로 나누고, 어떤 사람은 별자리, 또 누군가는 애니어그램으로 나누는 경우도 있겠지만, 나는 주로 문과, 이과로 구분한다. 나는 120퍼센트 문과고 꽃님아빠는 '120퍼센트 문과'라는 표현은 틀린 말이라며 지적하는 '200퍼센트 이과'다. 꽃님이는 어릴 때부터 각종 퍼즐과 블록, 기계 등에 열광하는데다 성격도 흔히 말하는 '이과 스타일'이고, 이야기 만들기 좋아하는 꽃봉이는 전형적인 문과다. 꽃봉이는 미로공원에서 똑같이 즐거워하되 누나와 즐거운 이유가 다르다. 꽃님이와 꽃님아빠는 미션을 클리어해서 즐겁고, 꽃봉이와 나는 미로 따위 머리만 아프고 왜 좋은지 몰라도 어쨌거나 "같이 있는 네가 즐거우니 나도 즐거워"이거다.

역시 꽃님아빠는 김녕 미로공원에서 아주 즐거워했다. 누가 먼저 미로를 헤쳐나가 종을 치는가 진지하게 경쟁을 했다. 미로공원이야 꽃님이만큼 완전 소중 열중 집중하지 않았다 하더라도, 미로공원 기념품 코너에서 산 캐스트퍼즐에는 정말 눈에서 레이저를 뿜으며 집중했다. 딸과 아빠가 똑같다. 캐스트퍼즐은 금속이나 나무조각 두세 개가 결합돼 있는 걸 따로 분리하는 장난감이다. 중국에선 '지혜의 고리'라고 부른단다. 쓱 빼면 빠질 것같이 생겼지만 절대 빠지지 않는다. 그러다가 특별한 순서에 따라하면 힘 한번 쓸 필요 없이 쓱 분리된다. 사실 미로공원에 다시 간 건 꽃님이가 곧 다가올 생일선물로 이 캐스트퍼즐을 원했기 때문이었다. 미로공원을 두세 바퀴 뛰어다닌 후, 드디어 기념품 코너에서 어떤 캐스트퍼즐을 살지 고르다가 박씨 부녀가 퍼즐 삼매경에 빠졌다.

옆에서 나는 뜬금없게도 '여행을 간다면 몇 살 때 가는 게 가장 좋을까' 생각에 빠졌다. 사람들은 대부분 여행의 적기로 '나중에 어디 갔었는지 기억할 수 있는' 나이를 꼽는 것 같다. 하지만 대학생들도 이게 저거 같고 저게 이거 같은 유럽의 성당들 이름을 다 기억하려나? 그래도 신나게 놀았던 바닷가는 그저 모래사장이 배경인 사진만 봐도 금방 알아보는 걸 생각하면, 어디를 가는가보다 중요한 건 거기에서 무엇을 했는가 아닐까? 또 무엇을 했는지 기억하는 것보다 그 여행으로 인해 내가 어떻게 바뀌었는가, 어떤 추억이 생겼는가가 더 중요하지 않을까? 적어도 내 생각에는 그렇다. 그리고 어떤 경험으로 인해 사람이 바뀌고 자라기 위해서는 어릴수록, 마음이 말랑말랑할수록 좋지 않을까?

이런 생각에 빠진 건 캐스트퍼즐에 몰두한 꽃님이가 닌텐도와 핸드폰 게임에 빠진 십대 아이들과 비슷해 보였기 때문이다. 이번에 여행 와서 가장 의아했던 풍경이 십대 아이와 여행을 온 가족들의 식사 장면이었다. 대화는 엄마 아빠만의 몫이거나 단절상태이고, 아이들은 고개를 숙이고 각자 게임의 세계에 빠져 있었다. 풍경 좋은 곳에서도 그랬다. 올레길에서 감탄사를 내뱉는 건 엄마뿐이고, 아이들은 뷰포인트에서도 마냥 게임기와 스마트폰의 세계에 빠져 있었다. 엄마 아빠는 이 좋은 것을 보지 않는 자식이 안타까워 이것 좀 보라고 부르다 못해 애원하고, 애원

캐스트퍼즐에 집중한 이과형 부녀와
함께 있어 마냥 즐거운 문과형 꽃봉이

제주도에서
아이들과 한 달 살기

하다 못해 화를 내고 있는 광경을 정말 하루에 세 번은 본 것 같다. 저 아이들이라면 어딜 가서 뭘 봤는지 다 기억하겠지만, 기억하고 싶어하는 것 같지 않았다. 6학년 외동딸과 유럽여행을 다녀온 선배언니가 그랬다. 가족은 세 명이었지만 네 명이 여행을 같이 다녔노라고. 엄마, 아빠, 딸. 그리고 사춘기.

　가족여행을 하려면 몇 살이 가장 적당할까? 아직은 엄마 아빠랑 노는 게 즐거운 나이라야 가족여행이 의미가 있겠구나 싶다. 꽃님이, 꽃봉이만 봐도 그렇다. 구태여 누구에게 더 유익할까를 따지는 게 무슨 의미가 있겠냐마는 꽃봉이가 어리다고 해서, 자기가 보는 게 뭔지 모른다고 해서 덜 유익한 건 절대 아니다. 꽃봉이에겐 모래 한 알, 바람 한 줌, 풀 한 포기도 다 자극적이고, 신기하고, 대단하다. 24시간 내내 엄마와 함께 있다는 것 자체도 아이를 굉장히 편안하게 만드는 것 같다.

　하지만 어린 아이와 하는 여행에는 치명적인 단점이 있다. 아이가 어릴수록 어른의 육체적 괴로움이 엄청나다는 것이다. 아이가 아무리 제 앞가림을 한다 해도 어른과는 비교할 수가 없다. 그리고 여행에서 움직일 수 있는 폭이 굉장히 좁다. 남들은 한 시간 걸릴 거리를 아이들은 쉽게 세 시간, 네 시간 뻥튀기를 하기 때문이다. 신혼시절 꽃님아빠와 2박 3일 다녔던 일정과 아이 둘과 보름 넘게 다닌 일정이 비슷하다는 게 과장이 아니다. 아이들과 다니려면 개미 한 마리를 한 시간 보는 것도 받아들여야 한다. 이건 참아야 한다고 참을 수 있는 문제가 아니다.

　어쩌다 한 번은 멍하니 기다릴 수 있지만, 매일, 그것도 하루에도 몇 번씩 그럴 수는 없다. 그냥 아이와 똑같이 개미에 관심을 갖지 않는다면, 기다리기엔 너무나 길고 괴로운 시간인 것이다. 아이와 스트레스 받지 않고 여행하려는 엄마 아빠는 아이와 같은 수준의 호기심과 기이한 집착을 가져야 한다. 그러다 픽 쓰러지듯 낮잠이라도 잔다면 어떡하나? 도리 없다. 안든가 업든가. 흠. 이제 선택은 각자의 몫!

"기다리는 사람들 생각도 좀 해줘. 이제 살 거 정하고 나가자. 응?"

꽃님이가 고민 끝에 두 개를 골랐다. 그리곤 딱 그때부터 창밖으로 뭐가 보이는지, 관심이 싹 사라졌다. 좋아. 그렇다면 바다가 제격이지. 아무 생각 못하고 그저 둥둥 떠 있어야 하는 곳. 설마 물 위에서도 퍼즐을 풀진 않겠지?

도대체 제주도에도 별로인 해수욕장이 있을까? 함덕도 좋고, 김녕도 좋다. 물빛은 어디건 예술이고, 성수기임에도 불구하고 복잡하지 않고, 바가지 요금도 거의 없다. 성수기 바닷가에선 모래에 가방만 내려놓아도 자릿세를 받는 경우가 많았는데, 제주도에선 그런 일을 당한 적이 한 번도 없다.

꽃님이와 꽃봉이는 아빠와 하는 모래놀이에 푹 빠졌다. 아빠는 아이들과 놀 때 엄마보다 훨씬 더 스케일이 크게 논다. 모래놀이를 해도 나는 그저 조그만 탑이나 쌓고, 소꿉놀이나 하는 게 고작인 데 비해 꽃님아빠는 큰 둑을 쌓거나 아예 아이를 모래에 파묻어버린다. 주중에 텅 빈 집에서 혼자 있다가 아이들을 오랜만에 만나니까 더 신이 나나 보다. 김녕 바닷가를 통틀어 꽃님아빠가 가장 즐거워 보였다. 아빠와 아이들이 활기차게 노는 모습보다 더 예쁜 풍경이 있을까? 나는 덕분에 바닷가에서 푹 쉬었다.

사실 나는 남편에게 삐져 있었다. 꽃님이가 자기가 좋아하는 것을 진심으로 같이 즐겨줄 파트너로 아빠를 기다린 것처럼, 나도 똑같은 이유로 남편에게 카페 '아일랜드 조르바'를 보여주고 싶었는데 꽃님아빠가 "방금 밥 먹고 뭘 또 먹고 싶어?"라고 통박을 준 것이다! 하지만 오후 내내 아이들과 신나게 놀아주었기에 용서해주기로 했다! 다음엔 나랑도 놀아줘. 분위기 좋은 카페에서~

22

ONE DAY
JEJU ISLAND

8. 15.

매일매일
체험학습?

☼

문득 아이가 원하는 '그때'와 내가 판단한 '그때'가 전혀 달랐을지도 모른다는 생각이 들었다.
아이가 엄마를 원할 땐 엄마도 엄마 볼일 좀 보자고 했고 아이가 자기의 생각 속으로 빠져들 땐
끼어들어 이것저것 알려주고 싶어했던 게 아닐까?

며칠 전, 해안도로를 드라이브하던 중이었다.
"엄마, 저기 이글루 있다."
"여기가 북극도 아니고 웬 이글루?"
"근데 얼음이 아니라 돌로 된 이글루야."
과연 보니까 길쭉하게 늘어난 이글루처럼 생긴 돌탑이 있다.
"저건 방사탑이라는 거야. 방사탑은 마을에 나쁜 기운이 들어오지 못하게 막고, 마을 바깥에서 좋은 건 다 들어오게 하려고 만든 탑이래."
"솟대처럼?"
"그래, 솟대처럼. 근데 솟대는 오리 모양이잖아. 방사탑 꼭대기에도 뭐가 있어. 뭐게?"
아이들에게 방사탑 위에 있는 게 뭔지 다음 방사탑이 나오면 꼭 살펴보라고 했지만, 방사탑은 더 이상 나타나지 않았다. 나중에 알고 보니 방사탑은 제주도 통틀어서 서른여덟 개밖에 남지 않았다고 한다. 아이들에게 방사탑 위에 있는 건 동자석이나 까마귀 모양의 돌이라고, 까마귀가 마을 안에 들어오는 재앙을 쪼아 없애달라는 뜻이라고 뒤늦게 설명해주었지만, 아이들은 방사탑이 뭔지 잊어버린지 오래였다. 방사탑 밑에는 밥주걱이나 솥을 묻었는데, 밥주걱은 솥의 밥을 긁어 담듯이 마을 밖의 재물을 주걱으로 싹싹 긁어모으게 해달라는 뜻이고, 솥은 뜨거운 불에 잘 견디는 것처럼 젊을 땐 고생이 있어도 잘 견디게 해달라는 뜻이라는 얘기를 해줬지만, 이쪽 귀로 들어가서 저쪽 귀로 나오는 게 보인다. 그렇다면 비장의 무기를 꺼내지 뭐.
"꽃님아, 만들기 할까?"
"앗싸! 뭐 만들어?"
아니나 다를까, 십자수, 뜨개질, 바느질, 구슬꿰기 등 각종 만들기는

다 좋아하는, '가내수공업 스타일' 취미를 갖고 있는 꽃님이는 만들자는 얘기에 눈이 반짝반짝해졌다.

"우리 오늘 방사탑 만들어볼까?"

"방사탑이 뭔데?"

"며칠 전에 돌로 만든 이글루 본 거 기억나? 그게 방사탑이야."

"근데 어떻게 만들어?"

"까만 클레이 좀 꺼내봐. 가베 상자도. 돌담도 한번 쌓아볼까? 꽃님이, 꽃봉이는 제주도의 돌담은 왜 얼기설기 구멍이 숭숭 나 있을까 생각해본 적 있니? 돌 쌓는 기술이 모자라서 그랬을까? 아니면 돌이 모자라서? 우리 직접 만들어보자. 그럼 금방 알게 돼."

하지만 방사탑도, 돌담도 만들지 못했다. 점토를 꺼낸 순간 밥솥에서 밥이 다 됐다고 삑삑 소리가 난 것이다. 반찬을 하나 만들어 밥상을 차리고 나니 아이들은 이미 점토로 비빔밥과 아이스크림, 똥을 만들고 있었다. 점토놀이는 밥을 먹고 난 후에도 계속 이어졌고, 하루 종일 종종거리며 피곤했던 나는 그만 쉬고 싶어졌다. 잘 놀고 있는 애들을 구태여 방해하며 다른 뭔가를 하자고 말하고 싶지 않은 것이다.

예전에는 아무리 피곤해도 '타이밍'을 더 중요하게 생각했다. 아이들이 새로운 것을 가장 잘 받아들이는 순간이 언제인가 관찰하고 기다리다가, 이때다 싶으면 내가 피곤하건 말건 참고 '놀이'를 했다. 그런데 제주도에 온 이후 생각지도 못한 문제가 생겼다. 놀이나 실험 등을 하면 아이가 즐거워하는 모습을 보면서 에너지를 얻을 수 있으니 몸이 힘든 것이야 괜찮다. 하지만 엄마가 "이때다!" 한 순간이 과연 정말 '이때'인 건지 자신이 없어져버린 것이다. 몇 년 전에는 아이가 어떤 사물이나 현상에 대해 관심을 가질 때, 그때가 바로 '그때'라고 생각했다. "이건 뭐야?", "왜 그런 거야?" 질문이 시작되자마자 답을 해주고, 질문이 확장될 수 있도록 유도하고. 나중엔 관련 그림책을 제시해줬다. 하지만 점점 아이의 반응이 시들해졌다. 하긴 생각해보니 나 같아도 싫겠다. 그냥 궁금했을 뿐인데 그걸로 공부까지 해야 한다면 아예 질문을 하지 않는 게 편하겠지. 그 다음에는 한 템포 쉬면서 기다렸다. 아이가 관심 있는 대상에 대해 충분히 먼저 탐색하고 상상할 수 있는 시간을 준 것이다. 먼저 설명하지 말 것. 아이가 마음껏 보고 느끼도록 지켜볼 것. 혼자 나름의 대답을 찾을 때까지 기다릴 것. 그러다가 유난히 관심을 보이는 대상이 있거나 물어보면 간단한 설명을 하거나 관련 책을 보여주곤 했다.

하지만 이렇게 기다렸더니 아이의 호기심이 얼마나 빠르게 사라지는지 충격적이었다. '이건 뭐지? 에이 몰라. 다음 것 보자.' 이런 식이랄까? 아이의 관심이 사라지기 전에 엄마가 재빨리 얘기를 이어가지 않으면 금세 아이는 딴 데로 관심을 옮겨버렸다. 이게 지금껏 엄마가 밥상을 너무나 재빨리 갖다 바치고 떠먹여줘서 그런 건지, 아니면 원래 아이의 특성이 그런 건지 고민이 될 즈음, 우리는 제주도에 왔다.

아이들이 바닷가 모래사장에서 노는 걸 보면서 참 놀랐다. 모래놀이 도구라고 해봤자 작은 삽과 양동이 정도고 모래사장에 버려진 빈병과 종이컵 따위로 아이들은 세 시간 네 시간 끝없이 놀았다. 수십 가지의 놀이가 등장했다 사라졌고, 더 복잡한 규칙으로 다시 나타났으며 어떨 땐 아주 단순한 행동만을 반복했다. 그러는 동안 아홉 살짜리나 다섯 살짜리나 얼마나 행복한 표정이었는지 모른다.

꽃님이 두세 살 즈음엔 이런 상황에선 "이때다!" 하고 노래를 불렀지. "모래가 어떻게 만들어졌는지 아니? 바윗돌 깨뜨려 돌덩이 돌덩이 깨뜨려 조약돌~. 우와, 꽃님이가 쌓은 모래성이 높은가, 엄마가 쌓은 모래성이 높은가 비교해볼까?" 영어로 할 때도 있었다.

　아이고, 미친 엄마였구나, 내가.

　문득 아이가 원하는 '그때'와 내가 판단한 '그때'가 전혀 달랐을지도 모른다는 생각이 들었다. 아이가 엄마를 원할 땐 엄마도 엄마 볼일 좀 보자고 했고 아이가 자기의 생각 속으로 빠져들 땐 끼어들어 이것저것 알려주고 싶어했던 게 아닐까? '그때'는 아이가 엄마를 필요로 하는 때이지 아이에게 효과적으로 알려줄 수 있는 때가 아닌 것을 말이다. 가장 집중해서 놀고 있을 때, 하필 그때마다 엄마가 톡 끼어들었던 게 아닐까?

　사실 아이들과 이왕 제주도 오는 거, 제주도만의 음식이나 문화 등에 대해서 프로젝트를 한번 해보려고 했다. 아이들과 함께 제주도에 대한 글도 쓰고, 그리기, 만들기, 실험 등을 해서 결과물과 사진자료들을 모아내면 방학숙제도 되고, 아이들도 제주도에 대해서 확실히 알고 얼마나 좋겠어? 그래서 숱은 몇 가지 계획을 세워 왔다. 아홉 살과 다섯 살이 같은 재료로 할 만한 놀이를 고르는 것도 사실 쉬운 일은 아니었다. 뭘 할지 아이템을 적은 종이 꼭대기에 이렇게 써놓았다. '매일매일 체험학습!'

하려고 했지만 못한 놀이

방사탑 만들기
9세_ 까만 클레이로 돌을 만들어 방사탑 쌓기. 까마귀 모양 만들기.
5세_ 까만 클레이 돌탑 쌓기. 밥주걱 만들기.

돌담을 쌓아보자! 현수막을 걸어놓을 때 왜 조금 찢어놓을까? 누가 심술을 부려서 찢은 걸까? 바람이 빠져나가는 구멍이다. 그렇지 않으면 펄럭거리는 소리가 너무 크거나, 완전히 찢어진다. 바람이 불면 돌담 구멍 사이로 바람이 빠져나가기 때문에 오히려 담이 무너지지 않는다.
9세_ 알루미늄 호일을 뭉쳐서 돌을 만든다. 벽돌 쌓듯이 쌓았을 때와 얼기설기 쌓았을 때 바람이 불면 어느 담이 더 튼튼한지 알아본다.
5세_ 알루미늄 호일로 만든 돌로 담 쌓기. 자기가 살고 싶은 집 만들기.

돌하르방 만들기 돌하르방 만들기 조각은 두 종류가 있다. 필요한 부분을 덧붙이면서 원하는 모양을 만드는 소조塑造와 큰 덩어리에서 필요 없는 부분을 떼어내면서 모양을 완성하는 조각彫刻이 있다. 두 가지 방법을 모두 해본다.
9세_ 지점토로 돌하르방 만들기.
5세_ 지점토로 눈사람 만들기.

삼다도로 짧은 글짓기 하기
9세_ 여자, 돌, 바람이 들어가는 문장 세 개 만들기. 세 단어가 모두 들어가는 문장 한 개를 만들어보기.
5세_ 여자, 돌, 바람 글자 써보기. 꽃봉이가 그림 그려서 해당 단어카드 만들기.

화산 실험, 제주도는 어떻게 생겼을까?
9세_ 알루미늄 호일로 밑은 넓고 위는 좁은 그릇을 만든다. 마시멜로를 넣는다. 가스불 위에서 살짝 가열한다. 마시멜로는? 부풀어 올라 그릇 밖으로 흘러내린다.

5세_ 누나 실험 같이. 막대형 과자(누드 빼빼로)로 녹은 마시멜로 찍어먹기.

현무암은 왜 물에 뜰까?

9세_ 현무암의 특징 관찰해서 쓰기. 현무암에 있는 구멍은 왜 생긴 것일까? 마그마가 식으면서 안에 있던 가스가 빠져나간 자리. 현무암을 양동이에 띄워보기. 정말 물에 뜰까? 동네에서 주운 일반 돌과 비교해보자. 현무암의 어떤 부분은 구멍이 많고, 어떤 부분은 구멍이 적다. 왜 차이가 날까? 용암이 식어 현무암이 될 때 공기와 접하는 용암 윗부분은 기체가 많이 빠져나가서 구멍이 많고, 땅과 접해 있던 부분은 공기구멍이 적거나 아예 생기지 않는 경우도 있다.

5세_ 현무암의 특징은 뭘까? 누나와 같이 관찰한 후 기록(엄마가 써준다). 일반 돌과 함께 물에 띄워보기. 바닷가에서 현무암 직접 찾아보기.

나만의 올레길 만들기
파란색, 주황색 색종이로 숙소에서 좋아하는 장소(식당)까지 가는 길에 표시 만들기

9세_ 지도로 그린다. 제주도 지도 보는 법 익히기.

5세_ 다음날 표시를 따라 길을 찾아간다.

종유석 만들기

준비물_ 솜, 속이 보이는 페트병, 백반, 송곳, 따뜻한 물

페트병 양끝을 잘라 눕힌 다음, 윗부분에 송곳으로 작은 구멍을 몇 군데 낸다(송곳이 없을 때는 쇠젓가락을 달구어 써도 된다). 백반을 따뜻한 물에 더 이상 녹지 않을 때까지 녹인다. 페트병에 낸 구멍 위에 백반 녹인 물에

적신 솜을 얹는다. 솜이 마르면 백반수용액을 더 붓는다. 3, 4일 지난 후 페트병을 관찰한다. 실험에서 페트병은 용암동굴, 구멍은 용암동굴의 틈, 백반을 녹인 물은 빗물에 녹은 석회수를 의미한다. 백반 녹인 물이 구멍으로 떨어지면서 물은 증발하고 백반가루가 흘러내리다가 굳어서 종유석 모양이 되는 것이다. 페트병 아래에 백반가루가 쌓이면 석순이 된다. 만장굴 다녀온 다음에 할 것.

_{참고—「신나는 우리땅 과학 탐사」 손영운 지음 / 뜨인돌어린이}

이것뿐이랴. 제주도에 관한 글짓기 주제와 마인드맵 주제도 미리 생각했었다. 하지만 아이들이 집을 짓는다며 옷이며 가방, 이불과 베개를 다 끄집어내어 방 안을 엉망진창으로 만드는 모습을 보며 끝내 '그때'를 포착할 수 없었다. 내가 지금껏 무슨 큰 착각을 했던 게 아닌가 마음이 어지러워졌다.

오늘은 아빠 배웅하러 잠깐 공항에 나갔을 뿐, 하루 종일 도서관에서 뒹굴고 맛난 걸 먹은 아이들은 에너지가 넘치나 보다. 밤이 늦도록 깔깔대며 놀았다. 얘들아, 너네 50시간이 넘도록 한 번도 싸우지 않는구나. 신기록인 거 알고 있니? 열한 시도 넘어서야 겨우 잠자리에 누운 아이들을 보다가 도저히 못 참고 물어보았다.

"꽃님아, 너 왜 이렇게 제주도 와서 책을 많이 읽어?"
"책이 재미있으니까 그렇지."
"뭐가 재밌는데? 무슨 책이 재미있던데?"
"음, 몰라."
"제주도 좋아?"
"그럼 좋지. 너무너무 좋지."

"왜 좋은데? 만날 노니까 좋아?"
"노는 것도 좋구. 또, 아웅~(하품)."
"노는 것도 좋고. 또? 또 뭐? 이거만 대답하구 자."
"음, 매일 신기한 거 알게 돼서 좋아. 몰라. 나 잘래."

헉, 매일 신기한 걸 알게 된단다. 준비하온 실험과 놀이 아이템 하나도 안했는데?

친구가 와서
더 좋아

☼

애월 해안도로, 애월 한담 산책로

아이들이 사랑스러워 마냥 좋은 것뿐만 아니라
이제 점점 제 생각을 찾아가는 아이들이 대견하기도 하고, 안쓰럽기도 한 이 기분.
자라는 아이를 응원하고 싶은 동시에 차라리 오래오래 엄마 품에 있기를 바라는 묘한 기분.

8월 16일. 아침부터 꽃봉이가 눈물 바람을 했다. 오늘이 꽃님이 생일이기 때문이다.

"왜 누나만 생일이야? 나눙(나는)? 나눙 생일 아니야?"
"니 생일은 가을이야. 여름 다 끝나면 니 생일이야."
"왜? 왜 내 생일은 가으이야? 나도 여음하꺼야!! 엉엉엉."
"생일이라도 누나는 선물도 없어. 우리집 아니라서 선물 없어. 너는 가을에 우리집에서 선물도 받고 생일파티도 하자. 알았지?"
"두 개 주꺼야?"
"그러엄~. 꽃봉이 선물 두 개 줄게."
"세 개."
"알았어."

꽃봉이는 누나가 생일이라도 선물이 없다는 걸 알고서야 간신히 울음을 그쳤다.

"누나 선물 없대. 메롱."

그러거나 말거나 꽃님이는 싱글벙글이다. 드디어 으늘! 단짝 지민이가 오기 때문이다! 지민이와 지민엄마가 우리와 마지막 일주일을 함께 보내기로 했다. 꽃님이는 며칠 전부터 달력에 동그라미를 치며 기다려왔다. 생일을 기다리는 줄 알았더니 지민이가 오는 날을 기다리는 것이었다.

네시가 되었다. 비행기가 10분 연착이란다. 그 10분이 어찌나 길던지. 꽃님이 얼굴이 반쪽이 됐다. 눈물까지 글썽글썽. 드디어 지민이가 나타났다! 제주 땡볕 아래 까맣게 탄 꽃님이와 서울내기 지민이가 만나면 흑과 백일 줄 알았더니 방학 내내 외할머니댁 시골 과수원과 바닷가에서 지냈다는 지민이는 꽃님이보다 더 까매져서 나타났다. 이럴 줄 알았어. 내가 아는 사람 중에서 가장 놀기 좋아하고, 잘 노는 모녀가 지민엄마와 지민이다. 지민이는 아무것도 없는 척박한 환경일수록 더 재미있는 놀이를 생각해내는 아이이고, 지민 엄마는 아이들의 말을 가장 진지하게 들어주는 어른이다. 유난히 어른들에게 낯을 가리는 꽃님이도 지민엄마와 있을 땐 수다쟁이가 된다. 지민엄마의 가장 놀라운 점은 그렇게 아이들과 잘 놀면서도 '친구 같은' 엄마가 아니라는 것이다. 친구 같은 엄마가 되려다 아이와 동갑 친구처럼 싸우고, 결국 친구 대접도 못 받는 엄마를 숱하게 아는 나로서는 볼 때마다 존경스러운 엄마다.

아는 사람은 안다. 아이끼리도 친하고 엄마끼리도 잘 맞기가 얼마나 어려운가를! 거기다 지민이는 동생을 아주 잘 돌봐준다! 지민이가 동생 있어서 좋겠다고 하면 꽃님이는 시큰둥한 표정으로 대답한다.

"동생은 말이야. 없으면 심심하고 있으면 귀찮고, 그런 거야."

꽃님이가 꽃봉이와 둘도 없는 친구가 되었다는 말은 다 취소다. 꽃님이는 꽃봉이가 아무리 말을 걸어도 대답도 안 하고 지민이만 쳐다보고, 꽃봉이가 자기 좀 보라고 팔을 찌르자 벌컥 화를 냈다.

"꽃봉아, 누나 지금 친구랑 얘기하고 있는 거 안 보여? 저리 좀 가!"

지민이가 보다 못해 꽃봉이에게 대답해주면 지민이에게도 화를 냈다.

"지민아, 넌 내 친구거덩? 나랑 놀아야지!"

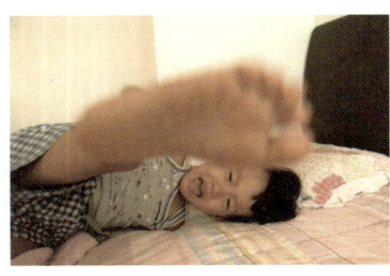

"왜 누나만 생일이야? 나눙(나는)?
나눙 생일 아니야?"

제주도에서
아이들과 한 달 살기

엄마에게도 화를 냈다. "엄마, 꽃봉이 좀 저쪽으로 데려가면 안 돼?"

안 돼. 엄마도 지금 바빠. 엄마도 지금 친구랑 놀아야 해. 엄마가 어른과 대화다운 대화를 나누는 게 지금 얼마만인 줄 아니? 크크크.

처음 계획을 짤 땐 지민이네가 오면 그동안 제주에서 찾아둔 가장 멋진 곳과 가장 맛난 곳들로 황금스케줄을 짜서 다닐 생각이었는데 3주 동안 맨날 도서관만 갔다고 했더니 깜짝 놀란다. 일단 제주도 첫날 나에게 충격을 주었던 애월 해안도로로 갔다. 아니나 다를까, 지민 엄마가 말을 못하네. 우와, 우와.

"저 카페에서 커피 한 잔 할까?"

다락쉼터 화장실을 카페인 척 속였더니 계획대로 속아 넘어간다. 다음 코스는 애월 한담 산책로지만 제주 바다를 이제 막 눈에 담은 사람들이 어찌 목적지로 바로 가겠는가. 가는 길에 지민이가 빨간 등대를 보자 저기 한 번 가보잔다. 등대가 있는 방파제로 가는 것도 한참이었다. 어른 걸음으로 1분이면 될 거리였지만, 그 방파제 위에 구멍이 있었던 것이다. 꽃봉이 주먹이 간신히 들어갈 만한 작은 구멍 하나가 아이들을 사로잡았다. 파도가 치면 싹아, 하고 방파제 아래로 물이 들어왔다가 그 구멍으로 콱 물기둥이 솟구쳤다.

"혹시 이 아래에 고래가 있는 거 아니야?"

"몰랐니? 제주도가 원래 동네마다 고래를 한 마리씩 키워. 요런 방파제 아래에 고래집이 있거든. 파도가 몰려오면 물 먹고 좋아서 푸아, 하는 거야."

"방파제 이름 써놓은 거 못 봤니? 경경 방파제. 고래 경자를 써서 경경 방파제잖아."

"정말?"

"못 믿겠으면 직접 보렴. 앗, 언니, 저기 지금 반짝거린 거, 고래 눈 아니에요?"

"어머, 그러네! 어쩜 저렇게 눈이 맑냐?"

"어디어디?"

"저기. 잘 봐봐."

지민엄마나 나나 애들 데리고 거짓말하는 걸 너무나 좋아라하기 때문에 아이들 속이는 데 손발이 척척 맞는다. 아이들은 고래를 보기 위해 구멍에 얼굴을 들이대고, 그러다 물기둥이 솟으면 꺄르르 웃으며 도망가고. 킥킥. 재밌다!

작은 등대에 아이들이 올라가니 어떻게 찍어도 사진이 예술이다. 빨갛게 물든 저녁하늘을 보더니 아이들이 입을 다문다. 너희도 지금 왠지 벅찬 느낌이니? 무언가……. 가슴에 메어오니? 때로 책을 읽다가 "그래, 바로 이 말이야. 내가 이 말을 하고 싶었어" 할 때가 있다. 강렬한 무언가라서 표현하고 싶은데, 적절한 말을 찾지 못해 입속에서만 뱅뱅 맴돌고 끝났는데, 누군가가 글로 딱 표현한 것을 보면 부럽기 짝이 없다. 말이 아니라면 사진이나 그림도 좋겠지. 나의 느낌을 그대로 표현할 수 있는 어떤 통로를 갖고 있으면 얼마나 좋을까? 오늘 같은 날이야말로 그렇다. 노을에 젖어 있는 아이들을 보는 이 느낌을, 아이들이 사랑스러워 마냥 좋은 것뿐만 아니라 이제 점점 제 생각을 찾아가는 아이들이 대견하기도 하고, 안쓰럽기도 한 이 기분. 자라는 아이를 응원하고 싶은 동시에 차라리 오래오래 엄마 품에 있기를 바라는 묘한 기분. 이런 것들을 딱 표현할 수 있다면 얼마나 좋을까?

단짝 친구 방문은 최고의 선물이다.
3분 즉석 미역국이 고작인 생일이었지만
꽃님이가 이리 즐거워했으니.

아참. 우리가 가려던 데야말로 저녁노을 풍경이 좋기로 유명한 곳인데. 빨리 가자. 애월 한담 산책로는 아는 사람만 아는 아주 좋은 산책로야. 하지만 꽃님이, 꽃봉이가 번번이 초입에 있는 바다에서 물놀이를 하는 바람에 아직 못 걸어봤어. 오늘은 누나 친구가 왔으니까 같이 걷는 재미에 꽃봉이도 잘 걸을 거 같아. 빨리 가자.

하지만? 아이들은 또 산책로 입구에 있는 바다에서 갈 줄을 모른다. 처음엔 신발만 벗겠다더니 발을 적시고, 종아리까지만 들어가겠다더니 결국 맘 놓고 푹 젖었다. 파도가 밀려오면 폴짝 파도를 뛰어넘으면서 어느새 어두워졌다. 동네아이들과 파도 넘기를 하는 아이들을 바라보며 지민엄마가 말했다. "3주 동안 예전에 2박 3일 본 것도 못 봤다더니, 난 제주도 온 지 한나절도 안됐는데 예전에 2박 3일 왔을 때보다 더 제주도를 잘 알게 된 거 같아요."

먼 바다 위로 번개가 치고 있었다. 번개는 보이지만 소리는 들리지 않고, 아직 이곳의 하늘은 말짱하다. 비현실적일 만큼 아름다운 저녁이었다. 딸은 딸대로 엄마는 엄마대로 수다를 떠느라 밤이 짧다. 한참 떠들다 보니 딸들이 똑같은 모습으로 자고 있다. 꽃님아, 너도 친구가 와서 좋지? 엄마도 친구가 와서 정말 좋구나.

24

ONE DAY
JEJU ISLAND

8. 17.

끝내 걷지 못한
애월 한담 산책로

☼

애월 한담 산책로

아이들 셋이 쪼르르 물로 뛰어들고, 그늘막에 누워 있으니 한숨이 절로 나온다.
이렇게 아름답고, 이렇게 편안하고, 이렇게 행복하면 어쩌라고!

어제 늦게까지 수다를 떨다 잤더니 지민엄마도 나도 늦잠을 잤다. 아이들은 일어나 자기네끼리 잘도 논다. 비닐우산에 그림도 그리고, 지민이가 선물한 보라색 깃털이 달린 볼펜을 마술봉 삼아 마녀 놀이도 하고, 꽃봉이를 여자로 변신시키기도 한다. 평소엔 남성다움이 하늘에 닿는 꽃봉이지만 이럴 땐 눈치껏 머리에 꽃 달고 살랑살랑 춤추면서 논다.

오늘 선택된 최고의 해수욕장은 금릉 해수욕장! 가기 전에 어제 걸으려다 못 걸은 애월 한담 산책로에 다시 한 번 도전하기로 했다. 아무리 해질녘이 멋있다 해도 그땐 피곤해서 아이들이 걸으려 하지 않을 테니 낮에 걷자는 게 엄마들의 계획이었다. 아이와 여행을 하려면 갖가지 변수들을 다 고려해야 한다. 하지만 어제 저녁에 본 바다와 너무나 다른 느낌의 바다를 물끄러미 보더니 세 아이가 동시에 말했다.

"엄마, 여기서 물놀이 하자."

끝내 애월 한담 산책로는 걷지 못하는구나. 제주도에 다시 와야 할 이유가 또 생겼네. 애월 한담 산책로를 걷기 위해서가 아니다. 바로 이 바다 때문이다. 세 번이나 산책로에 도전하고도 번번이 발목이 잡힐 만큼 아름다운 이 바다에 어찌 다시 오지 않을 수 있을까? 아이들 셋이 쪼르르 물로 뛰어들고, 그늘막에 누워 있으니 한숨이 절로 나온다. 이렇게 아름답고, 이렇게 편안하고, 이렇게 행복하면 어쩌라고!

누워서 보이는 그대로 이쪽저쪽 사진을 찍었다. 발치쯤엔 눈부신 하늘과 모래로 열심히 마법의 약을 만들고 있는 두 딸내미가 보이고, 오른쪽엔 꽃봉이가 열심히 모래를 파고 있다. 가장 편안하게 누우면 연두색 그늘막 아래로 눈부신 햇살. 사람이 자기만의 사전이 있어서, 어떤 단어를 자기 뜻대로 설명할 수 있다면 '여름'이라는 단어 칸에는 오늘의 풍경 사진을 넣고 싶다. 그늘막 아래에서 보는 하늘과 모래장난하는 아이들의 모습은 '평화'라는 단어 설명으로 넣어도 좋겠다. 지민엄마가 아이들을 불렀다.

"얘들아. 여기 누워봐. 모래로 덮어줄게."

꽃님이와 지민엄마가 열심히 모래를 퍼 날라 꽃봉이는 키다리 아저씨가 되고, 지민이는 인어공주가 되었다. 아이들 웃음소리가 쨍쨍쨍 햇살처럼 쏟아졌다. 신음소리가 절로 나온다. 아, 좋구나.

예전에 이집트에 배낭여행을 갔을 때, 이집트 전통 뗏목배 펠루카를 타고 나일강을 따라가는 여행을 한 적이 있다. 그때 한 마을에서 점심을 먹는데, 지붕이 없는 집이 반 넘는 것이다. 1년 내내 비 오는 날이 거의 없어 아예 지붕을 만들지 않았단다. 그래도 그렇지. 집의 반은 지붕이 있고, 반은 없는 초라한 집에서 점심을 먹는데 영어라곤 한마디도 못하는 할머니가 젊은 여자를 통해 나에게 먼저 물었다.

"궁금한 게 있는데 말이야. 아내를 한 명밖에 얻지 못하는 나라가 있다던데, 아가씨 나라도 남자가 결혼을 한 번밖에 못해?"

"뭐, 결혼은 몇 번 하건 상관없지만, 아내는 한 번에 한 명만 있어야 하죠."

"에구머니, 그러면 여자들이 힘들어서 어떻게 살아?"

"예? 할머니야말로 어떻게 사세요? 남편이 아내를 셋, 넷 얻으면 속상하지 않으세요?"

"왜 속상해?"

"남편이 나 말고 다른 여자를 사랑하는데, 속상하잖아요."

"다 같이 사랑하는 거지. 남편이 늙도록 나만 바라봐도 힘들어. 아내들이 나이가 다르거든. 젊은 아내가 아이를 낳으면 경험 많은 늙은 아내가 아이들을 키우고, 젊은 아내는 남편하고 즐겁게 지내면서 농사일도 하는 거지. 안 그러면 젊은 여자가 어떻게 혼자 애를 키우겠어? 애는 여자 혼자 키우면 너무 힘들어."

그땐 궤변이라고 생각했는데, 지금은 적어도 이 말엔 동감이다. 여자 혼자서 키우면 너무 힘들어! 그렇다고 아내가 여럿인 건 좀 그렇고, 이렇게 친한 이웃과 같이 아이를 돌보니까, 정말, 너무너무 좋다! 옛날 고등학교 때 읽었던 시가 생각난다.

구름 갓 안개 옷에
바람 수레 탔사오매.
하늘뫼 갈밭머리
나도 오늘 신선이라.
산마루 높은 고개도
나르는 듯 오르리라.
아! 좋다 하고
다시 일러 좋다 하고
좋단 말밖에
다른 말은 모르겠네.
인간에 신선 말 없으니
좋단 말이나 외칠거나!

이은상 시인의 〈한라산〉이라는 시다. 제주도 오기 전에 다시 한번 찾아봤다. 도대체 한라산이 얼마나 좋길래 이 출중한 시인이 '좋단 말밖에 다른 말은 모르겠네'라고 했을까. 한라산 한번 가봐야겠다, 라고 생각하게 한 시였다. 한라산까지 갈 것도 없다. 지금 딱 그렇게 말하련다. 인간에 신선 말 없으니 좋단 말이나 외칠거나!

점심때가 되었건만 아이들이 계속 놀겠단다. 바로 위에 키친 애월 카페가 있지만 모래투성이 아이들을 데리고 갈 수도 없고, 어쩐담? 나 혼자 애월 읍내에 가서 점심을 포장해 오기로 했다. 숙이네 보리빵도 잔뜩 사고, 읍내 편의점에서 시원한 냉커피와 주스와 컵라면을 샀다. 뜨거운 물을 부어서 돌아오니 딱 3분. 적당하게 익은 컵라면을 보고 아이들이 환호성을 질렀다. 그래. 제주도 맛집이 웬 말이냐. 원래 예정은 여기에서 산책 좀 하고, 금릉 해수욕장에 가서 수영을 한 다음, 햄버거가 피자 한 판 크기라는 '붉은 못 허브팜'에서 점심을 먹을 생각이었다. 그런 다음 꽃님이가 무지하게 자랑한 한라 도서관에 가려고 했는데. 해가 지고 파도 넘기까지 한 번 더 하고서야 집으로 향했다.

밤새 지민이가 아팠다. 하루 종일 물놀이에 등에 화상을 입어 편하게 놀지도 못하는 걸 보니 엄마들이 노느라 아이를 제대로 못 챙겼다 싶어 미안했다. 꽃님이도 옆에서 많이 울었다. 친구가 아파서 자기와 못 놀아주니 그게 속상해서 운 것이다. 아이고, 지민이에게 더 미안했다.

1100도로에서
하루 보내기

☼

제주도립미술관, 서귀포 자연휴양림, 법정악 전망대, 거린 전망대, 산방산, 송악산

얘들아, 나중에 너희가 자라면, 연애를 하게 될 텐데 말이야.
니가 좋아하는 사람이 너를 안 좋아할 수도 있어. 서로 좋아하다가도 헤어질 수도 있고.
그런 걸 실연이라고 하는데, 있잖아. 실연하고 나면 절대로 모슬포에는 오지 마라.
실연하고 이런 노을을 보면, 정말 너무 슬플 거 같아. 알았지?

밤새 아팠던 지민이가 아침이 되니 쌩쌩하다. 다행이다! 그래도 더 이상 물놀이는 안 되겠다. 오늘은 그냥 차 안에서 좀 퍼질 수 있는 일정으로 다녀야겠다.

1100도로로 출발! 가이드북마다 1100도르, 1100도로, 5.16도로, 5.16도로 하길래 유명한 길인가 보다 했는데, 막상 제주도에 와서 지도를 보니 그런 이름이 없다! 1100도로는 도대체 어디 있는 거야? 5.16도로는? 알고 보니 5.16도로는 별명이고 1131번 국도가 원래 이름이더라. 그럼 왜 5.16도로라는 별명이 붙었을까? 박정희 대통령이 5.16쿠데타를 일으킨 다음 해인 1962년 서귀포와 제주시를 연결하는 획기적인 이 도로의 기공식을 하면서 자신의 군사정부의 정당성을 강조하는 5.16이라는 이름을 붙였단다. 1100도로 역시 별명이다. 원래 이름은 1139번 국도이고, 1100도로는 우리나라에서 도로로서는 가장 높은 해발 1,100미터 지점을 지나간다는 뜻이다.

오늘 우리의 첫 번째 목적지는 한라 수목원을 지나 1100도로로 들어서자마자 나타나는 '제주도립미술관'이다. '거울 연못'이 회색 콘크리트 건물을 둘러싸고 있어서 꼭 미술관이 물 위에 떠 있는 것 같다. 제주도가 섬이라는 걸 나타내는 건가 보다. 전시 작품들도 좋았지만 제주도립미술관은 건물 자체가 굉장한 볼거리다. 폭포그림이 그려진 계단도 올라가기 미안할 정도로 박력 넘치는 작품이고, 정교하게 계산해서 만든 게 틀림없는 창문과 문들은 창밖의 풍경을 작품으로 품는 액자가 된다. 2층 야외 정원도 참 좋다. 미술관 바로 옆에 있는 성문화 전시관 '러브랜드'의 야외 전시물을 훔쳐보는 잔재미도 있다.

평소에도 그랬지만 이번 제주도 여행에서 특히 자주 느끼는 건 아이들의 눈은 참으로 정직하고 예민하다는 것이다. 아이들은 작품인지 뭔지 비싼 건지 싼 건지 알지 못하는데도 귀신같이 '좋은 것'을 알아본다. 특히 잘 꾸며진 공간에서는 훨씬 편안해한다. 미술관에 있는 내내 아이들이 뿜어내는 에너지가 부드럽고 명랑한 것이어서 참 좋았다.

내게 미술관에서 제일 인상적인 것은 우습지만 1층 카페 '플라타너스'였다. 유리창이 있는지 없는지 슬쩍 만져볼 정도로 넓고 깨끗한 유리창이 벽면을 가득 채우고 있다. 밖은 하늘과 잔디밭과 하늘이 그대로 반영되는 연못. 아이들은 미술관 잔디밭을 뛰어다니고, 오랜만에 편안한 마음으로 차를 마셨다. 이 카페라면 전시작품을 볼 시간 여유가 없는 날이라도 기꺼이 입장료를 내겠다. 카페와 연결돼 있는 뮤지엄숍도 꽤 좋았다. 말 모양 손잡이가 달린 그릇이라든지 간단하면서도 제주도스러운 것들이 가득하다.

제주도립미술관은 지나치는 사람들도 바로 앞에 있는 '신비의 도로', 즉 도깨비 도로는 한번쯤 내려서 실험을 해보곤 한다. 분명히 오르막길인데 자동차가 미끄러져 올라가는 것이다. 기대보다 착시현상이 크지는 않아서 아이들은 처음에는 오르막인지 내리막인지 잘 몰랐지만, 생수병이 굴러가는 걸 보자 그제야 탄성을 질렀다.

자, 이제 본격적인 1100도로 드라이브 코스다. 휙휙 꺾이는 S자 코스, 급기야 U자 코스도 나타난다. 좀 더 가면 한라산 등반 코스인 어리목과 어승생악으로 가는 갈림길이 나타난다. 마음은 직접 한 발 한 발 걸어 한라산을 느끼고 싶지만, 딸린 아기들이 있답니다. 한라산을 즐기는 가장 쉬운 코스, 1100도로를 이리 차로 달릴 수밖에요~. 남들은 숲 터널이나 목장길이 좋다지만 나는 이 어리목 입구길이 제일 좋다. 워낙 높은 곳을 향해 올라가는 도로이다 보니 길 끝에 바로 하늘만 보이는 순간이 많기 때문이다. 도시의 길 끝엔 늘 풍경을 잘라먹는 건물과 사람들, 신호등과 자동차뿐인데 길 끝에 하늘이라니, 꼭 더 힘차게 달리면 하늘로 올라갈 것 같은 기분이랄까? 창문을 열어 놓으니 아이들이 바람을 맞으며 노래를 부른다.

드디어 다 올라왔다. 백록, 하얀 사슴 동상이 있는 1100고지 휴게소에 도착했다. 휴게소 건너편에 있는 1100고지 습지 자연학습 탐방로를 빼놓을 수 없다. 아이들은 그저 여기에 멋진 산책로가 있구나 하고 말겠지만, 세계의 중요 습지를 보호하기 위해 만든 람사르 협약에 등재된 귀중한 습지다. 나무 탐방로도 사람들 편하라고 만든 게 아니라 사람들이 밟고 다녀서 습지를 망치지 않도록 보호하기 위한 것이다.

꽃님이와 지민이는 소금쟁이와 예쁜 꽃들을 보는 즐거움에 신이 났고, 꽃봉이는 걷다 말고 잠이 들었다. 업고 먼저 나오려니 습지 탐방로가 한번 들어가면 다시 나오기 힘든 구조로 돼 있어 좀 고생을 했다. 탐방로가 500미터나 돼 생각보다 시간이 걸린다. 매일 오전 열 시와 오후 두 시에 해설사가 무료로 탐방객과 동행하며 설명을 해준다는데, 설명을 들으면 좋겠다. 뭔가 남다른 공간인 줄은 알겠는데, 어디가 어떻게 남다른 건지 몰라 그저 "멋지다!"라고만 하자니 이 높은 곳까지 와서 피어난 꽃들에게 왠지 민망하니까 말이다.

아이들이 배가 고프단다. 도시락으로 싸온 초밥과 주먹밥으로 일단 허기만 달랬다. 아까 1100도로 휴게소에서 밥을 사먹을걸. 1100도로에서 하루를 보내자니 딱 하나 걸리는 게 이거다. 점심 먹을 데가 마땅치 않다는 것. 그것 외에는 쉴 새 없이 감탄을 하게 된다. 그 중 가장 빛나는 곳은 바로 '법정악 전망대'다. 법정악 전망대는 1100도로의 거의 끝 무렵 서귀포 자연휴양림 안에 있다.

　대부분 자연휴양림은 입구에 주차장이 있지만, 서귀포 자연휴양림은 안쪽까지 자동차가 출입할 수 있도록 길을 만들어놓았다. 이 길이 또 예술이다. 이런 길을 달릴 땐 꼭 창문을 열어야 한다. 숲이 전하는 향기와 소리, 빛과 그림자가 얼마나 아름다운지. 자고로 이런 길은 걸어야지 차 타고 가기엔 미안하다 싶을 즈음 전망대 입구가 나타난다.

　법정악 전망대 가는 길 역시 화산으로 만들어진 제주도 특유의 토양을 보호하기 위해 나무데크가 쫙 깔려 있다. 덕분에 다섯 살 꽃봉이도 즐겁게 폴짝폴짝 뛰어가며 전망대까지 갈 수 있었다. 어른 걸음으로는 40분이면 충분하지만 아이들은 온갖 곤충 다 간섭하고, 오만 나무 다 건드려봐야 되는 관계로 한 시간 반을 꼬박 올라가야 했다.

　한참 동안 숲이 이어지다가 계단이 나타난다. 그리고 이 계단을 올라가다 보면 갑자기 탁, 전망대가 나오는 것이다. 갑자기 탁 트인 전망대에 오르니, 기분이 얼떨떨하다. 까마귀들이 푸드덕 날아오르고, 멀리 서귀포와 바다까지 다 보이는데, 발 아래로 구름이 지나가니 "맞다. 여기 해발 800미터가 넘는 거지 지금" 하고 실감하게 된다. 이렇게 멋진 한라산을 땀도 흘리지 않고 날름 느낀다는 게 미안할 정도다. 제주도에 방 얻어서 살았다고 이웃들이 제주도 여행을 가게 되면 어디가 좋으냐고 많이들 물어왔다. 추천했던 곳들 중에 사람들의 취향과 연령대, 여행 스타일을 불문하고 가장 좋은 얘기를 들은 곳이 바로 법정악 전망대다.

　지금부터는 주의 깊게 운전해야 한다. '거린 사슴 전망대' 표지판을 놓치면 안 된다. 거의 U자 커브를 돌다가 짠 나타나기 때문에 "앗, 저기가 전망대군. 그렇다면 지금 우회전!" 하고 핸들을 확 꺾었다간 사고 나기 십상이다. 이곳에서 앞으로 갈 곳들을 미리 보는 것도 좋겠다. 서귀포

시내는 물론 월드컵 경기장, 중문관광단지를 거쳐 산방산까지 한눈에 다 보인다. 하지만 아이들에겐 아직 높은 곳에서 보는 전망이 그리 매력적이지 않나 보다. 그저 망원경이 있을 뿐인 전망대에서 전망을 보기보다는 매점에서 과자를 좀 사주기만 바라는 눈치였다. 그래, 올레꿀빵 하나씩 먹어라. 각종 견과류를 유자청에 묻혀 팥빵에 발랐다니, 말만 들으면 너무나 제주스럽고 맛있을 것 같은데 실제 먹어보면 견과류는 바삭하지 않고, 팥은 심하게 달고, 빵은 기름이 줄줄 흘러내린다. 올레꿀빵을 제대로 만들면 정말 제주도 대표 먹을거리가 될 수 있을 텐데!

　1100도로가 끝나고 서귀포시로 접어들었다. 우리는 산방산으로 향했다. 산방산은, 정말, 난데없는 곳이다. 한라산에서 시작된 경사가 바다를 향해 천천히 내려가는 중, 이제 바다와 딱 만나야 할 순간에 불룩 솟아 있는 모습이라니! 알고 보면 산방산이 제주도 기생화산 360여 개 중에서 가장 먼저 생긴 산이라고 한다. 한라산보다도 빨리 생겼다나. 하지만 갑자기 밥공기를 엎어놓은 듯 불룩하게 솟은 걸 보면 설문대할망이 한라산 꼭대기를 탁 치는 바람에 꼭대기가 철푸덕 튕겨나와 앉았다는 설화 외에 어떻게 저런 모습을 설명할 수 있겠나 싶다. 마침 산방산 꼭대기에 UFO 같은 구름이 얹혀 있었다. 아이들은 산방산보다도 구름이 어떻게 저렇게 생길 수 있는지 궁금해했다.
　꽃봉이가 정답을 내놓았다.
　"저기는 구름 공장인가봐. 산꼭대기에서 구름이 쏭쏭 나오네."
　산방산 아래 용머리 해안을 구경하려고 했는데, 오늘은 벌써 문을 닫았단다. 아쉬운 마음에 주위를 둘러보니 배가 한 척 있다. 하멜 상선 전시관이다. 『하멜 표류기』를 써서 우리나라를 처음으로 유럽에 알린 네덜

란드 사람 하멜이 타고 왔던 배 바타비아 호를 재현한 것이다. 안에 밀랍 인형과 당시 자료들이 있다는데 우리는 거긴 들어가지 않고, 하멜 전시관으로 가는 길목에서 놀았다. 아이들은 말도 한 번 타보고 나서야 산방산 주차장을 나섰다.

이제 슬슬 제주로 올라가야겠다. 해안도로를 따라 제주 방향으로 가는데, 도저히 차를 세우지 않을 수 없는 곳들이 이어졌다. 점점 식사시간은 다가오는데, 점심도 주먹밥으로 때웠으니 식당을 향해 초스피드로 달려도 모자랄 판에 왜 자꾸 이렇게 풍경이 멋있어지는 거야?

송악산에 이르렀을 때는 지민엄마는 거의 기절 직전이었다. 송악산에 올라가보고 싶은 마음이 굴뚝같은데 아이들 밥 생각에 못 가는 게 아쉽기만 하다. 송악산은 이름에 아예 소나무 송자를 쓸 만큼 소나무가 많은 오름이다. 저 멀리 일본군이 만든 알뜨르 비행장이며 동굴들이 보인다. 여기서 저기까지 걸어가면 얼마나 좋을까? 송악산에서 모슬포 가는 길은, 차라리 차를 버리고 걷고 싶은 마음이 들었다. 차로 휙 지나고 싶지 않다. 넓은 들판, 어둡고 깊은 푸른 저녁 하늘에 손톱만 한 달이라니. 그리고 언덕 위엔 풀 뜯는 말들. 누가 영화를 찍나? 세트가 아닌데 이토록 영화 같을 수가 있나?

이제 아이들 배에서 꾸루룩꾸루룩 소리가 들린다. 그런데도 세 아이들 누구도 배고프다고 하지 않았다. 아이들도 하늘을 보며 감탄하는 중이었다. 하늘엔 정말 어린 녀석들마저 밥 생각을 잊을 만큼 아름다운 노을이 번져 있었다.

"얘들아. 나중에 너희가 자라면, 연애를 하게 될 텐데 말이야. 니가 좋아하는 사람이 너를 안 좋아할 수도 있어. 서로 좋아하다가도 헤어질 수도 있고. 그런 걸 실연이라고 하는데, 있잖아. 실연하고 나면 절대로 모슬포에는 오지 마라. 실연하고 이런 노을을 보면, 정말 너무 슬플 거 같아. 알았지? 다들 따라해봐. 실연하면!"

"실연하면!"

"모슬포는 오지 마라!"

"모슬포는 오지 마라!"

"노을이 슬프다!"

"노을이 슬프다!"

모슬포 맛집이라는 '옥돔 식당'을 찾아갔는데 하필이면 쉬는 날이다(수요일). 근처 불 켜진 집에 아무데나 들어갔다. '홍성방'이라는 중국집이었는데, 별 기대 없이 탕수육과 자장면, 짬뽕을 시켰다가 너무 맛있어서 깜짝 놀랐다. 배를 채우고 나자, 아이들은 금방 잠들었고 밖은 금방 깜깜해졌다. 이제 차 속에는 행복에 겨워 어쩔 줄 모르는 두 아줌마만 남았다.

"다음에 와도 이만큼 좋을까?"

"오늘만큼 완벽한 타이밍에 노을이 지고, 말이 나타나고, 구름이 몰려다니고 그러진 않겠지."

"노을이 문제가 아니라, 옆에서 같이 감탄해주는 사람이 있어서 좋았던 거 같은데."

"그럴 때 애가 짜증부리면 등짝 한 대 때렸을지도 모르는데, 애는 친구랑 노느라 엄마가 노을 보고 정신줄을 놨건 말건 신경 안 썼던 것도 오늘 감동의 요인이었을 거야."

"그런데, 만약 남편하고 봤어도 이만큼 좋았을라나?"

"흠. 날카로운 질문인걸? 근데 느을 보는 파트너로는 아무래도 철딱서니 없는 소녀 취향 아줌마가 더 낫지 않을까? 저 사람도 나만큼 좋을라나, 걱정하지 않아도 되고, 그깟 하늘 보고 좋아서 방방 뛴다고 무안하지 않아도 되니까. 우리끼리 좋아 죽는 게 나을 거 같은데?"

"내 말이. 근데 딴 집 남편들은 막 같이 좋아하고 그러는 거 아닐까?"

"설마. 이 집 저 집 마흔 살 넘어가니까 다 똑같던걸."

"하여간 고마워. 같이 있어줘서."

"누가 할 소리."

5.16도로에서 하루를 보낸다면

5.16도로, 즉 1131번 국도를 따라 여행하는 것도 참 좋다. 제주시에서 5.16도로를 타면 시작지점에 산천단과 별빛누리 공원이 있고, 관음사 방향 이정표를 따라가면 곧 관음사(064-722-2829)가 나타난다. 이어 나타나는 것은 제주마 방목지. 아이들과 함께 여행을 왔다면 놓치기 아까운 곳이다. 제주마 방목지에서 계속 5.16도로를 따라가도 좋지만 잠깐 1112번 국도로 좌회전을 해보자. '전국 멋진 길 베스트'에 늘 상위권에 오르는 삼나무길이 나타난다. 사려니길과 절물 자연휴양림으로 이어진다. 이대로 중산간 지역을 구경해도 좋고, 내키는 곳에서 다시 5.16도로로 돌아나가자. 5.16도로는 그 자체로 멋진 볼거리다. 드라이브의 즐거움을 극한으로 몰고 가는 숲 터널을 지나 한여름 육지 사람들이 제주도로 놀러 올 때, 제주도 사람들이 놀러 가는 곳인 돈내코 유원지까지 이어진다.

모슬포 맛집과 한라산 체험 프로그램

홍성방 알고 보니 소문난 맛집이었다. 어쩐지! 국수가 보이지 않을 만큼 해물을 잔뜩 얹어주는 삼선짬뽕이 대표 메뉴. 동네 중국집에서 자장면을 사기 그릇에 담아주는 건 처음 봤다.
서귀포시 대정읍 하모리 938-4 문의 **064-794-9555**

1100고지 습지 자연학습 탐방로 한라산 자연생태체험 프로그램은 별도의 사전 예약을 하지 않고 당일 출발장소에 도착하면 누구나 참여할 수 있다. 매일 오전 열 시와 오후 두 시에 해설사가 무료로 동행하여 설명을 해준다. 단체로 예약할 경우 정해진 시간이 아니더라도 해설사와 동행할 수 있다.
문의 **064-713-9953**

제주도립미술관 월요일 휴관. 어른 1,000원, 어린이 300원
제주시 연동 680-7 **jmoa.jeju.go.kr** 문의 **064-710-4300**

26

ONE DAY
JEJU ISLAND

8. 19.

도전!
올레길 트레킹

☼

소소깍, 보목 항구, 제주마 방목지

걷기야말로 가장 아이 친화적인 여행법이고 말고.
자, 꽃봉아, 꽃님아, 가자!, 라고 하자니
아이쿠, 40개월 간신히 넘긴 녀석을 데리고 이 땡볕에 걷긴 뭘 걸어, 싶다.

드디어 올레길을 걷기로 했다. 제주도 와서 일정을 정할 때마다 가능한 이동거리를 짧게 짜면서, 아이에게 참 폭력적인 일정이라는 생각을 했더랬다. 이왕 그곳에 간 김에 근처 볼거리들을 묶어서 보는 게 합리적일 것 같지만, 방금까지는 유리 공예품을 봤는데, 금방 역사 현장에 가야 하고, 잠시 후엔 말을 타는 식의 일정이 아이에겐 당황스럽지 않을까? 여기가 뭐하는 덴지, 뭐가 재미있을지 간신히 알 만한데 몇 분 후엔 전혀 다른 주제에, 전혀 다른 공간에서 또다시 파악하고 적응해야 하니 말이다. 일정에 따라 관심사를 확확 바꾸면서 그때마다 즐거워하는 게 과연 가능할까? 그렇다고 비슷한 주제만 엮을 수도 없고, 그럼 또 비슷한 것만 계속 한다고 지루해하겠지. 내 딴에는 한 곳에 머무르는 시간을 충분히 하려고 애를 썼다. 공간상의 배려를 해줄 수 없다면 시간의 배려라도 해주기 위해서였지만 그래도 개운하지 않았다.

하지만 걸으면서 하는 여행은 완전히 다르다. 한 가지 관심사에서 다음 관심사까지 자연스럽게 물 흐르듯이 이동할 수 있다. 천천히 새로운 것이 나타나고, 여운을 남기며 사라진다. 원래 아이들과 여행할 때 이동 시간이 제일 힘들다. 음악을 듣거나 골똘히 생각을 하거나 아니면 아무것도 안 하거나 하는 어른들의 방법이 아이들에겐 흥미롭지 않나 보다. 그에 비해 올레길은! 목적지에 닿기 위해 견디어내야 하는 이동이 아니라 이동 자체가 여행이다. 그것도 제일 운치 있고 멋진 길만 골라놓은 거잖아. 언제 어디서건 쭈그리고 앉아도 지켜볼 만한 벌레와 풀과 꽃이 가득한 길! 걷기야말로 가장 아이 친화적인 여행법이고 말고. 자, 꽃봉아, 꽃님아, 가자!, 라고 하자니 아이쿠, 40개월 간신히 넘긴 녀석을 데리고 이 땡볕에 걷긴 뭘 걸어, 싶다.

올레길, 걸을까 말까 늘 고민만 했지만 오늘은 다르다. 우리에겐 지민이네가 있지 않은가. 아이들이 우르르 몰려다니는 맛에 잘 걸을 거야. 코스도 가장 아이들이 걷기 좋다는 쇠소깍에서 외돌개까지 가는 6코스로 잘 골라냈다구! 5코스, 6코스가 아이들 걷기 제일 만만하다는 정보를 얻기 위해 내가 얼마나 많이 올레길 기행문을 읽고 분석했는지 모른다!

이름도 재미있는 쇠소깍은 한라산에서 내려온 맑은 물이 바다와 만나는 곳이다. 제주도는 그렇게 비가 많이 와도 땅에 스며드는 건 얼마 안 된다. 땅이 화산암이라 물을 품을 수 없는 것이다. 그저 땅속을 흐르다가 해안가에 오면 위로 퐁퐁 솟아오르는데 쇠소깍과 곽지 해수욕장, 곽지 과물 노천탕, 제주시 도심에 흐르는 산지천 모두 이런 용천수다. 쇠소깍은 바다까지 달려온 물답지 않게 깊고 고요해서 바로 앞에 파도치는 바다가 있다는 게 믿어지지 않을 정도다.

쇠소깍을 제일 운치 있게 구경하는 방법은 바로 제주도 전통배 테우를 타는 것이다. 쇠소깍 위로 줄을 매어놓고 선장 아저씨가 줄을 잡아당겨서 테우를 움직인다. 이 아저씨 입담이 좋아서 테우를 타고 쇠소깍 안쪽까지 들어갔다 나오는 30여 분 동안 쉴 새 없이 웃을 수 있단다. 하지만 기다리는 사람이 너무 많아서 우리는 투명카약을 타기로 했다. 꽃님이도 꽤 노를 잘 저었다. 둥실둥실 카약을 타고 풍경 좋은 쇠소깍을 구경하니 신선놀음이 따로 없던데, 남들이 보면 어린 딸 부려먹는 못된 엄마라고 했을지도 모르겠다.

쇠소깍 앞에서 재미있는 것을 발견했다. 바로 귤 자판기. 하나씩 파는 것이니 더 신경을 써서 골라 넣었는지 가게에서 사먹는 것보다 훨씬 달고 맛있었다. 거기다 자판기라 시원하니 아이들이 뽑아 먹는 재미에 얼마나 많이 먹었는지 모른다. 귤을 까먹으며 지민엄마와 의논을 했다. 우

제주도에서
아이들과 한 달 살기

리가 지금 올레 출발지점에 와서 아직 한걸음도 안 걸었지만, 포기해야 하는 거 아닐까? 저기 길 좀 봐. 신기루가 막 피어오르잖아. 이런 날 걷게 하는 건 정말 아동학대야. 그래도 그냥 바로 포기하면 너무 아까우니까, 조금만 걸을까? 걷다가 언제든지 돌아오지 뭐.

그런데 생각보다 아이들이 잘 걸어서 꽤 오래 걸었다. 주황색, 파란색 리본과 화살표 찾는 것을 무슨 보물찾기라도 하는 양 먼저 찾으러 뛰어다녔다. 너무 햇빛이 강렬해서 우산을 쓰라고 했지만 땀을 줄줄 흘리면서도 귀찮단다. 하는 수 없이 내가 양손에 우산을 들고 받쳐줬지만 아이들은 자꾸단 우산 밖으로 뛰어나간다.

"지민아. 제주도에 돌담 되게 많지 않냐? 근데 돌담에 왜 구멍이 있는지 알아?"

"딱 맞는 돌이 없어서 그런 거 아냐?"

"나도 그런 줄 알았거든. 근데 바람이 많아서 일부러 그렇게 한 거래. 바람이 휭휭 불어도 넘어지지 말라고 바람 구경 만든 거래."

"우와. 근데 멋있기도 이게 더 멋있다. 그리고 도둑이 오나 안 오나 내다보기도 좋고."

"맞아. 진짜 제주도 사람들 머리 좋다."

딸내미들의 얘기를 훔쳐 들으니 재밌다.

"얘들아. 근데 저 돌담을 만든 돌들은 다 어디서 나왔게? 산에서 캐어 왔을까?"

"엄마두 참. 밭을 갈면서 나온 돌이 저렇게 많은 거야. 밭에서 돌을 골라내서 나무 심을 데도 많이 만들고, 골라낸 돌로는 담도 쌓고."

"그런 걸 일석이조라고 하죠."

"세상에. 엄마 기절하겠다. 너희 왜 이렇게 똑똑하냐?"

제주도에서
아이들과 한 달 살기

"저희가 원래 좀 그래요. 헤헤헤."

나름대로 즐겁게 걸었지만 한 시간 넘어가자 아이들이 점점 말수가 줄어든다. 올레 코스를 다 걸으면 여권에 올레 도장을 찍어준다고 했더니 그걸 받겠다고 가자는 소리는 안 하네. 그래도 이만하면 충분히 걸었어. 이만 돌아가자. 콜택시에 전화를 하자 보이는 건 돌, 바다, 나무밖에 없는 곳인데도 기사 아저씨는 여기가 어디인지 척 알아듣는다. 채 몇 분 지나지 않았는데 빵빵 소리가 들려왔다. 우와. 올레길 도사시군요.

택시로 차를 세워놓은 곳까지 돌아왔다. 한 시간 걸었던 길을 차로 달리니 딱 3분이다. 보목항구로 가서 어른들은 자리물회를 먹고 아이들은 도시락을 먹었다. 바닷가 바람이 바로 들어오는 야외 평상에 앉아 물회를 먹으니 그만 낮잠이나 잤으면 딱 좋겠다 싶다. 식당 앞에 '투위크스'라는 카페가 있어 들어갔다. 옛날 크미디언 이주일 씨의 별장이었단다. 이주일 그래서 투위크스(Two weeks). 역시 가정집을 개조한 카페다. 잘 가꾸어진 마당을 지나, 2층에 가니 바다 전망이 끝내준다.

돌아오는 길어 제주마 방목장에 들렀다. 남들은 5분 보고 일어서는 곳에 한 시간이나 있어놓고는, 심지어 또 온 것이다. 이번엔 한 시간 반 있었다. 지난번엔 내가 풀 베느라 고생했는데. 이번에는 지민엄마가 아예 작은 휴대용 칼을 꺼내들고 나섰다. 엄마 노릇하기 골고루 힘들다. 하하하. 말들의 배를 채워준 아이들은 배고픈 줄도 모르고 잠이 들었다. 제주시 천문대인 별빛누리 공원에 가서 별 관측을 하려고 했던 계획은 자동 취소다.

두 엄마는 토론을 하기 시작했다. 이까짓 풀 주기 때문에 그 다음번 예정했던 멋진 코스를 포기하는 것이 과연 합당할까? 천문대 견학이 말

에게 풀을 주는 것보다 유익한 것은 분명하지만 이만큼 즐거워할지는 알 수 없으니, 당장 즐거운 게 낫지 않아? 그래도 아이들은 별 관측도 틀림없이 즐거워했을 거야. 아이들 컨디션 조절해서 엄마가 가자고 재촉했어야 하는 거 아닐까? 아까부터 이대로라면 잠들겠다는 거, 알고 있었잖아. 아이들은 아이들이야. 엄마가 제어를 해줘야 하는 부분도 있어. 하지만 어차피 즐겁자고 하는 일인데 당장 즐거워하고 있는데, 다음 일정으로 구태여 가야 하나?

    이야기는 아이들에게 공부를 얼마나 시킬 것인가로 옮겨갔다. 매일 수학이랑 영어랑 조금씩 하려고 했는데, 애가 피곤해하니까 못 시키겠더라. 아침에 시키자니 시간 아깝고. 제주도에선 제주도에서만 할 수 있는 걸 먼저 하는 게 맞는 거 아니야? 그래도 할 건 해야 한다는 것도 아주 중요한 교육이잖아. 그냥 공부 안 시키면 안 되나? 공부만 아니면 얼마나 사이좋게 재미있게 잘 살 수 있는데, 부모 자식 간에 속상해가면서 공부 꼭 해야 하는 거야? 엄마랑 애만 눈감고 공부 모른 척 한다고 해서 대한민국에서 정말 행복할 수 있다고 생각해? 공부 못하면 아이 스스로가 안 행복해. 행복하려면 공부보다 자존감이 더 중요하다고 해도, 공부 못하면 자존감을 가지기 너무 어렵다는 게 문제야 그런데 공부 아니면 뭘 하려고? 성적을 떠나서, 나중에 뭘 하고 싶어서 배움이 필요할 때, 공부를 제대로 안 해본 애가 배우는 과정을 견딜 수 있을까? 하기 싫은 거 참고 하는 거야말로 얼마나 중요한 공부인데! 아아, 몰라몰라. 하기 싫은 걸 꼭 해야 해?

결론은 뜬금없이 자신이 뭘 해야 행복한지 아는 것이야말로 가장 중요한 공부라는 걸로 났다. 그나저나 여름방학이 다 끝나가니 새삼 걱정된다. 선배 엄마들이 연산은 꼭 시키랬는데, 연산은 어디 있는 산이래유? 우리는 한라산밖에 몰라유. 엉엉엉.

제주도 전통배 테우 체험

쇠소깍 테우 타기 밀물, 썰물, 그날의 날씨에 따라 테우를 운영하는 시간이 달라진다. 전화 예약은 받지 않지만 미리 시간 확인을 하고 가는 것이 좋다. 선장님 전화번호는 010-6530-3002. 어른 5,000원, 학생 3,000원. 투명카약은 30분. 성인 2인 14,000원, 1인 10,000원. 어린이는 인원수에 따라 가격이 달라진다.

27

ONE DAY
JEJU ISLAND

8. 20.

반짝반짝 빛나는
제주의 추억

☼

월정리 바다, 신재생에너지 홍보관, 별빛누리 공원

마법처럼 내겐 제주도에서 지내는 것이 수월하고 좋았다.
제주도 공기를 맡자마자 아이들이 순하고 명랑해진 데다, 가는 데마다 이보다 좋을 순 없다 싶을 만큼
아름답고 감동적인 장면들을 보았으니 말이다.

"어디 갈래? 1번 2번 중에서 골라봐. 1번은 '도' 아니면 '모'야. 좋아하는 사람은 너무너무 좋아하고, 싫어하는 사람에겐 여기가 뭐야 싶을 수도 있어. 2번은 못해도 '개'나 '걸'이야. 틀림없이 괜찮을 거야. 하지만 너무너무 좋을지는 모르겠어."

"그냥 '윷'인 데는 없고?"

"이보세요. 인생에 그런 데가 어디 있어?"

"없지. 그럼 1번으로 가요. '모'면 좋고, '도'면 하는 수 없고."

그래서 아침부터 월정리 바다로 갔다. 아일랜드 조르바에 도착하자, 지민엄마가 외쳤다.

"여긴 나한테는 당연히 '모'지!"

아이들도 환호성을 지르며 모래사장으로 달려갔다. 하긴 이 단짝 아가씨는 어제부터 어딜 가건 '무조건 모'다. 둘이 같이 놀 수 있으니까. 어렸을 땐 저리도 쉽게 행복해지는데, '무조건 모'가 가능한데, 나이가 들수록 왜 이리 행복하기가 어려운 걸까? 그래도 월정리 바다에선 알 거 다 아는 두 아줌마도 금방 행복해졌다. 아이들은 신나게 바다로 뛰어갔고, 마음 잘 맞는 친구와 함께 맛난 커피를 마시며 이런 바다 앞에 있는데 행복하지 않으면 양심불량이지. 우리는 별다른 대화도 하지 않았다. 그냥 눈만 마주치면 낄낄 웃기만 했다. 마냥 있고 싶었지만, 더 이상 아이들이 바깥에 있다간 일사병 걸리겠다 싶어 아쉬워하며 차에 탔다. 어디로 가지?

"언니. 어디를 가건 여기보다 더 좋을 순 없을 테니까, 그냥 아무데나 가요." 일단 1132도로를 타고 성산포 방향으로 갔다. 작은 포구를 끼고 조용한 마을들이 이어졌다. 낮은 돌담에 해초를 말리고 있는 작은 마당, 바다로 난 창문이 있는 작은 집들을 보자 내가 여름을 보내기 원하던

집이 딱 저런 곳인데 싶다. 이런 마을이라면 아이들끼리 놀러 나가도 걱정되지 않을 것 같다. 백사장 넓은 바다가 한눈에 들어오고, 누구야 부르면 다 들릴 것 같은 작은 마을. 눈썰미 없는 나도 이젠 알아볼 수 있는 제주도 나무 '폭낭' 아래 할머니들이 알아듣기 어려운 사투리로 이야기꽃을 피우는, 나지막한 마을. 좀 더 올라가니 오른쪽에 웬 잔디밭과 분수가 보인다. 대부분 아이들이 좋아하는 아이템이 분수 아닐까? 아이들이 당장 저길 가보자고 한다. 신재생에너지 홍보관? '아무데나'가 한마디로 대박인 곳이었다.

신재생에너지 홍보관은 풍력 발전, 태양열 발전 등 신재생 에너지들이 어떤 원리로 만들어지고 사용되는지 유치원생부터 초등학생 수준에 맞춰 설명해주는 곳이다. 자전거를 돌리면 전기가 만들어져서 선풍기가 작동된다든지, 태양열을 비행기에 쏘면 비행기가 움직인다든지, 별별 장치가 다 있어서 아이들은 여기가 놀이터인지 에너지 공부하는 데인지 헷갈릴 정도. 화면 내용에 맞춰 의자가 움직이고 바람이 부는 4D 상영관이 있다. 심지어 무료다. 이 좋은 체험관에 관람객이 우리밖에 없어서 깜짝 놀랐다. 서울 광화문에 있는 여기와 비슷한 녹색성장체험관은 며칠 전에 예약을 해야만 하는데 말이다. 하지만 꽃봉이가 풍력 발전이나 태양열 발전에 대해서 알게 된 건 하나도 없다. 체험관의 잘못이 아니라 전적으로 엄마들 탓이다. "저쪽에 가서 놀래? 엄마를 방해하지만 말아다오." 이런 식이었으니 말이다.

"언니도 늙었나봐. 인제 애 붙들고 설명 안 해주네."

"해줘봤자 별거 없더라는 걸 깨달았기 때문이지. 둘째는 그냥 물고 빨고 사랑만 할 거야. 엄마 노릇하는 것만도 힘들어. 선생님은 안 할 거

야, 할 때 되니 다 하더라고."

꽃늘이와 지민이가 2학년들답게 이것저것 설명을 읽고 진지하게 풍력 발전 얘기를 하는 걸 보니 웃긴다. 신재생에너지 홍보관에서 나와 다시 월정리 바다를 지나가는데, 아이구, 차를 안 세울 수가 없겠다. 몇 시간 전만 해도 물놀이하기엔 너무 경사가 급하게 깊어진다 싶어, 모래놀이만 하게 했던 월정리 바다가 그새 믈이 빠져 아주 얕고 잔잔한 바다로 변해 있는 것이다. 아이들 셋이 동시에 엄마를 쳐다본다.

"안 돼요?" 꼭 부탁할 거 있을 때만 존댓말을 쓰는 아이들. 그래, 수영복은 아까 젖어버렸으니까 그냥 옷 입고 들어가렴. 나중에 방학이 끝나고 꽃늘이가 '제주도에서 가장 즐거웠던 일 BEST 3'를 뽑았을 때, '월정리 바닷가에서 지민이와 논 일'이 단연 1위였다. 물론 이때 바다가 참 아름다웠고 아이들이 신나게 논 줄은 알았지만 그래도 1위씩이나 할 정도

제주도에서
아이들과 한 달 살기

였나 싶어 뭐가 그리 특별했냐고 물었다.

"다 특별했는데? 엄마는 안 그랬어?"

특별한 일이 뭐 있었더라. 튜브도 없고 모래놀이 도구도 없는 아이들은 줄곧 파도 속에서 풀쩍풀쩍 뛰고 춤을 추었지. 피부를 매끄럽게 하는 신비의 약이라며 정성껏 모래를 모아 가장 우아하게 팔에 발랐고, 파도가 오면 새처럼 가볍게 점프했어. 절대 넘어지면 안 됨. 파도 속에서 균형을 잃고 넘어지면? 세상에서 제일 웃긴 행동을 한 것처럼 깔깔깔깔 웃을 것. 그야말로 몰입했지. 그러고 보니 나도 몰입했다. 아이들의 웃음소리에, 첨벙첨벙 물장구 소리에.

"언니, 이제 감탄하는 것도 지쳐요. 왜 이렇게 계속 너무너무 좋은 거야?" 제주 별빛누리 공원에 도착했을 때 지민엄마는 지친 목소리로 이렇게 말했다. 어제 오려다가 못 온 별빛누리 공원은 그냥 공원이 아니라 별과 달을 보는 천문대다. 천체망원경으로 달도 보고 별도 본다. 천체망원경이라도 생각만큼 크게 보이는 것은 아니지만, 그래도 실제 별을 눈으로 본다는 건 특별한 경험이다. 그러고 보니 지민이와 꽃님이는 천문대를 같이 간 게 벌써 세 번째. 별 한 번 보려면 멀리 가야 해서, 천문대 근처에 하룻밤 묵어야 하는 경우가 많은데 제주 별빛누리 공원은 시내에서 가깝다. 제주 공항에서 와도 한 시간이면 충분하다. 저녁 먹고 가서 별 구경하고 공원에서 놀다가 느긋하게 숙소에 와도 열시면 될 정도. 거기다 시설이 아주 좋았다. 영화 내용에 따라 의자가 움직이고, 바람도 불고, 냄새도 나고, 물도 튀는 4D 영화도 볼 수 있고, 누워서 둥근 천장을 실제 하늘처럼 볼 수 있는 천체투영실도 크고 좋았다. 자유관람을 할 수 있는 각종 전시물도 어느 하나 허술한 게 없었다.

관측관 바깥에 있는 정원도 아주 좋았다. 아이들이 올라가 볼 수 있는 크기의 태양계 모형이 있어 "나는 목성의 여신이다!", "나는 천왕성을 다스리는 왕이다!" 소리를 지르며 뛰어다녔다.

어? 저기 보이는 저게 뭐지? 반짝반짝하는 날벌레. 너, 혹시 반딧불이? 나이 마흔 넘은 나도 반딧불이를 처음 본다. 아이들과 흥분해서 펄쩍펄쩍 뛰어다니는데 늦게 정원으로 나온 지민엄마가 귓속말로 뭐라고 하는 거다.

"언니, 혹시 반딧불이 본 적 없지?"

"어. 처음 보는 거야. 정말 제주도는 대단한 곳이구나. 어떻게 이렇게 시내 가까이에 반딧불이가 살 수 있니? 정말, 너무 대단하다 여기! 정말 감동이야!"

"그게 말이야. 저거 그냥 날벌레예요. 반딧불이는 저렇게 안 생겼어."

"뭐? 저렇게 반짝반짝하는데?"

"밤에 벌레가 조명 받으면 다 저렇게 보여. 날 믿어. 나 시골 출신이잖아. 근데 아이들에겐 비밀로 해요. 저렇게 좋아하는데. 흐흐흐."

진짜 반딧불이를 본 건 아니지만, 어쨌거나 내 마음속으로 반딧불이가 들어왔다. 반짝반짝. 예쁜 제주의 추억! 친구와 아이들과 바다, 별까지! 이틀 후면 가야 한다는 사실이 믿어지지 않는다. 혹시 이 모든 것들이 다 마법이고, 제주도에서 나가는 순간 마법이 풀려버린다면 어떡하지? 마법처럼 내겐 제주도에서 지내는 것이 수월하고 좋았다. 제주도 공기를 맡자마자 아이들이 순하고 명랑해진 데다, 밥도 잘 먹고 잠도 잘 자고 훨씬 건강하게 지냈고, 가는 데마다 이보다 좋을 순 없다 싶을 만큼 아름답고 감동적인 장면들을 보았으니 말이다. 어쨌거나 꿈이라면 깨지 말고, 생시라면 가지 마라.

2년 후 월정리 바다에 갔더니

그 여름 이후, 2년 동안 아일랜드 조르바를 꿈꿨다. 다시 제주도에 가면 제일 먼저 그곳에 달려가리라. 혼자 독차지하기 미안할 만큼 한적한 바다. 피곤한 내게 괜찮다 괜찮다 말해주는 것 같던 그, 파랗고 하얀 월정리 바다.

해안도로를 달리다 우연히 발견했지. 이렇게 텅 빈 곳이 있다니……. 아, 커피 생각 절로 나네. 어? 근데 저기 뭐야. 카페가 있잖아? 우와~. 그렇게 아일랜드 조르바를 만났더랬다. 그냥 커피 자판기 하나만 있어도 감지덕지할 곳에 심지어 남달라 보이는 꾸밈을 한 작은 카페가 있는 걸 보고 얼마나 반갑고 좋았던지. 바다처럼 막막한 내 인생에 주어진 잠깐의 휴식, 마음이 놓이는 선물 같았다면 너무 오버일까? 아이의 수학 문제집을 채점하다가도, 된장찌개에 넣을 애호박을 송송 썰다가도, 두꺼운 지갑 속의 카드 영수증을 보다가도, 문득 생각이 나곤 했다. 그 바다.

2년 후. 달이 머무르는 곳, 월정리 바닷가는 카페촌이 돼 있었다. 하얀 벽에 파란 베란다가 있는 지중해풍의 건물에 가려 아일랜드 조르바가 잘 보이지 않았다. 저 후줄근한 곳인가? 두리번거리다 흠칫 놀랐다. 그 여름엔 땅을 닮아 정겹다고 느꼈던 담벼락의 색깔을 지금 뽀얀 건물 옆에 있다고 '후줄근'하다고 생각하는구나. 이름도 바뀌었다. '고래가 될'. 이름 좋네. 지금은 아니지만, 언젠가 고래가 될……. '고래가 될'을 가운데 두고 양쪽으로 카페가 늘어서 있다. 사실은 '카페촌'이라고 할 정도는 아니다. 몇 군데 공사중인 데까지 합해도 열 군데도 안 된다. 카페촌이면 어때? 내 눈에 좋은 바다가 남 눈에는 안 좋겠어? 바다 풍경 좋은 데 카

페 생기는 거야, 당연한 거잖아.

바닷가에는 색색깔 의자들이 죽 늘어서 있었다. 바닷가에 떠밀려온 걸 주웠다던 '국민학교 의자' 몇 개는 얼마나 사진발을 잘 받는지, 블로그마다 기사마다 단골 피사체였다. 그 의자 하나로 바다 전체를 제 마당으로 끌어안은 센스에 얼마나 감탄했던가. 이제 급기야 어느 카페 소속 의자인지 이름표를 달고, 날 좀 봐달라고 머리에 꽃을 꽂고 의자 수십 개가 바닷가에 줄지어 있다. 사람들은 비좁은 의자에 간신히 엉덩이를 걸치고 저마다 사진을 찍고 있었다. 카페 창문도 명물이다. 그저 네모 구멍을 뚫어놓은 것뿐인데 일렁이는 바다가 보여서 살아 있는 액자 같다. 담벼락 뒤에 숨어 멀리 바다를 훔쳐보노라면 마음이 마구 출렁거렸지. 바다는 "계속 그렇게 살 거니?" 조용히 질문을 던졌다. 뛰어 나와! 내게 안겨! 사람들은 그 바다 액자의 주인공이 되는 인증샷을 찍기 위해 줄을 서 있었다.

고래가 될 안으로 들어갔더니, 어디 한 군데 사진발 받지 않는 곳이 없었다. 어딜 찍어도 잡지화보 같겠다. 왠지 무심한 듯 놓여 있는 소품 하나하나가 어찌나 시크하던지.

아아, 그런데 너무 예뻐서 짜증나는 거, 이거 뭐지?

꽃님아빠가 툭 내뱉었다.

"비밀로 하지 그랬어."

월정리 바다에서 논 날 일기의 제목 얘기다. '비밀로 하고 싶어. 아일랜드 조르바.' 내 책 때문에 이렇게 된 건 아니겠지만, 나처럼 우연히 이 바다를, 이 카페를 발견한 사람들이 나처럼 하나둘 소문을 냈겠지. 블로그에 올리고, 기사에 쓰고. 그래놓고는 내 것도 아니면서 뺏긴 것 같아서 울적하다면 너무 뻔뻔한 거겠지? 이런 멋진 곳이 계속 나만의 비밀장소로 남아 있길 바란다면 도둑놈 심보지 뭐야. 꽃님아빠가 피식 웃으며 말했다. "담엔 책에 쓰기 전에, 땅부터 사."

엄마야 배신감에 치를 떨건 말건 아이들은 여전히 즐겁다. 섹시하게 차려입은 청춘들이 인증샷을 찍고, '강남 스타일'로 식기 전에 커피 원샷 때리고 떠나는 동안 아이들은 바다로 뛰어들었다. 불러도 불러도 오지 않고, 깔깔대며 모래 속에 발가락을 파묻고 있었다. 엄마, 진짜 간지러워. 발가락 사이로 모래가 솔솔 빠져나가. 나 모래에 완전 빠지겠어. 깔깔깔깔깔깔.

바다는 여전하구나.

텅 빈.

괜찮다 괜찮다 쓰다듬어주는 바다.

2년 동안 변한 것은 카페뿐만이 아니다. 아이들 좀 봐. 꽃님이 다리가 얼마나 길어졌는지 꽃봉이도 더 이상 낮잠 자는 아기가 아니야. 나는 또 얼마나 변했겠어? 변하지 않은 건, 바다뿐이지.

그래, 이 바다야. 내가 좋아한 건 특정 카페가 아니라 이 바다였구나. 이렇게 예쁜 바다를 나와 아이들이 독차지한 게 미안하면서도 좋았지. 아무 정보 없이 그냥 지나다 만난 바다라서, 카페라서 더 소중하게 느꼈어. 이걸 내가 찾아낸 거야! 나 혼자! 혼자 막 뿌듯해하고, 자랑하고 싶고 그랬지. 그런데 그렇다고 나만 아는 건 아니었잖아?

이 바다를 그렇게 그리워한 건, 이 바다에서……. 시간을 보냈기 때문이구나. 아이들이 이렇게 웃었기 때문이구나. 내가 그리워한 건 이 바다가 아니라 이 시간들이었구나. 가장 소중한 곳은 그곳이 멋있기 때문이 아니라 내가 그곳에 마음을 주었기 때문이다.

이 글을 쓰고 있는데, 마침 지민엄마에게 전화가 왔다.

제주도에서
아이들과 한 달 살기

"어쩐 일이야? 나 우리 갔던, 아일랜드 조르바, 월정리 바다 생각하고 있었어. 거기 많이 변했더라. 근데~" 종알종알.

지민엄마가 코웃음을 치며 말했다.

"언니가 그 바다에서 왜 그렇게 좋았는지 진짜 몰라요? 사진 잘 봐요. 언니가 월정리 바다에서 물에 안 들어가서 좋았던 거예요. 애들이 몇 시간이고 즈네끼리 모래놀이 했다면서요. 언니는 구경만 하고. 애들이 바다에 들어간 날도, 물엔 내가 들어갔다구우!!! 언니는 커피 마시고! 쳇!"

푸하하하하~

정답!

새로운 아일랜드 조르바

월정리에 있던 '아일랜드 조르바'는 세 친구가 운영하다가 어찌어찌 사이가 갈라졌다고 한다. 한 사람이 월정리에 남는 대신 이름을 '고래가 될'로 바꿨고, 두 사람은 성산 쪽으로 7킬로미터 더 올라가서 새로운 '아일랜드 조르바'를 차렸다. 새로운 '아일랜드 조르바'는 바닷가가 아니라 고즈넉한 동네 평대리 안에 있다. '함피디네 돌집', '게으른 소나기' 등 요즘 뜨는 게스트하우스들이 자리 잡은 동네, 평대리. 조그마하게 달려 있는 간판뿐이라 미리 알고 가지 않으면 찾기 어렵다. 이렇게 숨어 있는데도 어떻게들 알고 오는지, 손님이 끝없이 오더라.

제주시 구좌읍 평대리 1958-7. 제주도 동일주 버스를 타고 가다가 평대리초등학교에서 내려 바다 쪽으로 걸어오다 왼쪽에 있다. 올레 20코스 근처다.

제주도의 완벽한
마지막 밤

☆

휴애리 자연생활농원, 더마파크, 5월의 꽃

지민 엄마가 꽃님이, 꽃봉이, 지민이 셋을 저녁에 데리고 있겠단다.
우리 부부 둘만 외출해서 놀다가 밤 열두 시가 넘으면 오라는 것이다.
세상에! 세상에! 저영말!

가는 곳마다 예술이고, "이제 더 이상 좋은 건 안 나올 거야. 이보다 더 좋은 데가 있을 수가 없잖아" 했는데 더 좋은 곳이 또 나오고, 또 나오곤 했는데, 왜 꽃님아빠가 오니까 첫 번째 일정부터 이렇게 별로인 걸까? 일주일 동안 가족도 없이 고생한 사람, 제일 좋은 곳을 보여주고 싶은데 왜, 왜, 왜? 인터넷 카페에서 아이들과 같이 제주도 여행을 가는 사람들에게 초강력 추천이라는 '휴애리 자연생활농원'은 기대에 훨씬 못 미쳤다. 화산송이를 밟을 수 있다는 곳은 어떤 게 화산송이인지 알아볼 길이 없었고, 다람쥐 동산, 흑돼지 우리, 조랑말에 타조까지 있기는 별게 다 있는데 뭐든지 조금 조금 맛만 본다는 느낌이랄까.

　　가장 인기 있는 흑돼지쇼도 그냥 나무로 만든 높은 다리를 까만 아기 돼지와 오리들이 쭉 줄지어 올라가서 미끄럼을 타고 내려오는 땡. 그게 전부였다. 하지만 아이들의 반응은 달랐다. 시시할 거라는 엄마 아빠의 생각과는 달리, 아이들은 다람쥐도 아니고, 더러운 토끼에게 배추를 먹이느라 30분은 족히 보낸 것 같다. 몇 군데 동물들에게 줄 수 있도록 당근을 파는 무인판매대가 있었는데, 아이들이 하도 많이 사대자 저쪽에 있던 관리아저씨가 오셔서 일부러 몇 봉지 더 주실 정도였다. 아이들은 당근을 보고 돌진해오는 흑돼지들을 보고 기절초풍을 하면서 아주 신났다. 꽃님이는 '제주도는 화장실에서 돼지를 키우는데 똥을 누면 돼지가 와서 먹는다'는 게 화장실 구조상 어떻게 가능한지 직접 보고서 너무나 흥미진진해했으며, 지민이는 지게를 한 번 메어보더니 정말 유익한 체험이라며 난리였다. 지민엄마가 조용히 속삭였다.

　　"지금까지 지게를 적어도 열 번은 져봤는데 그렇게 안 보이지?"

　　꽃봉이는 제주도에서 제일 재미있는 곳이 휴애리란다. 이곳에서 꽃봉이의 마음을 사로잡은 것은? 바로 어린이용 사륜 오토바이 ATV였다.

우도에서도 ATV를 보고 그렇게나 타보고 싶어 애달아하더니 드디어 타게 된 것이다. ATV 탈 수 있는 곳은 많지만 어린이용은 거의 보지 못했는데, 꽃봉이 소원 푸네. 누나들도 ATV에 열광했다. 이후 꽃봉이가 ATV를 타고 찍은 사진은 숨겨두어야만 했다. 사진만 봐도 제주도로 당장 또 타러 가자며 난리가 나기 때문이다. 아무래도 우리집은 나중에 제주도에 오면 휴애리에 또 갈 것 같다. 아이들과 함께 흑돼지에게 밥을 주느라 지친 꽃님아빠는 서귀포 수희식당에서 기운을 되찾았다. 꽃님아빠는 세상에 이렇게 맛있는 뚝배기가 있냐며 수희식당 때문에 제주도에 또 오고 싶단다. 하지만 이번엔 아이들이 커다란 멸치가 통째로 들어앉은 멜젓 냄새에 인상을 잔뜩 찌푸린다. 아이와 어른을 동시에 만족시킬 만한 곳은 없단 말인가?

드디어 찾았다. 바로 '더마파크'. 어딜 갈까 궁리를 하다 한림읍에 있는 더마파크에 갔다. 몽골배우들이 '칭기즈칸의 검은 깃발'이라는 공연을 하는데 다흔 명 넘는 배우들이 모두 말을 타고 나온다. 칭기즈칸과 똑같은 날 태어난 친구가 있단다. 이 친구와 나누는 우정과 배신, 복수 등등의 내용인데 말을 이리 탔다 저리 탔다 하는 모습은 대단하다. 다섯 살 꽃봉이와 마흔 훌쩍 넘은 아빠가 똑같이 흥분을 했다.

꽃님이는 일기장에 이렇게 썼더라.

"혹시 장면을 놓칠까봐 눈을 깜박이는 시간도 아까웠다."

더마파크와 가까이 있는 무인카페의 원조 '5월의 꽃'으로 자리를 옮겼다. 지붕부터 벽까지 모두 하얗게 꾸며놓은 모습이 특이하고 예뻤다. 아이들이 놀 만한 야외 자리도 있어서 마음 편하게 커피를 마셨다.
"그래서 오늘 밤엔 어디 가서 잘 거야?"
"괜히 돈 쓰지 말고, 그냥 저희 숙소에서 주무세요."
"아이고, 괜찮아요. 온가족이 쓰는 단칸방에 이틀이나 끼어 잘 만큼 눈치 없지 않아요."
지민엄마가 고집을 피웠다. 찜질방에 가서 하룻밤 묵겠단다. 방 계약 기간이 며칠 남아 있어서, 우리가 내일 제주도를 떠나면 지민이네가 우리 숙소에서 지내기로 했는데 꽃님아빠와 겹치는 오늘 밤 따로 나가서 자겠다는 것이다. 내니 머물러라 싫다 실랑이를 하는데 지민엄마가 획기적인 제안을 했다. "그럼, 조건이 있어요. 언니랑 형부랑 밤 열두 시 넘어서 들어오세요." 엥? 지민 엄마가 꽃님이, 꽃봉이, 지민이 셋을 저녁에 데리고 있겠단다. 우리 부부 둘만 외출해서 놀다가 밤 열두 시가 넘으면 오라는 것이다. "좁은 방 안에 복닥거리면서 있는 거, 생각만 해도 더워요. 알았죠? 열두 시 전에 들어오면 우리는 찜질방 갑니다." 세상에! 세상에! 저엉말? 우리, 그냥 안 들어가면 안 돼?

흑흑. 좋다 못해서 눈물이 난다. 꽃님아빠와 단둘이 야간 데이트를 한 건 꽃님이 낳고 나서 처음이다! 마음이 들떴다. 아이고. 제주도 맛집을 그리 많이 조사해 왔어도 꽃님아빠와 둘이 갈 만한 곳은 한 군데도 없다. 내가 식당 고르는 기준 1번이 '아이가 갈 만한 곳인가'이니 오죽하랴. 재즈바를 가볼까? 심야 극장을 가볼까? 어딜 갈까? 어딜 갈까? 아아아. 정말 제주도의 마지막 밤을 위한 완벽한 스케줄인걸?

그리고 그날 밤, 우리가 어떻게 보냈는가는, 비밀!

온 가족이 즐길 수 있는 곳

더마파크 첫 공연은 10시 30분. 이후 2시, 5시에 공연이 있다. 입장료는 어른은 15,000원, 청소년 13,000원, 어린이 10,000원이다.
제주시 한림읍 월림리 산8 라온 더마파크 문의 064-795-8080 www.mapark.co.kr

휴애리 자연생활농원 연중무휴. 어른 7,000원. 어린이 4,000원. 렌트카 회사에서 주는 안내서에 할인쿠폰이 꽤 많기 때문에 챙기는 것이 좋다. 홈페이지에서도 할인쿠폰을 다운받을 수 있다. 동물 먹이 당근이 한 봉지 1,000원인데 꽤 많이 사게 된다. 어린이용 ATV 3,000원.
서귀포시 남원읍 신례리 2014 문의 064-763-1456 www.hueree.com

EPILOGUE

"짐 안 싸?" 어? 짐 쌀 거야. 싸야지.
짐을 싸면서도 자꾸만 손길이 느려진다.
이 옷, 정방폭포에서 꽃봉이가 입었던 건데.
한 발짝 한 발짝 폭포에 가까이 가느라 결국 물보라에 푹 젖어버렸지.
이 만화, 꽃님이가 한라 수목원 다녀온 날 그렸지.
이 조개는 뭐야? 아, 꽃봉이가 금릉에서 주운 거구나.
"이거 버려, 말아?" 종이컵 색안경이다.
아침이면 꽃봉이가 창가에 앉아 이걸 쓰고 밖을 보곤 했는데.
엄마 불 났어. 엄마 큰일 났어. 노란 똥이 하늘에 잔뜩 있어.
매일 똑같은 농담을 들으며 도시락을 싸곤 했지.
아아, 진짜 가는 건가. 사정 모르는 꽃님아빠가 왜 그리 늑장이냐고
타박을 할 때까지 물건 하나에 추억 열두 가지를 떠올리며
느릿느릿 간신히 짐을 쌌다.

제주도 15층 집에서 보내는 마지막 날이다. 말 그대로 '눈 깜박할 사이에' 한 달이 지나가버렸다. 여름 내내 뭘 했는지 벌써 까마득하기도 하고, 아주 생생하기도 하다. 비현실적으로 큰, 파란, 선명한 하늘과 구름. 햇빛이 너무 눈부셔 웃을 때도 찡그리고 웃었지. 내 평생 바다 수영을 한 날보다 더 많이 바다 물놀이를 했지. 해 저무는 해안도로. 구름 모자를 쓴 산방산. 내 인생의 베스트 컷을 위한 것처럼 달빛 아래 서 있던 말. 어쨌건 무지하게 더웠고, 생각한 것보다 훨씬 바빴고, 훨씬 짧았던 여름방학.

아이들의 기억 속엔 어떻게 남을까? 하루 종일 누나와, 동생과 싸우고 화해하고 웃고 떠든 것? 뜨거운 햇볕과 둥실둥실 떠 있기만 해도 즐거운 바다? 내가 꽃님이만 했을 때, 아빠의 직장에 따라간 적이 있다. 고요하고 어둑한 회사 도서실에서 아빠가 오시기를 기다리며 창문으로 들어오는 한줄기 햇살을 물끄러미 보았던 기억이 난다. 햇살에 먼지가 떠 있는 게 보여 먼지를 잡아보려고 손을 내저었던 기억도. 그날 아빠는 기다리며 먹으라고 사탕을 하나 주셨는데, 하필 매운 계피 맛이라 먹을 수가 없었다. 그 후로 한동안 도서관, 하면 계피 맛이 생각나곤 했다. 먹고 싶은데 못 먹어서 안타까웠던 맛. 꽃님이, 꽃봉이도 도서관은 어쩌면 풀밭에서 숨바꼭질을 했던 토끼이거나 낮잠일지도 모르겠다. 꽃님이에겐, 또 하나의 바다? 책의 바다.

다시 오면 어디로 갈까? 첫째 날은 도착하자마자 아침이건 오후건 월정리 아일랜드 조르바로 달려가야지. 저녁은 해오름에서 아이들 좋아하는 돼지갈비로. 다음날은 한라 도서관에 갔다가 애월 한담 산책로로 갈 테야. 그리고 그날 일정은 끝나는 거지. 한두 번 해봤어? 거기 가면 그날 일정 늘 끝이었잖아. 셋째 날은 1100도로를 달려 법정악 전망대로 가자. 정방폭포와 이중섭 거리를 헤매다 오후엔 송악산으로 가야겠어. 이번엔 분화구까지 걸어봐야지. 해질녘엔 당연 차귀도가 진리. 이상하기도 하지. 못 가본 곳이 얼마나 많은데, 다시 오면 하고 싶은 일이 어찌 된 게 죄다 갔던 곳, 했던 일일까? 제주도를 떠나기도 전에 벌써 제주도가 그리워진다.

꽃님이가 제주도에 머무르는 마지막 날이니 한 번만 더 한라 도서관에 가고 싶단다. 엄마 아빠 교회 가는 동안 꽃봉이랑 같이 도서관에 있으면 안 되겠냐고 한다. 꽃님이, 꽃봉이는 우리가 돌아갈 때까지 책을 보며 아무렇지 않게 기다리고 있었다. 도서관으로 뛰어 들어갔을 때 꽃봉이는 누나 옆에 딱 붙어 앉아 누나가 읽어주는 그림책을 보고 있었다. 꽃님아, 꽃봉아, 그거 알고 있니? 너네, 엄마랑 한 달 만에 떨어진 거야. 그리고 꽃봉이와 꽃님이만 어딘가에 남겨놓은 건 난생 처음이고! 너희들, 많이 큰 거 같다? 이 여름이 아이들을 저렇게 자라게 했다고, 저리도 단단하게 다듬어주었다고. 그러자 꽃님아빠가 웃으며 말했다.

"여름 전에는 애들이 둘이서 우리를 기다리지 못했을 거 같아? 당신이 둘만 놔두지 못했던 거지."

그런 거야? 달라진 게, 꽃님이가 아니고, 꽃봉이가 아니고, 내가 달라진 거야? 여행을 통해 조금이라도 더 새로운 것을 보려 하지만, 결국 보게 되는 것은 나 자신일 때가 있다. 물이 들어 있는 작은 유리병을 떠올려본다. 여행 중엔 내 안에 가라앉아 있던 것들이 종종 부옇게 다시 떠오를 때가 있다. 가라앉아 있었을 뿐 결코 녹은 적이 없었던 것들. 유리

병을 조용히 들여다보면서 그것들을 건져낸다. 내가 어떤 사람인가, 내가 바라는 것은 무엇이고, 내가 하고 싶은 것과 할 수 있는 것은 무엇인지, 해야만 하는 것은 또 무엇인지, 오롯이 진짜 '나'만 남을 때까지 건져내고 건져낸다. 주위로부터 덧입혀진, 내 것이 아닌데도 내 것인 줄 착각했던 욕망도 건져내고, 잊고 싶은 기억도 건져내고, 할 수 있는 줄 알았는데 도무지 할 수 없는 것들도 들어낸다.

나는 장거리 여행을 아주 즐긴다. 어딘가에 타고 있을 때야말로 그런 것들을 건져내기어 좋은 기회이니까. 하지만 이번 제주도 여행에선 그럴 시간이 없어서 너무 아쉬웠다. 두 아이는 늘 종알종알 지저귀었고, 번갈아 엄마를 불러댔고, 할 일이 너무 많았다. 거인의 여행과 엄마의 여행은 이리도 다른 것이냐며 투덜거리곤 했지. 그런데 이제야 깨달은 것이다. 내가 구태여 건져내지 않았어도 제주도는 그 자체로 나를 정화시켰다는 것을, 거르고 걸러 살짝 다른 모습으로 바꾸어놓았다는 것을 말이다.

마음에 든다. 아이들더러 엄마 다녀올 때까지 기다리라고 말하는 배짱 좋은 엄마라니. 내가 좀 심하긴 했다. 뭘 그렇게 잘해주겠다고 만날 아이들 걱정에 전전긍긍이었던 거, 인정해. 하지만 이젠 더 이상 안달복달 엄마는 안 해야겠어. 이제 단순 엄마, 배짱 엄마 그런 거 해야겠어. 좋으면 좋은 거고, 뒤로 걱정하지 않는 엄마. 미리 짐작하지 않는 단순한 엄마. 보호를 빙자해 품에 가둬두는 엄마 말고, 마음 편하게 놓아주는 배짱 엄마 말이야. 엄마 혼자서도 즐거운 엄마. 엄마도 엄마 인생이 제일 중요하다고 말하는 '뻔뻔한' 엄마 말이야.

육지로 나가는 배 안. 꽃님이가 갑자기 일기를 쓰겠단다. 너도 떠나려니 마음이 싱숭생숭한가 보구나.

엄마 아빠가 교회 간 사이에 꽃봉이랑 나랑 도서관에 있기로 했다. 나는 엄마 핸드폰과 5천 원을 가지고 도서관에 남았다. 꽃봉이도. 그런데 꽃봉이가 처음부터 밖에 나가자고 하는 바람에 밖에 나가 아이스크림을 먹었다. (꽃봉이는 사탕+) 그리고 도서관 안에 다시 들어와서 꽃봉이에게 《밥 먹기 싫어》와 《다시는 떼를 안 쓸게요》를 읽어주었다. (딱 꽃봉이 스타일이었다. 둘 다.) 읽어주니까 얼마나 목이 아프던지. 그런데 꽃봉이가 잠이 온다고 그래서 '아싸!'라고 생각하고, 만화책 한 권 꽃봉이가 그림 보는 걸 봐줬다. 그런데! 꽃봉이가! 오른쪽에 있었는데 왼쪽에 있었다! 휴. 다행이다. 나는 없어진 줄 알았지 뭐냐! 그리고 엄마가 툭 쳐서 놀랐다. 히히. 그러곤 이렇게 생각했다. '참 동생 봐주는 건 힘들어~!'

제주도 마지막 날이라는 둥, 집으로 돌아간다는 둥 그런 말은 한마디도 없다. 이런 쿨한 딸 같으니라고. 하지만 제주도에서 꽃님이는 얼마나 예뻤던가. 바닷가에 나간 첫날부터 꼭 제주도 토박이 같았어. 낯설어하지도, 멈칫거리지도 않고. 매일매일 비 온 다음날의 대나무처럼 쑥쑥 자랐지. 아마 집으로 돌아가선 한 번도 떠난 적이 없었던 것처럼 아무렇지 않게 일상으로 복귀하겠지. 팔랑귀 제 엄마는 아쉬움과 허탈함에 몸살을 앓을지도 모르는데 말이다.

오늘의 결심: 나도 꽃님이처럼 살아야겠다.
일상을 여행처럼. 여행을 일상처럼.
이렇게. 이렇게. 2010년.

여름 일기 끝.

REVISED EDITION EPILOGUE

아이들은 말없이 해 지는 애월 바다를 보고 있었습니다.
2년 전, 그 여름이 생각났습니다.
딱 이 장소, 이 시간이었어요.
아이들은 파도를 뛰어넘는 재미에 깜깜한데도 집에 가기 싫어했죠.
파도야, 오너라. 내가 다 뛰어넘어주마.
지친 엄마도 아이들의 생생한 웃음소리에 신이 났던 그날.
오늘, 그 바다에 다시 왔습니다.

10월 저녁 바다는 꽤 춥네요. 아이들은 털썩 주저앉았습니다. 막 해가 저둔 저녁하늘은 열대 어느 바다처럼 더 파랗게 마지막 빛을 뿌렸지만, 어두운 구름은 파도보다 빨리 몰려왔습니다. 세상은 순식간에 보라색으로 물들었고, 수평선은 하루 중 어느 순간보다 더 선명해졌다가 급하게 사라졌습니다. 순식간이었어요.

그때였습니다. 조용히 앉아 있던 꽃님이가 갑자기 일어나더니 너울너울 춤을 추기 시작했습니다.

어? 왜 저러지? ……하는데, 키득키득 웃음이 났습니다.

꽃님이는 바다가 들려주는 음악을 들은 게지요. 물끄러미 바다를 바라보다 제 흥에 겨워 덩실덩실 춤을 추는 아이의 마음을 제가 자세히 알 순 없지만, 알 수 없기 때문에 더 기뻤습니다. 엄마에게 빤하게 들여다보이지 않을 만큼 아이가 자신의 세계를 섬세하게 잘 만들어 나가고 있다는 뜻이니까요.

제주도에서 방학을 보내고, 처음엔 꽃님이 성격만 바뀐 줄 알았습니다. 낯가림 많던 아이가 까불이가 된 것이 다냥 신기했습니다. 여덟 살 꽃님이라면, 춤을 추라고 누가 등을 떠밀어도 안 추었을걸요. 더구나 바닷가에서? 누가 놀지도 모르는데?

그런데 알고 보니 제가 더 많이 바뀌었더라고요. 고백하자면, 저는 일종의 강박증이 있었습니다. 행복 강박증! 내 아이를 행복하게 해주고 싶은 마음이야 어떤 엄마든 마찬가지겠지만, 저는 그게 좀 심했어요. 꽃님이가 두 살 때였나, 세 살 때였나 무서운 꿈을 꿨는지 자다가 흑흑 흐느껴 운 적이 있었어요. 그 순간 제가 아이를 괴롭히는 그 정체 모를 꿈에 대해 얼마나 적개심을 품었는지 남편도 모를 거예요. 엄마가 바로 옆에 있는데도 그 꿈을 물리쳐줄 수 없다는 무력감이라니! 아이가 행복했으면

좋겠다는 소망이 지나쳐, 내 손으로 직접 행복하게 만들어주겠다고 결심했습니다(그것도 24시간 내내!). 아이를 웃게 만들기 위해 하루 종일 아이와 놀이를 했고, 이벤트와 나들이가 이어졌죠. 늘 궁리했어요. 이왕이면 더 즐겁게! 이왕이면 더 유익하게! 아이들의 유년을 행복한 추억으로만 채워주리라아아아~~~.

심지어 아이들이 공부라도 할라치면 죄책감마저 느낄 지경이었습니다. 지금 생각해보니, 제가 제 정신이 아니었군요. 하하하. 하여간, 예전의 저는 아이들과 제법 행복하게 지낸다고 지내면서도 가끔 불안했습니다. 내가 정말 좋은 엄마일까? 꽃님이가, 꽃봉이가 지금 정말 행복할까?

제주도에서 좌충우돌 여름을 보내면서야 알았습니다. 바닷가에서 끝없이 모래를 파면서 행복해하는 두 아이를 보면서, 아이들과 함께 낯선 길을 헤매면서, 행복한지 어떤지 생각할 틈도 없이 머리 대자마자 잠드는 날들이 이어지면서 알았어요. 행복은 누가 만들어주는 게 아니라, 스스로 만드는 것이라는 걸 말이죠. 누가 누굴 일방적으로 돌봐주고 이끌어줄 수 있는 게 아니란 걸 말이죠. 아이들뿐만 아니라, 사람은 누구나 그런 거더라고요.

제주도에서
아이들과 한 달 살기

정신을 차리고 돌아보니 아이들은 내가 끝없이 돌봐야 하는 대상이 아니라 나와 함께 걸어가는 파트너더군요. 오히려 아이들이 저를 위로하고 웃게 만들었죠. 우리는 누가 누굴 이끌고 가는 게 아니라 함께 손을 잡고 가는 사이였던 겁니다. 아이들은 이미 충분히 자기 세상을 가진 독립인격이기 때문에 내가 뭘 해주고 말고 할 필요도 없고, 할 수도 없는 거죠.

또 구태여 어딘가로 가서 색다른 것을 보지 않아도 우리끼리 같이 있기만 해도 충분히 흥미진진하다는 걸 제게 가르쳐준 게, 한라산인지 제주 바다인지는 모르겠어요. 그 여름 이후, 우리 가족은 한동안 여행을 가지 않았습니다. 여행은커녕 한나절 나들이도 거의 하지 않았어요. 그냥 집에서 뒹굴고, 부비고, 책을 읽고. "하긴, 우리가 더 놀면 양심 불량이지." 낄낄대며 기껏해야 동네 뒷산을 어슬렁거리는 게 고작이었지만 심심한 적은 없었어요. 심지어 제주도마저 그립지 않았습니다. (제주도를 다시 찾은 건, 책을 새로 내면서 정보를 보충하기 위해서였어요.) 그래요. 제주도에서 한 달 살기를 한 후, 우리 가족에게 생긴 가장 큰 변화는 특별한 이벤트 없어도 "사는 게 재미있다"는 겁니다.

제주도 여행 책에 '여행을 가지 않아도 우리는 행복했다'고 쓰려니 좀 이상하네요. "당장 멋진 제주도로 떠나세요. 제 책을 사들고 가는 거, 잊지 마세요!"라고 해도 모자랄 판에 말이죠. 하지만 이게 사실인걸요. 행복하기 위해선 '어디에 있는가', '무엇을 하는가'가 생각한 것만큼 중요하지 않던걸요.

나 자신을 잘 들여다보고,
내 아이를 잘 들여다보고,
나와 함께 있는 사람을 정성 들여 바라보고,
진심으로 나누고,
상대를 있는 그대로 사랑하고,

제주도에서 한 달 살고 왔더니 다들 어떻게 그런 용기를 냈냐고 하대요. 그런데 나중에 보니 용감한 분들은 따로 있더라고요. 기저귀도 안 뗀 아가와 살러 간 분도 있고, 대중교통으로만 다닌 분도 있고, 아이들과 배낭여행을 한 분도 있던걸요. 심지어 한 달씩 두 번, 세 번 살다온 가족도 있고, 계절마다 제주도를 찾는 집도 있더라고요. 그런 분들이 우리 가족의 여름방학에서 아이디어를 얻었다고 얘기해주셔서 참 고맙고, 뿌듯합니다.

제주도 여행은 가지 않았지만, 제 책을 읽은 후 아이와의 관계가 달라졌다고 말해주신 분들이 계셔서 정말 행복합니다. '나도 언젠가 아이들과 여행 가야지' 하는 꿈이 생겼다고 고백해주신 분들 덕분에 정말, 눈물 날 만큼 기쁩니다. 다들 행복하세요.

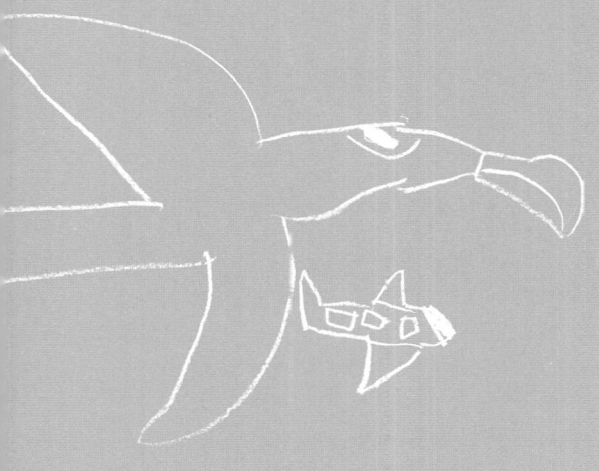

가족 여행자를 위한 든든한 정보들

제주도에서 방 구하기
이 책에 제주도가 나와요
아이와 걷기 좋은 길
제주도의 멋진 도서관
아이와 갈 만한 카페
아이들과 자주 갔던 식당
관광객은 몰라서 못 가는 제주도의 이곳
한 달 살기 준비물 후기

제주도에서 방 구하기

방은 어떻게 구할까?

제주도에 한 달 살러 갈 거라고 하자 주변 사람들이 가장 많이 물어본 말은 이거였습니다. "방 어떻게 구했어?" 저는 다들 상상하시는 그 방법으로 구했습니다. 바로 인터넷으로 '제주/월세/민박/펜션/장기숙박' 이런 단어들을 조합해서 검색한 다음 전화를 쭉 돌리는 거죠.

처음엔 바닷가 바로 앞의 검은 돌담이 있는 시골집을 목표로 했지만 쉽지 않았습니다. 눈이 뻘게지도록 찾다가 마침내 인정했습니다. 제가 입으로는 '시골집, 시골집' 하면서도 막상 '방1, 에어컨 없음, 화장실은 마당에 있음' 이런 조건은 어쩐지 불안해한다는 것을요. 적어도 화장실이 방 옆에 있는 민박집을 구해보려고 몇 군데 전화해봤다가 올레길의 인기를 뼈저리게 실감했습니다. 시골길이나 바닷가를 끼고 있는 민박집들은 생각보다 비싸고, 여름 성수기엔 한 달 머무른다고 깎아주는 게 하나도 없더라고요.

하는 수 없이 '시골집 로망'을 접고 시내 오피스텔로 눈길을 돌렸습니다. 생각보다 풀옵션 오피스텔이 꽤 있더라고요. 하지만 대부분 1년치 월세를 한꺼번에 받는 '년세'를 원하기 때문에 딱 한 달만 빌리려면 손품(전화와 클릭)을 많이 팔아야 했습니다.

제주시인지 서귀포시인지 정하고 나면 동네를 정해야 합니다. 제주시는 대중교통으로 다니려면 고속터미널 근처인 신제주 지역이 좋겠고, 차를 갖고 다닌다면 신제주, 구제주 모두 좋을 것 같습니다. 대형마트나 맛집, 프랜차이즈 가게들, 병원 등은 어디건 많이 있습니다.

제주도 우리집

그렇게 열심히 물색 중이던 어느 날, 마침 아는 분이 오피스텔을 소개해주셨기에 그곳으로 갔는데, 나중에 보니 이 오피스텔이 꽤 유명하더라고요. 제주도에 좀 길게 머물렀다 하는 분들 블로그를 찾아가보면 대부분 이곳이었어요. 바로 제주시 노형동에 있는 〈메르헨하우스〉입니다(문의 064-744-8333). 걸어서 가는 거리에 대형마트와 극장이 있고, 수목원, 도서관 등이 가까워 아주 살기 편한 숙소입니다. 방마다 가구나 설비 옵션이 조금씩 다르고 층과 향에 따라 방세가 달라지는데, 부동산을 통하면 좀 더 싸고, 전망이나 옵션이 좋은 방은 임대사무소에서 직접 관리하는 경우가 많다고 합니다. 8평형, 10평형, 20평형이 있는데, 10평형은 엄마 아빠 모두 지내기엔 비좁겠지만, 엄마와 아이들 뿐이라면 충분할 듯싶어요.

저희가 머문 방에는 세탁기, 식탁, 침대, 냉장고와 밥솥, 4인 기준 식기가 있었어요. 저희는 접시가 없어서 갖고 간 식판을 대신했어요. 그리고 많은 분들이 빨래 건조대를 따로 구입하더군요. 방을 정하고 나면 무엇이 갖추어져 있는지 꼼꼼하게 물어봐서 부족한 것을 준비하면 됩니다.

비용은요, 제가 머문 2013년 여름만 해도 보증금 없이 10평형은 40만 원선, 20평형은 60~80만 원선이었습니다(관리비 별도). 이후에 가신 이웃분들은 그보다는 올랐지만 물가 상승률을 생각하면 '그럴 만하다'는 정도였습니다.

하지만 문제는 〈메르헨하우스〉가 미리 예약을 해주지 않는다는 겁니다! 저는 5월에 예약을 했는데, 어찌된 일인지 이후 가신 분들에겐 죄다 "방이 있는지 없는지 그때 가봐야 알 수 있다. 일주일 전이라야 예약을 할 수 있다" 그랬다네요. 제가 알기로 방을 못 구한 분들은 없었다지만, 그래도 아이들 데리고 낯선 지역에 가면서 방을 정해놓지 않고 추진하기가 어디 쉬운가요? 저로선 추천할 수도, 추천하지 않을 수도 없는 상황이 되어버렸습니다.

방 구하기 다양한 노하우

이후 한 달 살기를 하고 싶다는 분들에게 어떻게 방을 구했는지 여쭙고 다녔어요. 다행히 다양한 방법들이 있더라고요. 아는 분이 제주도에 살아서 알음알음으로 소개 받았다는 운 좋은(!) 분도 있고, 펜션 목록을 만들어서 죄다 전화를 해본 분도 있고, 제주도 여행길에 부동산에 들러 직접 물어보신 분도 있더군요. 방 구하기, 제일 대중적인 방법은 이렇습니다.

지역 신문을 찾아본다

제주도는 집 구하기 부분에서 좀 특이한 점이 있습니다.

첫째, 전세 월세보다 '년세'가 더 흔합니다. 1년치 월세를 한꺼번에 내는 거죠.

두 번째는 50퍼센트 이상의 이사가 '신구간' 기간에 몰려 있습니다. 신구간은 대한 5일 이후부터 입춘 3일 전, 대략 1월 중순부터 2월 초인데요. 전 해의 신과 새로운 해의 신이 '업무 교대'를 하는 이 기간에 이사를 하면 '동티', 즉 신들이 노해서 생기는 어려움이 없다고 하네요. 그러다 보니 다른 기간에는 방 구하기가 쉽지 않습니다.

세 번째 특징은 '지역 신문'이 활성화돼 있다는 점이에요. 육지에서는 방을 구하려면 흔히 부동산을 찾는데요. 제주도 부동산은 매매를 주로 하고, 세를 주는 방이나 집은 지역 신문을 통해 직거래를 하는 경우가 많다는군요.

가장 많이 보는 지역 신문은 〈오일장신문〉과 〈제주교차로〉 신문입니다.

오일장 신문 www.jejuall.com
제주교차로 신문 jeju.icross.co.kr

그 외 월세방 정보가 있는 사이트입니다.
제주 월세닷컴 www.jejuwolse.com
제주 월세1번지 www.jejulba1st.com
제주 벼룩시장 jeju.paper.findall.co.kr
제주도 부동산 카페 cafe.daum.net/jj8949
뜻밖에도 활발하게 거래가 이루어지는 곳은, 제주대학교 생활게시판이랍니다. 아라광장 → 생활게시판 → 하우스넷 게시판입니다. www.jejunu.ac.kr

전화 문의를 한다

인터넷 홈페이지로 알 수 있는 것과 직접 전화를 했을 때 차이점이 꽤 많았어요. 특히 민박집 장기 투숙을 원하는 경우에는 전화 문의가 반드시 필요합니다. 홈페이지를 가진 민박은 별로 없고, 펜션이라 하더라도 아무래도 인터넷으로는 흥정을 할 수 없으니까요. 특히 여름방학과 가을 성수기가 아닐 때, 전화 문의로 월척을 낚은 경우를 꽤 많이 보았답니다.

다시 제주도에 머문다면

만약 다시 제주도에서 한 달을 머물게 된다면 이번에는 서귀포 쪽으로 가고 싶어요. 어느 지역에 방을 구하는가에 따라 여행스타일도 많이 달라질 것 같습니다. 여느 도시생활과 크게 다를 게 없었던 제주시에 방을 얻었을 때는 밖으로 많이 돌아다녔는데요. 만약 서귀포 어느 감귤농장 옆집으로 갔다면 그냥 하릴없이 동네 안에서 산책하며 노는 시간이 훨씬 더 많지 않았을까 싶어요.
중산간지역도 정말 매력적이고, 애월이나 성산포 같은 바닷가도 좋지요. 하긴 제주도 그 어디가 좋지 않을까요. 아아~
제일 중요한 것은 쾌적함이 우선인지, 풍광이 우선인지, 교통편이 우선인지 우리 가족의 스타일을 잘 알아야 하는 것이겠지요.

이 책에 제주도가 나와요

아이들에게 관련 책을 보여주는 이유

저는 어느 곳이든 여행 가기 전에 아이들에게 관련 책이나 영화를 보여주려고 애쓰는 편입니다. 아이에게 목적지에 대한 정보를 주기 위해서이기도 하지만, "우와, 이 까만 돌담 좀 봐. 『시리동동 거미동동』에 나오는 돌담이랑 똑같네?" 이렇게 의미를 부여해주면 목적지에서 훨씬 더 흥미로워하기 때문입니다. 엄마는 그곳에서 즐거운데 아이는 '빨리 집에 가자' 하는 최악의 사태를 막기 위해서랄까요. 예전 뉴욕에 갔을 때 실제로 그 덕을 많이 봤습니다.

하지만 보여주긴 하되, 본 걸 애들이 기억했으면 좋겠다는 생각은 점점 없어지네요. 목적지에 대해 잘 알지 않더라도, 그곳에서 보낸 즐거운 시간 자체만으로도 아이들은 그곳을 잘 기억하고, 나중에도 더 많이 알기 되기 때문입니다.

다섯 살 꽃봉이와 아홉 살 꽃님이가 같이 본 책

시리동동 거미동동
권윤덕 지음 / 창비

'원숭이 엉덩이는 빨개, 빨간 건 사과~' 식으로 말꼬리를 이어가는 것을 '꼬리따기'라고 합니다. 제주도의 꼬리따기 노래를 그림책으로 옮겼네요. 2학년 국어교과서에 실려 있어요. '까마귀는 검다', '검은 것은 바위' 부분만 봐도 제주도스럽죠? "제주도 바위는 까맣단다. 얘들아. 근데 이 돌담 좀 봐. 좀 튼튼하게 짓지 왜 이렇게 숭숭 구멍이 뚫려 있을까? 실수로 그랬나? 제주도에선 이렇게 바람이 획획 지나갈 수 있게 담을 쌓아야 한대. 그래야 담이 쓰러지지 않는대." 자연스럽게 제주도 돌담 얘기도 나누어요.

꼬마해녀와 물할망
선자은 지음 · 윤정주 그림 / 사파리

'삶을 가꾸는 사람들. 꾼.장이' 시리즈 중 하나. 제주도에 가지 않아도 보면 재미있고 좋은 책이에요. 해녀들이 어떤 일을 어떻게 하고, 무슨 도구를 사용하는지 등을 알려줍니다.

오늘이
정하섭 지음 · 윤정주 그림 / 웅진닷컴

'오늘이'는 제주도 전설 원천강본풀이를 쉽게 풀어쓴 이야기입니다. 역시 2학년 교과서에 나옵니다. 오늘이가 원천강에 사는 부모님을 만나러 가는 길에 용, 매일이, 선녀 등을 만나 도움을 받고, 부모님께 이들이 가진 고민의 해답을 들어다 알려준다는 내용입니다.

어멍 어디 감수광?
박지훈 지음 / 예림당

해녀로 일 나간 엄마를 기다리는 아이의 이야기입니다. 혜진이는 늘 일만 하는 엄마가 원망스러워 괜히 심통을 부리지만 비가 오니 물일을 나간 엄마가 걱정스럽기만 합니다. 엄마와 만나 돌아오는 길, 해지는 바닷가의 노을이 얼마나 아름다운지 모른답니다. "근데 꽃봉아, '어멍 어디 감수광'이 무슨 뜻이게?" 괜히 '감수광, 감수광~' 혜은이 옛날 노래도 불러보고, '엄마가 섬 그늘에 굴 따러 가면~' 섬집 아기도 불러보고요.

바람을 품은 섬 제주도
허영선 지음 · 이승복 그림 / 파란자전거

제주도 출신 작가가 들려주는 오름, 신화, 돌, 아픈 역사 이야기입니다. 딱히 아이들이 흥미진진해할 책은 아닙니다만, 그림이 너무나 아름답고, 아이에게 우리가 본 게 무엇인지 제주도에 뭐가 있는지 알려주고 싶다면 딱 이 책입니다. 흔히들 말하는 제주도 오름의 '부드러운 능선'이란 무엇인지 확실하게 보여주고, 아이들에게 어떻게 말해야 좋을지, 피하고만 싶은 4.3 사건을 자연스레 전해줍니다. 아이에게 혼자 보라고 하면 휙휙 넘겨버릴지도 모르니 꼭 같이 보면서 설명을 해주면 좋겠어요. "꽃님아, 꽃봉아. 퀴즈. 이 말은 무슨 뜻일까요? '무사마씀?' 이 말은 꼭 암호 같지 않니? '강 왕 봥 알아 줍서.'"

너, 제주도에 있니?
허수경 지음 · 김재홍 그림 / 밝은미래

제주도에서 딸을 키우며 살고 있는 방송인 허수경 씨가 쓰고, 『동강의 아이들』을 그린 김재홍 작가가 그림을 그렸습니다. 제주도의 유명한 곳들, 특별한 곳들을 그리고 설명한 책입니다. 『바람을 품은 섬 제주도』와 비슷하네요. 어느 책이 낫다 하지 못할 만큼 둘 다 멋집니다! 저희 아이들 4학년, 일곱 살 때 읽었는데 둘 다 재미있어했어요.

설문대할망
송재찬 지음·유동관 그림 / 봄봄

제주도의 거의 모든 산과 오름, 계곡은 설문대할망의 작품이래요. 설문대할망이 얼마나 큰 거인이냐면, 설문대할망이 흙 한 줌을 바다에 던지면 섬이 되고, 흙을 주물러 세우면 산, 발로 밟으면 연못, 오줌을 누면 계곡이 생겼다는군요. 자식도 낳았다 하면 기본 500명이에요. 한라산의 오백 나한이 바로 고기잡이 거인 설문대하르방을 만나 낳은 아들들이죠.

이 책을 읽고 꽃봉이, 꽃님이 모두 설문대할망으로 이야기를 지으면서 한참 재미있게 놀았습니다. "엄마, 저기 이상한 구름이 있어. 설문대할망 코딱지 같아." "앗, 이 돌 진짜 크다. 설문대할망 눈곱 아니야?" 이런 식으로 많은 것들을 설문대할망과 연결시키곤 했답니다.
스케일 크고, 유머 넘치고, 한번 한다면 하는 설문대할망의 얘기를 듣노라면 딱 21세기 '성공하는 여성상'이 그려집니다.

초등 중학년 이상

내 이름은 자청비
최현숙 지음·김주리 그림 / 교학사

어느 날 같은 날 같은 시간에 세 아이가 태어납니다! 한 명은 인간, 한 명은 하늘나라 왕자님, 또 한 명은 하인. 우와~ 흥미진진하지 않나요? 똑똑하고 용감한 소녀 자청비가 사랑과 일을 함께 얻는 이야기입니다. 제주도에 전해 내려오는 구전신화 '세경본풀이'를 새롭게 풀어썼습니다. 결국 자청비는 농사의 신이 되죠. 엄마가 읽어도 재미있습니다.

농사의 신 자청비
김나경 지음 / 한겨레아이들

좀 더 어린 아이들을 위해선 만화 자청비도 있습니다.

박씨같이 고운 발로 칼 선 다리 건너니
조현설 지음·홍지혜 그림 / 나라말

〈국어시간에 고전읽기 시리즈〉이니 이건 중고등학생용 자청비 이야기예요. 절판된 책이라 도서관에서 빌려 읽어야겠네요.

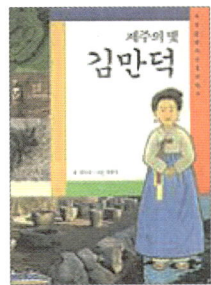

제주의 빛 김만덕
김인숙 지음·정문주 그림 / 푸른숲주니어

2010년 여름, 마침 유명한 제주도의 여자상인 김만덕에 관한 드라마가 나와서 아이들도 김만덕을 알고 있었어요. 천민이었지만 장사로 돈을 많이 벌어 불쌍한 이웃들을 도운 김만덕에게 임금이 상을 내리고자 하니 금강산 구경이 소원이라고 했다네요. 당시 제주도 여자는 육지로 갈 수 없다는 금기를 깨는 대담한 소원이었죠. 시대를 앞서가는, 대담한 여인 김만덕 이야기를 읽은 다음 제주시 사라봉 근처에 있는 '김만덕 기념관'도 가려고 했는데, 매일 바닷가에서 물놀이를 하느라 우리는 못 갔습니다. 아쉽네요.

다랑쉬오름의 슬픈 노래
박재형 글·김상남 그림 / 베틀북

제주도에서는 4.3항쟁 유족은 입장료 할인이 되는 곳이 많아서, 아이가 물어보더라고요. "4.3이 뭐야?" 4.3항쟁을 좀 더 감성적으로 알고 싶다면 이 책입니다. 경태네 삼촌이 어떻게 빨갱이로 몰려 어떻게 죽었는지, 경태네 다른 식구들에겐 어떤 일이 일어났는지 소년의 눈으로 4.3항쟁을 보여줍니다. 2학년 꽃님이에겐 좀 어려운 책이라 그냥 엄마가 읽고 이야기해주었습니다.

탐라 창조여신 설문대할망
장영주 지음·김선미 그림 / 글사랑

딱 초2가 읽기 좋은 설문대할망 이야기입니다.

제주도
양영훈 지음·양민숙, 양은정 그림 / 주니어김영사

전국 어딜 가건, 어느 박물관을 가건 어지간한 곳엔 다 이 시리즈 책이 유용합니다. 주니어김영사의 체험학습 시리즈 중 〈제주도〉입니다. 제주도 전체를 한번 훑어주는데요. 식당 소개만 없어서 그렇지 어지간한 어른용 가이드북보다 훨씬 알차네요.

엄마의 바다
김일광 지음·이선주 그림 / 우리교육

새엄마를 맞이한 다빈이 이야기입니다. 다빈이는 해녀 할머니와 잠수병으로 죽은 엄마의 이야기를 들으며 새엄마를 마음으로 받아들이게 되죠. 제주도에 가지 않더라도 초등 고학년들은 꼭 읽어보았으면 좋겠습니다. 여든 넘은 해녀 할머니의 삶을 통해서 굴곡 있는 현대사의 한 모습을 느낄 수 있답니다.

숨비소리
김섬 지음·정용성 그림 / 푸른나무

해녀들이 잠수하다 잠깐 물 밖으로 나올 때 숨을 뿜기 위해 내는 휘파람 소리를 숨비소리라고 합니다. 한적한 바닷가 마을에 호텔을 지으려는 도시 사람들이 들어옵니다. 개발의 참된 의미를 함께 생각해볼 수 있는 책이랍니다.

호진이와 시로미의 좌충우돌 제주올레 1,2
김경수 지음 / 시사인북

네네, 그저 2학년 어린이에겐 만화가 제격올습니다~. 어린이 올레꾼을 위한 책입니다. 호진이가 컴퓨터 게임에 푹 빠져 있자 보다 못한 엄마, 아빠가 호진이를 제주의 이모할머니 댁으로 보내버리죠. 호진이가 제주도에서 만난 시로미와 함께 꿩의 가족을 찾아주기 위해 동분서주하는 이야기입니다. 애초에 아이에게 "아, 올레길이 이런 거구나. 나도 한 번 걸어보고 싶다!" 하고 동기를 부여하기 위해서 만든 책이라 아이들 눈높이에서 올레길에 얽힌 이야기들이 나온답니다.

검둥이를 찾아서
박재형 지음·이상권 그림 / 국민서관

제주도 섬 사람들은 여름 농사를 짓고 나서 소를 산 위로 올려보냅니다. 순동이네도 소 검둥이를 올려보냈다가 돌아오지 않자 검둥이를 찾아나서네요. 그 과정에서 제주도 설화의 여러 주인공들을 만난다는 이야기입니다.

신나는 우리 땅 과학 탐사: 제주도
손영운 지음·선현경 그림 / 뜨인돌어린이

제주도를 다녀온 다음에서야 이 책을 알게 돼 얼마나 안타까웠는지 모릅니다. 제주도가 화산섬이라는데, 도대체 화산은 어떻게 폭발하는 건지, 종유석 동굴과 용암 동굴은 어떻게 다른지, 세워놓은 차가 오르막으로 거꾸로 미끄러져 올라간다는 도깨비도로는 도대체 왜 그렇게 보이는 건지, 정말 도깨비짓인지, 주상절리는 어떻게 생겼는지 등등을 과학적으로 설명해 놓은 책입니다. 과학에 관심 있는 초등 고학년 남자아이라면 더 좋아하겠어요.

세계자연유산 제주
박범준 지음 / 비틀북스

이 책도 화산섬 제주도가 어떻게 생겼는지, 용암 동굴은 어떤 특징이 있는지, 성산일출봉에선 어떤 나무들을 볼 수 있는지 등등을 설명한 책입니다. 부제가 '부모와 함께 읽는 화산섬 이야기'인데 정말 부모가 같이 읽으며 설명을 좀 해줘야 효과가 있을 듯합니다. 꽤 어렵습니다. 서울대와 카이스트를 나온 부부가 지리산에서 꿀을 따며 사는 내용의 〈인간극장〉 방송 프로그램을 기억하시는지요? 그 주인공 부부가 제주도에 내려와 사는데, 이 책의 저자인 박범준 씨는 그 집 남편입니다. 저자 박범준 씨가 운영하는 펜션 바람 스테이와 바람 도서관에서도 이 책을 파네요.

아이와 걷기 좋은 길

아이와 함께 걷기 여행, 쉽지 않아요

제주도 하면 올레길이니, 애 딸린 엄마도 왜 걷고 싶은 마음이 없겠습니까? 하지만 올망졸망한 아이와 함께 걷는다는 게, 쉽지 않더라고요. 남들은 어려도 잘만 걸어다니던데, 저희집 아이들은 유난히 걷기 싫어하는 아이들입니다. 꽃봉이는 축구시합 내내 한 번도 안 쉬고 뛰어서 별명이 '박지성'이에요. 그런데 놀 땐 엄청나게 걷고 뛰는 아이들이 왜 그리 이동을 위해 걷는 건 싫어할까요. 안아달라 업어달라 떼쓰는 아이를 보면 제가 너무 오냐오냐 키우나봅니다. 반성합니다.
하여간, 걷기 싫어하는 저희 아이들도 쉽게 걸은 코스들이에요. 쉽다고 풍경과 정취가 어려운 길만 못하냐면 절대 그렇지 않은 곳이랍니다.

애월 한담 산책로

애월읍에 있는 애월 한담 공원 입구부터 곽지 해수욕장까지 이어지는 길입니다. 저희는 시작지점에 있는 작은 바닷가에서 노느라 몇 번을 갔지만 끝까지 걸어본 적은 한 번도 없는 곳이기도 하죠. 저만 중간까지 걸어봤는데요. 여차하면 유모차를 끌고 가도 될 만한 길이랍니다.
애월한담소공원 주차장: 제주시 애월읍 애월리 2467

사려니길

1112번 비자림로에 있는 삼나무길에 들어서면 그만 마음이 풀어져버립니다. 아름다운 숲길을 드라이브하다 보면 이보다 더 좋은 곳이 어디 있으랴 싶어서 걷고 싶은 마음이 사라지거든요. 더구나 사려니숲길 입구 좌우로 자동차들이 어수선하게 주차돼 있는 걸 보면 "올레길 마무리 코스로 유명하다더니 사람만 빽빽한 거 아니야?" 싶을 정도죠. 하지만 절대 그렇지 않답니다. 주차할 곳이 마땅치 않아 그런 모습이 된 것일 뿐, 들어서면 "원시림을 이렇게 쉽게 만나도 되나" 미안할 만큼 울창하고 한적한 숲길이 나옵니다.
사려니길 들머리부터 물찻오름을 지나 사려니오름까지 16킬로미터가 숲길인데요. 사려니오름을 오르는 건 제법 가파르고(거기다 사려니오름에 오르려면 이틀 전에 예약도 해야 합니다), 시간과 체력이 되는 정도만 걸어도 충분할 만큼 너무나 아름답습니다. 물찻오름까지 5킬로미터 정도 되니 왕복

하면 걸어서 2~3시간 걸린답니다. 바퀴가 큰 유모차라면 유모차로도 가능할 것 같네요.

사라봉 공원

제주시에 있는 사라봉 공원 안에 있는 공원 입구부터 별도봉까지 이르는 산책로입니다. 해 지는 풍경이 아름답기로 유명하니, 저녁나절에 가면 더 좋답니다. 아이들이 중간중간 놀 만한 체육시설이 있어서 쉬어가기 좋아요. 우당도서관에서 제주항까지 사라봉 뒤편을 도는 드라이브 코스도 유명하다네요.
사라봉 공원 주소: 제주시 건입동 387-1

법정악 전망대

서귀포 자연휴양림 안에 있는 길입니다. 1100도로 서귀포 쪽에 있는 자연휴양림 안에 들어서면 법정악 전망대 입구까지 차를 타고 갈 수 있어요(이 길도 참 아름답습니다!). 주차장에서 법정악 전망대까지 나무데크가 있어서 편하게 걸을 수 있습니다. 어른 걸음으로는 3, 40분이면 충분하지만, 원시림이라 할 만큼 기기묘묘 나무들이 많아서 다 구경하며 걸으면 아이들에겐 끝없는 길이겠네요. 전망대에 올라서면 서귀포 지역이 한눈에 들어옵니다.

송악산 올레길

화순 금모래 해변부터 모슬포항까지 14.8킬로미터 올레 10코스는 아주 인기 있는 코스입니다. 그중에서 아이도 걷기 좋고, 풍경도 절정인 지점이 바로 송악산 코스인 것 같아요. 올레길을 다 걸으면 좋겠지만, 송악산 주차장부터 전망대까지만 가도 멋진 풍경들을 다 볼 수 있답니다. 전망대로 오르는 동안 형제섬과 산방산, 박수기정과 한라산까지 다 볼 수 있습니다. 해안산책로 끝에는 말 목장이 있어서 아이를 기쁘게 합니다.
송악산은 절울이오름이라고도 하는데요. 분화구가 있는 오름을 오르는 길은 제법 가파르지만, 잘 정비해놓아서 아이가 미끄러지거나 위험하지는 않아요. 저는 이 10코스가 제일 완주하고 싶은 올레길이랍니다.
송악산 주차장: 서귀포시 대정읍 상모리 131

에코랜드 산책로

요즘 제주도에서 가장 핫한 관광지라더군요. 곶자왈을 개발해놓은 에코랜드 안에도 아이들이 걷기 좋은 산책로가 있답니다. 에코랜드는 곶자왈 숲속을 미니기차를 타고 구경할 수 있게 만든 곳인데요. 그중 피크닉가든 역에 내리면 단거리, 장거리 두 가지 산책길 에코로드가 있습니다. 장거리 코스에는 족욕을 할 수 있는 편백나무 족욕탕이 있답니다.
제주도엔 산책로에 붉은 화산송이를 깔아놓은 곳이 종종 있습니다. 음이온이 나와 몸에도 좋다지만, 밟으면 바스락 소리가 나서 재미있어요. 에코로드도 모두 화산송이길이네요.
입장료도 싼 편은 아니고 성수기엔 사람도 많지만 어린 아이들이 있는 집에선 대부분 최고의 방문지로 꼽습니다.
에코랜드: 제주시 조천읍 대흘리 1221-1

그 외에 추천하고 싶은 곳

절물 휴양림 안에도 걷기 좋은 길들이 많습니다. 나무로 된 놀이터들이 있어서 걷기보다 중간에 멈춰야 하는 시간이 더 길다는 게 장점이자 단점이죠.
올레길을 걷고 싶다면, 아이들이 걷기에 제일 편한 길은 6코스, 5코스라고 하는데요. 아이가 어리면 한 코스를 다 걷기보다 올레길 중간중간 들러서 조금 걷고 빠지고, 걷고 빠지고, 이런 집들이 많은 듯합니다.
어디서건 콜택시를 부르면 당장 오더라고요. 택시기사분들이 올레길 코스를 쫙 알고 계셔서, 이렇게 한적한 곳인데 알까 싶은 곳도 다 알아서 찾아오셔서 깜짝 놀랐답니다(공항에서 부를 때는 목적지에 가까운 곳에서 부르면 훨씬 싸답니다).

5.16 콜택시 064-751-6516
성산 콜택시 064-784-8585
동성 콜택시 064-787-7773 (올레 3, 4코스)
남원 콜택시 064-764-9191 (올레 4, 5 코스)
서귀포 콜택시 064-732-0082
중문 콜택시 064-738-1700
안덕 콜택시 064-794-1400 (올레 9, 10코스)
모슬포 콜택시 064-794-5200
한경 콜택시 064-772-1818
한수풀 콜택시 064-796-9191 (올레 14코스)

제주도의 멋진 도서관

한라 도서관

가장 자주 갔던 곳은 저희가 묵은 제주시에 있는 한라 도서관입니다. 자연광이 비추는 멋진 열람실이 있었지만 그림의 떡. 아이들은 들어갈 수 없어서 어린이 열람실을 이용했습니다. 바닷가 물놀이도 하루 이틀이고 꽃구경도 하루 이틀이지 매일 놀 수는 없으니까 쉬기는 해야겠고, 그렇다고 놀거리 하나 없는 원룸 안에 복닥거리기도 지겨우니 자연스레 아이들이 먼저 도서관에 가자고 하더라고요.
여기 도서관도 우리 동네 도서관처럼 놀이터가 있을라나 하고 간 거죠. 한라 도서관엔 미끄럼틀 있는 놀이터는 없지만 더 멋진 놀 친구가 있었어요. 바로 토끼! 풀밭에 토끼들이 그냥 살고 있어요! 토끼가 안 보이면 연못에서 물고기 구경하고요. 풀밭의 토끼 말고도 따로 우리가 있어서 공작이며 닭이며 칠면조 등도 있었습니다. 식당도 기가 막혔습니다. 전면 통유리창 밖으로 울창한 숲이 보이는 레스토랑이라면 믿으시겠어요? 식당 바깥 테라스도 좋았어요. 애들은 토끼 쫓고 엄마는 커피 한 잔. 우하하. 도서관에서 놀기만 한 건 아니고요. 당연히 책도 열심히 읽었습니다.
저희 동네인 과천도 도서관이 잘 되어 있는 동네로 유명합니다. 그런데 동네 도서관에선 시큰둥하던 애들이 왜 이리 제주도 도서관에선 열광을 하나 생각해보니 엉뚱하게도 규모가 적당히 작기 때문이 아닐까 싶으요. 과천의 정보과학도서관은 1층은 어린이책, 2층은 유아책일 정도로 소장량이 많습니다. 유아책 코너는 그렇지 않지만 초등학생들 코너는 책꽂이도 아주 높고요. 거기에 비해 한라 도서관도 그렇고 이후 가본 제주도 다른 도서관들 모두 딱 적당한 높이의 책꽂이가 한번 둘러보고 몇 번 책을 빼다 보면 내가 좋아하는 책이 어디에 있는지 대강 파악할 수 있는 규모더라고요. 글자를 하나도 모르는 꽃봉이만 해도 금방 자기가 좋아하는 책들 알아서 꺼내올 정도였으니까요.

탐라 도서관

한라 도서관이 휴관일 땐 탐라 도서관으로 갔답니다. 아이들이 한라 도서관을 더 좋아하긴 했지만, 탐라 도서관도 나름 운치 있고 좋았거든요.
탐라 도서관은 신발 벗고 들어가는 곳이 아니라 옛날

식 나무색(?) 책걸상이 있는 엄마 어릴 적 도서관 분위기 그대로였어요. 오래된 곳이다 보니 나무들이 어찌나 크고 멋지던지. 누나 책 읽는 동안 꽃봉이랑 산책하는 재미가 쏠쏠했습니다.

한 달 머무르는 동안 도서관에 열다섯 번 갔어요. 짧게는 두 시간, 어떤 날엔 아침부터 저녁까지 있었어요. 도서관이 문을 닫는 6시에 사서 선생님의 "얘, 내일 또 오렴" 하는 인사를 듣고 나왔습니다. 나중엔 꽃님이가 점심을 1시나 2시쯤 먹겠다고 하더군요. 아이들이 밥 먹으러 가면 인기 좋은 책을 차지할 수 있어서 좋다고 하지 뭡니까.

덕분에 다섯 살 꽃봉이가 좀 고생을 하긴 했어요. 누나가 책 보는 내내 기다려야 하니까요. 꽃봉이가 워낙 그림책을 좋아하긴 하지만 다섯 살짜리가 너다섯 시간을 도서관에서 버티기 쉽지 않을 텐데, 놀다 읽다 자다 읽다 하면서 거의 투정부리지 않았어요. 가서 자기가 벌 서는 줄도 모르고 말이죠. 제일 고생은 제가 했습니다. 어떤 날은 여섯 시간 동안 꽃봉이 그림책 40권 읽어주고 나니 목이 쉬더군요!

서귀포 기적의 도서관

꽃님이가 제일 좋아한 도서관은 서귀포 기적의 도서관이었습니다. 기적의 도서관을 처음 만난 날, 정말 더웠어요. 늦은 점심을 먹고 정방폭포를 보러 나섰는데 딱 꽃봉이가 잠이 든 거예요. 어디 카페 있으면 들어가서 쉬어야겠다 하던 참이었어요. 꽃님이는 어쩌나, 카페에서 지루해 할 텐데…. 이런 생각을 획획 하고 있는데, 낯선 길에서 우회전하는 순간, 딱 도서관이 나타난 거예요. 기적의 도서관이, 기적처럼요.

몇 년 전 모 방송에 도서관을 지어주던 프로그램이 있었습니다. 저도 얼핏 한두 번 본 기억으로는 출판사와 작가들, 독자들이 협찬하고 건축가들이 지어서 외진 동네 아이들에게 선물하고 뭐 그런 콘셉트였던 것 같아요.

그런데 그때 만든 도서관이 지금껏 아주 잘 운영되고 있는 듯했어요. 정말 예쁜 도서관이었어요. 둥근 기둥 모양 건물인데 가운데 정원이 있고 빙 굴러가며 서가가 있습니다. 한쪽엔 작은 다락방도 있습니다. 거기에 잔디가 놓이는 통창. 아이들이 죄다 땅콩의자에 뒹굴뒹굴.

어린이 도서관이지만 한쪽에 어른 책들이 있어서 오랜만에 어른 책을 읽었어요! 이날 얼마나 좋았는지 꽃님이가 서귀포 기적의 도서관에 또 가자고 해서 일부러 여기 가려고 제주시에서 서귀포까지 간 날도 있었답니다.

제주 기적의 도서관

제주에선 한라 도서관, 서귀포에선 기적의 도서관. 이렇게 정해놓고 다니던 어느 날 비가 무지하게 많이 내렸어요. 바람 많은 제주의 진면모를 톡톡히 느낀 날이었습니다. 그런데 그런 날 하필 박물관에 갔지 뭐예요. 제주자연사민속박물관을 보고 나오는데 내리는 비를 보니 입이 딱 벌어져서 나머지 일정 다 취소하고 집으로 오는 길에 또 한 표지판을 보고야 말았습니다.

'제주 기적의 도서관 500미터'. "우와~. 제주시에도 기적의 도서관이 있었어!" 여기도 무지하게 예쁘더군요. 제주 기적의 도서관도 서귀포 기적의 도서관과 비슷한 느낌이었습니다. 가운데 정원은 없지만, 둥그런 건물에 바깥쪽으로 통유리창이 나 있습니다. 정원 대신 여긴 작은 방들이 많았습니다. 쉼터 공간도 따로 있고, 어린이 그림책방도 따로 있고요. 무엇보다 좋은 곳은 '물애기방'이었습니다! 물애기는 제주도 말로 젖먹이 아기래요. 처음엔 영아방인 줄 모르고 들어갔다가, 그만 홀라당 반해서 다음부터는 이 방에 갔습니다. 딱 젖먹이들이 잡고 일어서면 좋을 높이에, 적당히 어둡고 적당히 밝은 곳. 정말 어떻게 이런 공간을 생각해낸 건지. 꽃님이, 꽃봉이는 여길 책 읽는 우주선이라면서 얼마나 좋아했는지 몰라요.

바람 도서관

작은 도서관, 조천읍에 있는 바람 도서관입니다. 예전에 인간극장이라는 프로그램에 이곳 주인 내외가 나왔던 적이 있었어요. 카이스트와 서울대를 나온 젊은 부부가 지리산에 들어가 꿀을 치면서 사는 얘기가 방송돼 화제였는데 그 부부가 아이를 낳아 키우면서 제주도로 이사를 해서 펜션을 운영하고 그 펜션의 거실을 도서관으로 개방했습니다.

책은 일부러 도서관을 하려고 사 모은 게 아니라 그냥 개인 소장책들 같았어요. '바람 스테이' 펜션(www.nomoss.net)의 거실이 바람 도서관인 거죠. 저희가 갔을 땐 그냥 들어갈 수 있었는데 지금은 펜션 숙박자와 홈페이지 회원을 대상으로 개방을 한다는군요. 대신 제주시에 안주인이 운영하는 카페 안에 바람 도서관 바깥 서재를 만들었답니다. 제주시에 97번 도로가 지나는 곳, 봉개동 1943번지 2층 '달빛봉봉베란다'라는 초콜릿 전문 카페입니다. 언젠가 혼자 바람 스테이에서 하룻밤 머물면서 밤새 책을 읽고 싶어요.

설문대 어린이 도서관

아, 이렇게 사랑스러운 도서관을 제주도 한 달 살 땐 몰랐던 게 너무나 아쉽습니다. 두 번째 여행에서야 발견했답니다. 그냥 책 읽는 다락방도 멋진데, 그 다락방이 해적선 모양이라니요. 그림책 등장인물들이 그려져 있는 예쁜 의자와 탁자들이 있고, 그림책 주인공 인형들이 곳곳에 놓여 있습니다. 그림책 삽화도 여러 군데 있어서 꽃님이와 꽃봉이는 들어서자마자 어느 책인지 맞히기 놀이를 하더군요. 이곳을 가꾸고 지키는 사람들은 아이들이 디테일에 민감하다는 걸 아는 겁니다. 도서관엔 책도 중요하지만, 마음 붙일 만한 아기자기한 재미가 필요하거든요. 이런 도서관을 세상에, 개인이 운영한다는 게 놀랍습니다. (임기수 관장님 존경합니다!) 사서 선생님은 모두 자원 봉사자세요.

설문대 어린이 도서관에 꼭 들러야 하는 또 다른 이유! 제주도민이 아니라도 책을 대출해줍니다. 1인당 3권씩 한 가족에 6권까지, 대출기한은 1주일. 전화번호만 남기면 된다는군요. 아, 도대체 뭘 믿고 외부인에게 대출을 해주는지, 너무 기쁘잖아요~. 도서관 바로 옆에는 숲도 있고, 진짜 기차가 있는 삼무공원 놀이터까지 풀세트입니다. 삼무공원 바로 옆 노인정 2층입니다.

제주시 연동 270-5 **문의 064-749-0070**

달리 도서관

제주시에 있는 대안문화공간인 달리 도서관도 하룻밤 머무르고 싶은 곳입니다. 이곳은 번번이 벼르면서도 못 가봐서 아쉬운데, 여기도 하룻밤 손님을 받습니다. 달리 도서관은 책을 스무 권 기증하면 자기 이름을 단 책꽂이를 준다고 합니다. 좋은 강좌도 자주 열린다고 하고 사람들과 어울려 이야기를 할 수도 있는 곳이라고 들었는데 아이들과 함께 가서 민폐를 끼칠까봐 못 갔습니다. 여행 가서 도서관 가는 것은 저희 집에선 이제 자연스러운 일이 될 듯합니다. 낯선 곳에서 볼거리도 많은데 뭔 유난을 떤다고 도서관이냐 싶을 수도 있지만, 낯선 곳에서의 고단함을 위로 받고 쉴 수 있는, 최고의 공간이라는 것을 알아버렸거든요. 어쩌면 꽃님이에겐 제주도 하면 바다보다 책이 먼저 생각날지도 모르겠어요.

제주시 도서관

한라 도서관 제주시 오라2동 899 문의 **064-710-8666**
탐라 도서관 제주시 노형동 1479 문의 **064-742-7395**
달리 도서관 제주시 이도2동 1017번지 2층 문의 **064-702-0236**

바람 도서관 제주 공항에서 택시를 타면 15,000원 정도 나옵니다. 제주시외버스터미널에서 표선 혹은 남원행 버스 중에 전원마을을 경유하는 시외버스를 타고 전원마을 입구 정류장에 내려도 됩니다.
애월 도서관 제주시 애월읍 고내리 1364 문의 **064-799-8488**

서귀포시 도서관

표선 도서관 서귀포시 표선면 표선리 40-65 문의 **064-787-5488**
서귀포 기적의 도서관 서귀포시 서홍동 646-1 문의 **064-732-3251**
서귀포 동부 도서관 서귀포시 신효동 1120-1 문의 **064-767-1524**
서귀포시 중앙 도서관 서귀포시 강정동 176 문의 **064-739-1516**
제남 도서관 서귀포시 남원읍 남원리 2336-5 문의 **064-764-4651**
서귀포시 삼매봉 도서관 서귀포시 서홍동 621 문의 **064-733-1524**
성산일출 도서관 서귀포시 성산읍 오조리 1138-21 문의 **064-783-4227**
송악 도서관 서귀포시 대정읍 하모리 1252-1 문의 **064-794-3476**
서귀포학생문화원 도서관 서귀포시 동홍동 1460 문의 **064-762-4307**
서귀포도서관운영사무소 서귀포시 강정동 176 문의 **064-739-1516**
안덕산방 도서관 서귀포시 안덕면 화순리 1963 문의 **064-794-2489**
서귀포시립도서관 운영사무소 서귀포시 서홍동 621 문의 **064-760-3670**
한우리서귀포 독서문화 서귀포시 중앙동 287-619 문의 **064-762-5019**
서귀포시 서부 도서관 서귀포시 중문동 1921-1 문의 **064-739-9862**

아이와 갈 만한 카페

고래가 될

구좌읍 월정리 바닷가에 있는 카페 〈고래가 될〉. 어떻게 사진을 찍어도 이쁘게 나오는, 제주도의 핫플레이스죠. 〈고래가 될〉은 가게 앞에 파라솔과 길 건너 바닷가 바로 앞에 의자 몇 개밖에 없습니다. 어쩜 이렇게 머리 잘 쓴 가게가 있나 몰라요. 작은 의자 하나로 온 바다를 자기 네 것으로 만들었네요. 다들 컵 들고 하염없이 바다를 바라보거 앉아 있어요. 엄마가 커피 마실 동안 아이들이 뭘 할 것인가는 쓰지 않아도 되겠죠. 코앞이 바다인걸요. 어딜 가도 월정리 바다는 아이들 것이랍니다.
위치 제주시 구좌읍 월정리 4-1

플라타너스

제주시에서 서귀포로 넘어가는 1100도로 입구에 있는 제주도립미술관 구내카페입니다. 제주도립미술관은 도깨비도로 바로 앞이고요. '19금'이라는 성문화박물관 '러브랜드' 옆집입니다. 미술관 자체가 너무나 아름답고요. 어지간한 카페에선 보기 힘들 만큼 커다란 유리창이 사람 마음을 쏙 빼놓습니다. 커피와 쿠키, 와플. 가격도 싸고, 같이 연결된 뮤지엄숍에도 흥미로운 소품들이 꽤 많답니다. 카페에서 바로 바깥으로 나갈 수 있는 문이 있어서 아이들은 밖에서 뛰고, 어른들은 안에서 지켜볼 수 있습니다.
위치 제주시 연동 680-7

미루나무

이중섭 미술관에 갔던 날. 갑자기 소나기를 만났어요. 태풍인가 싶을 정도로 쏟아지는 비를 피해 엉겁결에 들어간 카페 미루나무. 카페 안의 피아노며 첼로며 상태를 보니 늘 연주하는 것이데요. 아니나 다를까 이곳에서 시도 읽고 음악도 연주하고, 그림도 보고. 문화행사가 많이 열리는 공간이라네요. 꽃님이, 꽃봉이에게는 이것저것 살펴보기 좋은 것들이 잔뜩 있는, 무슨 다락방 같은 느낌. 카페 안에도 올망졸망 볼 것이 많고, 카페 밖에도 왔다갔다 놀 만한 것들이 많습니다. 찻길이긴 하지만 위험한 길은 아니고요.
위치 서귀포시 정방동 513-1 **문의** 064-763-6248

아일랜드 조르바

월정리 바닷가에 있던 아일랜드 조르바가 전형적인 제주도 동네 안으로 이사를 했습니다. 이런저런 문화행사들이 늘 열리는 것 같아요. 지나다가 우연히 들어갈 수 있는 위치는 아니고 신경 써서 찾아가야 하는 곳인데도 손님들이 꽤 많더군요. 아이들은 아마도 강아지들이 있는 마당에서 노느라 들어오려 하지 않을 테니 엄마는 벽난로가 있는 작은 방에 잠깐 누워도 좋겠어요(워낙 손님 한 팀밖에 못 들어오는 구조입니다). 차를 마시고 나면 동네를 산책하기 좋습니다. 나지막한 돌담이며 오래된 지붕, 멀리 보이는 바다 등이 말없이 마음을 채워줍니다. 제주도 동일주 버스를 타고 가다가 평대리 초등학교에서 내려 바다 쪽으로 걸어오다 왼쪽, 올레 20코스 근처에 있습니다.
위치 제주시 구좌읍 평대리 1958-7

망고레이

애월에서 곽지해수욕장까지 이어지는 해안도로를 달리다 보면 눈에 확 띄는 카페입니다. 망고주스와 파인애플주스가 주력 메뉴예요. 해안도로 옆이라 아이들이 뛰어놀 수는 없지만, 커다란 썰매견 말라뮤트과의 작은 강아지 덕분에 아이들은 카페를 벗어나지 않으려 하더군요. 길거리 교통안전 삼각뿔과 바닷가 마을에서 흔히 보는 부표를 재활용해서 만든 센스 만점의 쓰레기통을 보노라면, '창의력이란 무엇인가', '인간이 사는 데 필요한 것은 재산이 아니라 센스구나' 뭐 그런 생각들을 저절로 하게 됩니다. 옆집은 스파게티와 화덕피자를 맛있게 하는 레스토랑 알토입니다. 어느 쪽을 가든 엄마와 아이 모두 만족하실 거예요.
위치 제주시 애월읍 고내리 474

루마인 카페

루마인 펜션과 같이 있는 루마인 카페. 여긴 워낙 유명한 곳이죠. 펜션이 그렇게나 좋다는데, 펜션은 못가보고 카페만 가봤어요. 이곳은 소파를 서로 마주보게 놓은 게 아니라 창밖의 바다를 향해 놓아두었네요. 바다와 마주앉아 무슨 얘길 나눌까요? 제가 갔을 때, 꽃님양은 혼자 책을 읽고, 꽃봉군은 낮잠을 잤습니다. 분위기 좋은 카페에서 낮잠 자는 거, 이런 효도가 어디 있을까요. 잘 자고 일어난 아이들을 바깥마당으로 내보냈습니다. 아참, 저는 마당 있는 카페에 아이를 혼자 쏙 빼놓을 개까지 있으면 금상첨화라고 생각하는데요. 루마인엔 예쁘고 커다란 개들이 세 마리나 있습니다.
위치 제주시 구좌읍 종달리 624번지

카페 7373

여기도 서귀포시 법환동 올레 7코스에 있는 제주락 펜션에 딸려 있는 카페입니다. 주인이 1973년생이라 73인가 했더니 파도가 철썩철썩 그래서 7373이라네요. 법환 포구는 예쁜 에메랄드빛 바다가 아니라 말 그대로 포구가 있는 깊은 바다입니다. 바람이 유난히 많이 불고, 검푸른 바다를 보더니 아이들도 뭔가 느낌이 오나봅니다. 물놀이를 할 수 없는 바다인데도 아이들이 두고두고 법환 포구 바다 얘기를 하네요. 아이들은 비싼 건 몰라도 멋진 건 잘 알아봅니다. 색깔과 모양이 적절하게 잘 배치된 곳에서 머물 땐 아이들도 훨씬 점잖아지는 것 같아요. 제주락 펜션은 아이들과 머물 수 있는 방이 많지 않아 그냥 카페만 이용했지만, 다음엔 펜션에 머물고 이 카페에서 아침식사를 하면 좋겠어요.
위치 서귀포시 법환동 1540 **문의** 064-738-8333

페이퍼숲

서귀포 중문단지에 있는 파스타집이에요. 몇 년 전만 해도 제주도에 여행자들이 가는 식당은 횟집이나 갈치조림, 물회 같은 향토음식을 파는 곳이 대부분이었는데, 요즘은 예쁜 레스토랑과 카페가 너무 많다 싶을 만큼 생긴 것 같아요. 제주도 전체가 홍대 앞이나 신사동 가로수길 같다는 느낌이 들 정도로 말이죠. 그 중에서도 아이와 함께 가기 좋은 곳이 페이퍼숲입니다. 아기자기한 소품들이 잔뜩 있어서 아이들이 구경하기 좋습니다. 좌식 자리도 있어서 잠든 아이를 잠깐 눕혀 놓을 수도 있네요. 수제 돈가스와 파스타 종류가 다 맛있어요.
위치 서귀포시 대포동 771-5 **문의** 064-739-7715

안트레

수제 돈까스라면 여기! 법환 포구에 있는 안트레입니다. 안트레는 제주도 사투리로 '안으로'라는 뜻이네요. 엄마와 아주 잘 먹는 초등학생, 일곱 살 남자아이가 가도 2인분 시키면 남을 만큼 큰 왕돈까스가 주력 메뉴입니다. 남으면 함께 나온 빵으로 햄버거를 만들어 먹는데요. 이것도 아이들이 재미있어하네요. 작은 마당이 딸려 있어서 아이들이 잠깐 쉬어가기 좋습니다. 안트레 바로 옆에 있는 법환 감리교회 마당에 있는 그네의자에서도 아이들이 잘 놀았어요. 귤밭 사이 검은 돌담길을 걸어 법환 바다까지 산책을 하는 것도 즐거웠고요.
위치 서귀포시 법환동 229 **문의 064-738-7720**

한스 북카페

제주시엔 멋진 도서관도 참 많지만, 그래도 아이들이 책을 보는 동안 커피 한 잔 제대로 마시고 싶다면 북카페도 괜찮을 것 같아요. 아이들 책도 제법 많아서 룸에 아이들과 마음 편하게 쉬었다 가기 딱 좋답니다. 다만 룸은 미리 예약을 해야 하고, 2시간의 시간제한이 있습니다.
위치 제주시 연동 1365-1 **문의 064-743-0626**

오월의 꽃

한경면 저지리에 있는 무인카페 오월의 꽃. 근처에 '평화박물관', '솟대박물관', '생각하는정원', '오설록' 등 관광지가 많아서 오가면서 들르기 딱 좋은 곳입니다. 이름 그대로 무인카페예요. 주인 없이 그냥 손님이 들어가서 커피 끓여 마시고, 돈도 내고 싶은 만큼만 내고 나오는 곳. 주인이 끓여주는 게 아니다 보니 특별히 커피가 맛있는 집은 아니지만, 아이들이 편하게 놀 수 있는 작은 마당과 오밀조밀 볼거리가 많은데다 사람들이 써놓은 낙서도 재미있는 것들이 많아서 한참 쉬었다 나올 수 있습니다. 제주도에는 무인카페가 꽤 자주 눈에 띄더군요. 제주도는 도둑, 거지, 대문이 없어서 삼무도라더니 정말 도둑맞을 걱정은 안 하나 봅니다. 어쩐지 기분 좋네요.
위치 제주시 한경면 저지리 2989-1 **문의 064-772-5995**

닐모리 동동

'닐모리'는 '내일모레'라는 뜻의 제주도 사투리고요, '동동'은 발을 동동 굴러가며 기다리는 모습을 뜻해서 닐모리 동동은 무언가 간절하게 기다린다는 뜻이라는군요. 카페 수익금은 모두 제주도 올레길 보수와 유지, 제주도 홍보, 제주지역 내 문화다양성 지원기금으로 쓰인다니 괜히 커피 한 잔도 뿌듯한 기분으로 마시게 되는군요. 아이들이 따로 놀 마당은 없지만 팥과 고명이 안에 들어 있고, 눈처럼 하얀 얼음이 산처럼 덮여 있어서 정말 겨울 한라산을 떠올리게 하는 한라산 빙수를 시키면 한동안 재미있더하면서 잘 먹는답니다. 제주공항으로 가는 용담해안도로에 있어서 비행기 시간이 좀 남았을 때 가면 딱!입니다.
위치 제주시 용담3동 2396번지 오다펜션 1층 **문의** 064-745-5008

투위크스

나중에 알고 보니 코미디언 이주일 씨의 별장이었대요. 그래서 커피집 이름이 투위크스. 넓은 마당에 2층집을 개조한 카페입니다. 가정집에 놀러 가는 분위기가 그대로 살아 있어요. 아이들은 얼른 빙수를 먹어치우고 바다가 한 눈에 보이는 2층에서 놀고, 어른들은 1층에서 마당을 보면서 커피를 마셨답니다. 올레길 걷던 거 다 그만두고 여기서 오래오래 앉아 있고 싶다고 생각한, 아이들도 엄마 찾지 않고 오래오래 잘 놀 것 같은 ·· 마음 편한 이웃집 같은 곳이었어요. 물회 먹고 나오면서 입가심으로 커피를 마시니, 어찌 완벽코스가 아니겠는 말이죠! 올레 6코스를 걷다 보면 보목항에 유명한 자리물회집 어진이네 횟집이 있습니다-. 그 어진이네 횟집 바로 앞에 있답니다.
위치 서귀포시 보목동 274 **문의** 070-8147-9307

민트 레스토랑

마지막으로 아이들과 가기 좋은 카페는 섭지코지 휘닉스 아일랜드 안에 있는 글라스 하우스라는 건물의 2층, 민트 레스토랑이에요. 안도 타다오라는 유명한 건축가가 지었는데요. 확 트인 섭지코지의 풍경을 이런 건물로 확 깍아버린 건 정말 아쉽지만, 그래도 일단 지어놓은 건물이니 어떤가 가보자 하고 가봅니다. 주변의 전망은 망쳐버렸지만, 그 안에서 보는 전당은 끝내주네요. 휘닉스 아일랜드 입구에서 글라스 하우스에 간다고 하면 셔틀을 보내줍니다. 셔틀을 타고 5분 넘게 들어와야 식당이 있답니다. 바깥 정원은 산책하기 참 좋습니다. 옆으로 섭지코지 풍경이 훤하게 보이고요, 바다의 느낌도, 아아 정말 좋습니다. 그런데 비싸긴 무지하게 비싸군요!
위치 서귀포시 성산읍 고성리 127-2 **문의** 064-731-7000

아이들과 자주 갔던 식당

달그락 화덕 피자집

제주시 노형동 주택가 안에 숨어 있는 이탈리아 피자 전문점입니다. 알고 보니 유명한 맛집이더라구요. 인테리어가 세련되고 멋지지만 아이를 데리고 들어가기 힘든 분위기는 전혀 아닙니다. 참나무 장작 화덕이 아니라 전기화덕이지만 맛은 하나도 아쉽지 않고요. 피자를 만들고 굽는 것을 다 볼 수 있는 오픈키친이라 아이들이 너무너무 즐겁게 구경했답니다. 식당 앞에 큰 공용 주차장이 있어서 주택가인데도 주차하기 쉽다는 게 또 장점입니다. 메르헨하우스에서는 차로 5분 거리고 그랜드호텔, 올레국수, 삼대국수, 물항횟집 등이 있는 노형동 번화가에서도 10분이면 충분합니다. 제주일고 뒷편 옛 '탐라궁 갈비' 지금은 '태백산갈비 2호점' 뒷골목이라고 하면 안다네요.

위치 제주시 노형동 748-3 **문의** 064-713-7483

연우네

한라 수목원 입구에 있는 자연식, 채식 전문점입니다. 노형동 오거리 이마트에서 한라산 방향 1100도로 가다보면 오른쪽에 있어요. 공항에서 오자면 20분 걸리겠지만, 많이들 가는 물항식당, 돈사돈에서는 10분이면 됩니다. 식당 앞에 텃밭이 있는 걸 보니 직접 키운 야채가 나오는군요. 비빔밥이 7,000원, 연우네 4인상 메뉴가 도토리묵무침, 웰빙비빔밥, 녹차들깨수제비, 찹쌀옹심이, 감자전 해서 35,000원 정도입니다. 저희는 가면 수제비 하나 비빔밥 하나 시켜서 셋이 도란도란 배부르게 먹었답니다. 밥 먹고 가면 식당에 딸려 있는 카페에서 2,000원에 차를 마실 수 있습니다. 점심 먹고 배부를 때 한라 수목원을 산책하면 완벽한 코스가 되지 않을까 싶어요.

위치 제주시 노형동 571-2 **문의** 064-712-5646

보영 반점

한림 공원, 협재 해수욕장, 금릉 해수욕장 쪽으로 가면 의외로 먹을 곳이 별로 없습니다. 아주 더운 날, 한림 읍내로 들어와 보영 반점으로 향했습니다. 영어와 중국어, 한국어로 된 메뉴만 딱 봐도 화교분이 운영하는구나 싶습니다. 생각보다 훨씬 맛있었어요. 케첩이 들어가지 않은 옛날식 탕수육도 좋았지만 해물이 듬뿍 들어 있는 짬뽕도 좋더군요. 해물이 신선한 제주도에선 자장면보다 짬뽕이 훨씬 안전한 메뉴 선택인 듯합니다.

위치 제주시 한림읍 한림리 1305-16 **문의** 064-796-2042, 2527

홍성방

완소 중국집 한 군데 더 있습니다. 처음엔 모슬프에 보말 칼국수로 유명한 옥돔식당을 찾아갔는데요. 하필이면 수요일이 휴무라네요. 날은 어두워지고, 아이들은 배가 고파 얼굴이 하얗게 질렸고. 무조건 근처 쿨 켜진 식당에 들어갔습니다. 중국집이니 잘됐다 했죠. 탕수육 하나와 자장면, 짬뽕을 시켰다가 울 뻔했습니다. 너무 맛있어서요. 나중에 알고 보니 워낙 유명한 맛집이더군요.
위치 서귀포시 대정읍 하모리 938-4 **문의 064-794-9555**

해오름 식당

이 집 전화번호는 꼭 적어두셔야 합니다. 해오름에서 저녁에 고기 먹으려면 반드시 예약을 해야 하거든요. 제주도는 참 솔직한 게, "일단 와서 기다리세요." 하지 않고, 오지 말라고 딱 잘라 얘기하는 식당이 많더군요. 대표주자가 바로 해오름 식당과 역시 노형동 흑돼지 전문점 돈사돈입니다. 제주도 흑돼지야 워낙 유명하고 흑돼지로 유명한 맛집도 수없이 많지만 제 입맛엔 이 집이 단연 최고입니다. 아이들이 이 집에서 돼지갈비에 맛들여 집에 와서도 고기를 잘 먹네요.
위치 제주시 노형동 1047-2 **문의 064-744-0367**

푸주옥

푸주옥이 제주도에선 유명한 체인점이더군요. 저는 그냥 이호 테우 해수욕장에 저희 숙소가 있는 노형동으로 오다보면 오른쪽에 있길래(노형동 지점) 다음날 아침밥으로 먹일까 하고 들렀다가 횡재를 한 식당입니다. 설렁탕과 무릎도가니탕으로 유명한데요. 2인분 포장하면 엄마와 아이 둘이 두 끼 충분히 먹을 만큼 포장해줍니다. 24시간 운영이라 더 든든합니다.
위치 제주시 도남동 74 **문의 064-727-8889**, 제주시 오라1동 1074-6 **문의 064-727-8887**, 제주시 노형동 2577-1 **문의 064-744-6788**, 서귀포시 법환동 748-1 **문의 064-739-3788**

오조 해녀의 집

제주도 향토 음식 중에서 맛집으로 조사했던 보람이 있는 집입니다. 워낙 전복죽으로 유명한 집이에요. 성산포에서 제주 방향으로 방조제를 건너면 오른쪽으로 큰 건물이 보입니다. 전복죽을 두 개 시켰는데 나오는 밑반찬 수도 엄청나고, 그 반찬들이 모두 해초부침개나 톳무침 같은 해물들이라 먹는 재미가 있었습니다. 아이들 죽은 따로 줍니다.
위치 서귀포시 성산읍 오조리 3 **문의 064-784-0893**

대우정 식당

한라일보사 옆. 제주 공항에서 3킬로 거리입니다. 꽃님이 꽃봉이 모두 반했던 메뉴는 바로 오분자기 돌솥밥! 다른 야채 하나 없이 돌솥밥 위에 그냥 오분자기만 얹혀져 나옵니다. 거기에 간장과 마가린을 듬뿍 넣어 비벼먹으면 되는데요. 요즘 같은 시대에 웬 트랜스지방 덩어리 마가린? 이라고 하시면 안 됩니다. 그냥 이 집에선 드셔야 됩니다. 그러곤 감사하면 됩니다. 이런 식당이 집 앞에 있어서 마가린을 늘 먹지 않는 게 어디냐, 가깝다면 또 갈 수밖에 없는 맛인걸! 하고 말이죠. 나중에 보니까 꽃님이는 이 집 명함을 일기장에 붙여 놓았더군요.

위치 제주시 삼도1동 569-27 **문의** 064-757-9662

애월 숙이네 보리빵

달콤한 팥앙금이 들어 있는 보리찐빵은 400원. 쑥보리찐빵도 400원. 앙금이 들어 있지 않은 보리빵은 600원. 유명한 이유가 있는 곳이었어요. 5,000원어치 15개 사서 집으로 가다가 도착하기 전에 다 먹고 조금 샀다고 아이들로부터 원성을 샀죠. 키친 애월에서 애월읍내로 제주 방향으로 5분쯤 차 타고 가면 나옵니다. 보리빵 사려고 일부러 애월읍에 들락거렸네요. 제주도가 화산섬이다 보니 벼농사가 잘 안 되어서 보리가 주 식량이었고 그래서 지금도 보리빵, 보리수제비 등을 많이 먹는다는데요. 제주도에 보리빵으로 유명한 집이 또 있습니다. 신촌 덕인당 빵집이란 곳인데요. 함덕 해수욕장 가는 길에 있습니다. 생각난 김에 숙이네 보리빵 택배 주문을 해야겠습니다.

위치 제주시 애월읍 애월리 1584-1 **문의** 064-799-1777

제주도에서 장보기

한 달간 머물자니 돈도 돈인데다, 장기간 여행을 버텨내려면 외식보다 집밥을 먹어야겠다 싶어서 아침은 꼭 집에서 먹고, 점심은 주로 도시락을 싸고, 저녁은 사 먹는 게 반, 집에서 먹는 게 반. 주말에 아빠가 오면 좀 비싸고 맛있는 곳에 가고. 이런 식이었어요. 꽃님이, 꽃봉이 둘 다 편식 때문에 엄마 속을 썩이는 편이고, 먹는 양 자체도 많은 편이 아닌데 제주도에선 참 잘 먹었어요. 도착한 날 밤에 쌀 5킬로그램을 샀는데, 보름도 안 되어 다시 5킬로그램을 샀습니다. 유부초밥과 주먹밥 도시락 덕분에 밥을 많이 먹은 것 같아요. 집에서도 대형마트는 그리 자주 가는 편이 아닌데, 저희 숙소에선 이마트, 롯데마트가 다 가까워서 다니기 편해서 그랬는지 일주일에 한 번씩은 꼬박꼬박 갔네요. 여행 막바지에 구경삼아 '제주 오일장'을 보러 갔는데요. 구경도 구경이지만 장도 많이 봤습니다. 옥돔을 다섯 마리 만 원 주고 샀는데, 아이들이 어찌나 잘 먹던지 왜 진작 옥돔과 갈치를 구워먹이지 않았을까 후회했답니다. 늘 여행 중이다 싶어서 간단하게만 먹고 다녔는데, 만약 다시 간다면 미리 매운탕 양념이나 조림장을 만들어가서 제주도 특산물을 이용한 음식을 자주 해 먹고 싶어요.

관광객은 몰라서 못 가는 제주도의 이곳

제주 별빛누리 공원

제주시에서 운영하는 제주 별빛누리 공원은 그냥 공원이 아니라 별과 달을 보는 천문대랍니다. 서울 경기권에선 그래도 장흥에 있는 '송암 천문대'가 도심과 가까워서 당일치기가 되지만, 대부분 천문대는 한밤중에 별을 보려면 근처에서 하룻밤 머물러야 하죠. 그런 면에서 제주 별빛누리 공원은 최고의 장점이 바로 시내와 가깝다는 겁니다. 저녁 먹고 가서 별 구경을 한 다음, 공원에서 좀 놀다가 느긋하게 숙소에 와도 0시면 되거든요. 두 번째 장점은 시설이 아주 좋습니다. 매력적인 것은 입장료가 어른 5,000원, 어린이 2,000원. 다른 천문대에서 이 정도 구경을 하려면 2만 원은 기본인데 말이죠. 정말 밤하늘을 보면서 누워 있는 기분이랍니다. 월요일과 공휴일 다음날은 휴관이고 인터넷이나 전화로 예약을 해야 하고, 예약시간 20분 전에 도착해야 합니다. 예약은 홈페이지(star.jejusi.go.kr)에서 하면 됩니다. 서귀포에도 천문대가 있다고 합니다.

위치 제주시 오동동 산64 **문의** 064-728-8900

서귀포 휴양림 안에 있는 법정악 전망대

법정악 전망대는 서귀프 휴양림 안에 있는데요. 전망대 입구까지는 차를 타고 이동할 수 있고, 전망대 거리 자체는 450미터밖에 안 되니 아이들이 중간에 갖가지 풀이며 곤충이며 다 들여다봐도 폴짝폴짝 뛰어 한 시간이면 충분히 도착합니다. 물론 등반하는 것과는 비교할 수 없겠지만, 해발 800미터 정도의 풍경은 감상할 수 있답니다. 밀림처럼 울창한 숲을 걷고 있다가 갑자기 확 트인 풍경이 펼쳐져서 깜짝 놀랐어요. 멀리 서귀포까지 보이는 풍경이 일품이고, 전망대 가는 길 내내 나무데크가 깔려 있어서 아주 편하게 걸을 수 있습니다. 처음엔 사람이 좀 편하자고 이렇게까지 데크를 만들어야 하나, 못마땅했는데 알고 보니 제주도의 특별한 땅을 보호하기 위해서라고 하네요. 화산토가 밟으면 으스러지기 때문에 거문오름 같은 곳에선 등산 스틱도 사용하지 못하게 한다네요.

서귀포 휴양림은 입장료가 있어요. 자가용은 2,000원, 성인은 1,000원인데 인원수대로 다 받지 않고 조금 깎아주시더라고요. 드라이브 길만 해도 정말 멋있어서, 한숨이 푹푹 나오더군요. 전망대까지 갈 거 아니면, 유모차를 끌고 와서 근처를 산책해도 아주 좋을 듯합니다. 법정악 전망대 올라가는 출발지점에는 인공적으로 물을 막아놓은 물놀이 장소가 있는데 안전해서 좋습니다.

문의 서귀도 자연휴양림 **huyang.seogwipo.go.kr**

신재생에너지 홍보관

김녕 해수욕장에서 1132도로를 타고 성산포 쪽으로 가다보면 행원리 풍력발전단지가 나타납니다. 풍력발전기를 보면서 드라이브를 하다 보면 아이가 자연스럽게 물어봅니다. "엄마. 저게 뭐야?" 저처럼 "어. 별나라에 사는 외계인들하고 전화하는 장치야." 이런 대답하지 마시고, 풍력발전에 대해서 얘기해주세요. 설명이 좀 딸린다 싶을 때, 딱 나타납니다. 〈신재생에너지 홍보관〉. 풍력발전, 태양열발전 등 신재생에너지들이 어떤 원리로 만들어지고 사용되는지, 유치원생부터 초등학생 수준에 맞춰 설명하고 있는 곳입니다.

자전거를 돌리면 전기가 만들어져서 선풍기가 돈다든지, 태양열을 비행기에 쏘면 비행기가 움직인다든지, 별별 장치가 다 있어서 아이들은 여기가 놀이터인지 에너지 공부하는 데인지 헷갈린답니다. 여기에서도 화면 내용에 맞춰 의자가 움직이고 바람이 부는 4D 상영관이 있네요. 거기다 반갑게도, 무료입니다. 아직 사람들에게 알려지지 않았나봐요. 저희가 간 날엔 이 넓고 좋은 체험관에 저희밖에 없었답니다. 어떤 곳인 줄 모르고 그냥 잔디밭이 넓길래 좀 뛰어놀자 하고 들어갔다가 횡재했네요. 비슷한 시설을 갖춘 인천에 있는 신재생에너지 홍보관과 광화문 녹색성장체험관에 사람들이 얼마나 많은지 가본 분이라면 한적한 이곳을 보고 깜짝 놀라실 겁니다.

한라 수목원

우리가 머물던 제주시 노형동 오피스텔에서 6분 거리에 있는 한라 수목원. 바다를 옆에 끼고 있고 산책하기 참 좋답니다. 나지막한 오르막 길을 쉬엄쉬엄 걷다 보면 햇볕도 잘 들지 않는 깊은 숲속에 있게 된다고나 할까요? 광이오름과 연결돼 있어서 꼭대기까지 1.7킬로미터를 올라가면 멋진 제주 시내 풍경을 볼 수 있어요. 하여간, 걷기 싫어하는 저희 아이들도 쉽게 걸은 코스들이에요. 쉽다고 풍경과 정취가 어려운 길만 못하냐면 절대 그렇지 않은 곳이랍니다.

한 달 살기 준비물 후기

가져갔지만 쓸모 없었던 것

긴바지, 가디건 — 비 오는 날도 있을 테고, 에어컨 트는 곳도 많을 것 같아서 애들용으로 준비했는데, 바람 불어도 추운 건 아니더라고요. 비옷 겸해서 얇은 바른막이 점퍼 하나면 충분할 듯합니다.

등산화 — 한라산을 오를 게 아니면 등산화 필요 없더군요. 어지간한 올레길과 오름은 일반 운동화로 다 됩니다. 저희는 제주도에서 스포츠 샌들을 한 켤레 더 샀습니다.

가베 세트 — 집에서도 잘 갖고 놀지 않는 걸 제주도에서라고 잘 쓰겠습니까? 몇 번 놀긴 했고, 그때마다 아주 즐거웠지만 그래도 큰 부피에 비해선 효용이 떨어집니다. 차라리 평소 잘 가지고 놀던 레고 블럭을 가져갈 걸 그랬어요.

각종 비상약 — 아이들 아플까봐 온갖 약을 다 가져갔어요. 다스까지 가져갔는데, 제주도에도 약국 있고 병원 다 있어요. 급할 때 아이 업고 뛸 수 있게 병원도 미리 검색해서 알아보고 갔는데, 가니까 제주시는 길모퉁이마다 병원이 있던걸요.

그늘막 — 제주도 여행 첫 준비물이 그늘막이었는데요. 무료로 그늘막을 칠 수 있는 자리는 살짝 외진 곳이라 차라리 자리 좋은 곳 파라솔을 그때그때 빌릴 걸 그랬어요. 그래도 엄마 혼자 들고 다니면서 쳤다 걷었다 하는 건 힘들지 않았습니다. 결론은 텐트보다는 그늘막, 그늘막보다는 파라솔!

각종 영양제 — 객지 생활하느라 아이들이 아플까봐 각종 영양제들을 챙겨갔는데 공기 좋은 데서 실컷 노니까 밥도 잘 먹더라고요. 잠도 잘 자고요. 영양제 없이도 살이 포동포동 올랐답니다.

디지털 제품 — 텔레비전, 휴대용 DVD 플레이어, 아이패드, 아이팟 등. 이건 가져간 건 아니지만 없어서 참 다행이었다고 생각하는 것들입니다. 아이들이 빠져들 디지털 게임이나 영상물이 없었기에 제주도를 더 충분히 누릴 수 있었던 것 같아요.

아주 유용했던 것

휴대용 과도 — 풍경 좋은 곳에 차 세워 놓고 과일 깎아 먹으니까 참 좋았습니다. 여러 모로 잘 썼습니다. 차가 있는 경우엔 유용합니다. 차 없이 과일을 들고 다니기엔 너무 무거우니까요. 길에서 말을 만나면 아이들이 꼭 풀을 뜯어 주고 싶어 했어요. 그럴 때 풀베기에도 유용하게 썼답니다.

챙 넓은 모자 — 매일같이 바닷가에서 쓰느라 바닷물에 젖었다 말랐다를 반복하니 밀짚 모자가 금방 망가지더라고요. 결국 새로 샀습니다. 어떤 모자를 가져갈까 갈등했는데, 다 가져올 걸 그랬어요. 야구 모자보다 선캡이나 챙 넓은 모자가 더 좋습니다. 바람에 날아가지 않게 끈이 있으면 더 좋고요.

유모차 — 실제로 이동 중에 탄 적은 별로 없었지만 물놀이를 해서 그런지 꽃봉이는 물론 꽃님이도 자주 낮잠을 자더군요. 더운 차에서 재울 수도 없고, 어디 실내에 들어가서 아이들을 재울 때 아주 유용했답니다. 아이스박스며 커다란 튜브며 들고 다닐 짐이 많은데 캐리어로 잘 썼어요.

킥보드와 씽씽카 — 원래는 저녁에 동네 운동장이나 탑동 광장 같은 곳에 나가 저는 냉커피를 마시고 아이들은 킥보드를 태울 생각이었답니다. 그렇게는 한 번도 못 썼지만, 근처 시내에 나갈 때 아주 잘 썼습니다. 아이들이 오래 걷기 싫어할 때 킥보드 타는 재미에 잘 따라다녔거든요. 숙소 주변에서도 잘 탔고요. 그런데 이것도 역시 차가 있는 경우에만 유용합니다.

아이스박스 — 가장 쓸모가 많았던 물건이에요! 관광지라서 어디서든 그냥 물과 얼린 물의 가격 차이가 많이 났습니다. 아이스박스에 도시락과 과일, 주스와 얼린 물 몇 병을 넣어가지고 다니니 참 편했습니다. 얼린 물이 냉매 역할도 하고요. 밤마다 숙소에 들어가면 제일 먼저 하는 일이 다음날 먹을 물 얼리는 거였답니다.

모래놀이 용품 — 바닷가에서 물에 들어가지 않는 날도 꽤 많았어요. 그때마다 플라스틱 양동이와 장난감 체, 갈퀴 등을 아주 잘 썼습니다. 주로 게와 고둥 포획용이랄까요. 또 크고 재미있는 튜브를 쓰니까 훨씬 물놀이를 버라이어티하게 할 수 있었어요. 저희는 평범한 튜브만 가져갔다가 뗏목 스타일로 하나 더 샀습니다.

양념통 — 양념은 아이들 약병에 넣어가지고 갔어요. 따로 양념통을 마련할 필요없이 플라스틱 약통에 넣으니 딱 좋더군요!

긴팔 수영복 — 꽃봉이와 꽃님이는 비키니와 긴팔 수영복을 다 준비해 갔는데, 햇살이 너무 강해서 거의 대부분 긴팔 수영복만 입었어요. 긴팔 수영복, 초강력 추천입니다! 화상 입을 염려도 없지만 몸에 자외선 차단 크림 발라주는 것만 빼도 엄마 일손이 훨씬 덜어지더군요.

커다란 우산 — 제주도에선 비가 올 땐 바람과 비가 같이 오니 우산보다 비옷이 더 유용합니다. 하지만 차 트렁크에 굴러다니던 커다란 골프 우산을 아이들 양산으로, 비치 파라솔로 정말 잘 썼습니다.

삼각김밥틀 — 도시락을 이렇게 자주 싸게 될 줄 몰랐는데 거의 매일 싸 가지고 다녔습니다. 아침에 삼각김밥으로 싸니까 다주 간편했습니다. 주먹밥과 유부초밥도 참 자주 쌌네요. 아이들에게 직접 김밥을 말라고 해도 좋아했고요. 저는 처음부터 아이들에게 직접 김밥을 말게 하려고 김밥 마는 발을 두 개 가져갔습니다.

있으면 좋았을 것

작은 밀폐 용기 — 제주도 맛집을 다 순례하고 다닐 줄 알았는데, 돈도 돈이지만 아이들이 내켜하지 않아 도시락을 싼 날이 많았습니다. 반찬 싸 가지고 다닐 그릇이 없어서 집 앞에서 두 개 샀답니다.

튜브 바람 넣는 휴대용 펌프 — 바닷가 가게에서 튜브 바람을 넣으면 보통 튜브는 1,000원, 좀 큰 튜브는 3,000원씩 받더라구요. 휴대용 펌프가 있었으면 좋았을 뻔했어요. 마트에서 차에 꽂아 쓸 수 있는 에어펌프를 살까 말까 여러 번 망설였어요.

엄마가 읽을 책 — 물론 제가 읽을 책을 갖고 가긴 했습니다. 그런데 아이들에게 집중하겠다는 의지였는지 가서 보니 죄다 육아서! 하지만 '제주도의 푸른 밤'에 육아서를 읽고 싶진 않더군요. 재미나게 읽을 소설책이 참 그리웠어요. 결국 중간에 남편에게 가져오라고 부탁했어요.

막상 겪고 나면 아무 것도 아닐지라도, 겪기 전까진 상상할 수도 없는 일들이 어디 여행갈 때 짐싸기뿐일까 싶어요. 아주 많은 것들을 우리는 직접 겪어야만 알 수 있죠. 그래서 사는 게 재미있기도 합니다. 예측할 수 없으니까요. 마흔이 넘어도 역시 인생은 늘 예측불허네요.

온갖 육아서를 다 섭렵하고, 유행하는 교육법을 다 뒤져 보는데도
결국 아이들을 대하는 내 모습은 우리 엄마의 모습과 똑같다.
나도 엄마처럼 아이들에게 든든한 기도의 울타리를 만들어줄 수 있을까.

사랑해요. 엄마.

늘 미안하고 고마운 양숭자 여사님께 이 책을 드립니다.

제주도에서 아이들과 한 달 살기
ⓒ 전은주 2013

1판 1쇄 2013년 3월 15일
1판 6쇄 2021년 6월 10일

지은이   전은주
펴낸이   김정순
책임편집   오세은
사진   전은주, 김랑
디자인   김수진
마케팅   이보민 양혜림 이다영
펴낸곳   (주)북하우스 퍼블리셔스
출판등록   1997년 9월 23일 제406-2003-055호

주소   04043 서울시 마포구 양화로12길 16-9(서교동 북앤빌딩)
전자우편   editor@bookhouse.co.kr
홈페이지   www.bookhouse.co.kr
전화번호   02-3144-3123
팩스   02-3144-3121

ISBN   978-89-5605-639-5 (13980)